우리는 부동산으로 월급 받는다

우리는
부동산으로
월급 받는다

김수영 · 젊은부자마을 지음

RHK
알에이치코리아

경제적 자유를 향한
출발점에서

젊은 부자가 되는 것, 또는 경제적 자유를 얻는 것은 그저 투자를 통해 많은 돈을 버는 것과는 다르다. 경제적 자유를 얻겠다는 건 완전히 새롭게 태어나겠다는 뜻이 될 수도 있다. 지난날의 나를 벗어던지고 재탄생해야 하기 때문이다.

그러기 위해서는 가장 먼저 자기 인생 전반에 대한 깊은 성찰과 그를 바탕으로 한 재조정이 필요하다. 단순히 투자법 하나 배운다고 모든 것이 달라지진 않는다. 두렵고 힘들더라도 현재의 나를 있는 그대로 바라보는 시간을 가져야 한다. 내 재정 상태, 일상생활(시간 관리), 인간관계 등을 찬찬히 돌아봐야 한다.

이 중 일상이나 인간관계는 온전히 자기 자신의 몫이며, 누군가에게 도움을 받을 수 없는 부분이다. 그러니 충분히 시간을 가지고 자신에 대해 면밀하게 관찰해야 한다. 몇 가지 점검할 포인트는 하루틀 어떻게 보내고 있는지, 퇴근 후에는 무슨 일들로 시간을 보내는지, 주말에는 누구와 무엇을 하며 보내는지 등이다. 인간관계에 있어서도, 내 주변에는 어떤 사람들이 있는지, 주로 누구와 내 시간을 공유하고 있는지 한 번 살펴보자. 어떤 사람들과 주로 어울리는가 하는 문제는 우리의 삶에 생각보다 훨씬 중요한 영향을 미친다. 혹시 매일 부정적이고 불평불만이 가득한 사람들을 마주하고 있지는 않은가? 가족, 혹은 직장 동료 등 원하지 않아도 어쩔 수 없이 연을 이어나가야 하는 경우가 아니라면, 가급적 그런 사람들과는 거리를 둘 필요가 있다. 대신 긍정적이고, 열정적이며, 발전적인 사람들과 함께 하려고 노력해보자. 서로 좋은 기운을 주고받으면서 자신도 좋은 기운을 나누기 위해 노력해보자. 사람 사이의 관계에서는 물질적·경제적 도움이 오가지 않더라도 좋은 기운과 에너지를 공유할 수 있다.

이렇게 자신의 일상과 인간관계에 대해 깊이 고민해보고, 긍정적인 변화를 이끌어내려는 각오가 된 다음에야 진정한 경제적 자유로 가는 출발점에 설 수 있다. 그러니 가볍게 여기지 말고 깊이 생각해보는 시간을 꼭 가져보자.

이런 준비가 되었다면 이제 '내 재정 상태'를 돌아보자.

먼저 A4 용지 한 장을 꺼내자. 반을 접고, 또 반을 접어 4등분하자. 새하얗게 비어 있는 종이 위에 이제 나의 재정 상황을 하나씩 적어보자. 부동산 투자에서 든 주식 투자에서 든 어떤 투자 테크닉을 익히는 것은 성공하는 데 그리 중요한 요소가 되지 않는다. 좀 더 정확히 말하자면 부자가 되기 위한 여정에서 기술적 지식이 가장 최우선 순위에 두어야 할 사항은 아니라는 얘기다.

4등분한 종이에 각각 나의 자산, 부채, 수입, 지출을 적어나가자. 별것 아닌 것처럼 보이겠지만 사실 이는 굉장히 중요하다. 그렇기에 반드시 시간을 투자해야 한다. 멋진 몸매를 만들기 위해 헬스장을 찾았다고 생각해보자. 가장 먼저 할 일은 기구 사용법을 익히는 게 아니다. 인바디 측정을 통해 현재 나의 몸 상태를 정확히 파악하는 것이다. 아무도 없는 곳에서 옷을 벗고 전신 거울 앞에 서는 것이 훨씬 더 중요하다. 마찬가지로 현재 자신의 재정 상태를 인지하는 것은 이후 투자를 롱런하는 데 밑거름이 될 것이다.

종이 왼쪽 상단에 나의 '자산'을 적어보자. 예금, 적금, 펀드, 주식, 보험, 부동산 등을 일일이 적어나가자. 월세를 살고 있다면 월세 보증금, 전세를 살고 있다면 전세 보증금 등도 적는다. 자가를 보유

하고 있다면 시세를 다시 한 번 조사하여 그 금액을 적는다. 이를 통해 현재 내가 보유한 자산의 총액을 정확히 파악해보자.

오른쪽 상단에는 '부채'를 적어보자. 부채는 말 그대로 빚이다. 담보대출, 전세금 대출, 마이너스 통장, 자동차 할부금, 카드론, 주변 지인에게 빌린 돈 등 하나도 빠트리지 말고 꼼꼼히 적자. 부채란 결국 갚아야 되는 돈이다. 빚이 많은데도 웬만큼 살고 있다고 착각하는 이들이 많다.

왼쪽 하단에는 '수입'을 적어보자. 모든 투자는 결국 내 수입으로 만든 종잣돈에서 시작된다. 그렇기에 만족스러울 정도가 아니더라도 수입은 소중하다. 지난달 나의 수입을 정확히 파악하자. 입금된 월급 내역의 정확한 숫자를 끝자리까지 적자.

마지막으로 오른쪽 하단에는 '지출'을 적자. 이 부분이 제일 중요하다. 부자가 되기 위한 첫걸음은 결국 지출 관리이기 때문이다. 지난달 나의 지출 금액을 정확히 파악하고 있는가? 그 숫자를 바로 얘기할 수 있는가? 이에 대해 바로 답할 수 있다면 단언컨대 멀지 않은 시기에 부자가 될 수 있다. 바로 얘기할 수는 없더라도 구체적인 숫자를 어딘가 기록해두었다면 그 또한 분명히 언젠가는 부자가 될 수 있다.

하지만 실제 대부분의 사람들은 자신이 지난 달 정확히 얼마를 지출했는지 알지 못한다. 대충 월급보다는 적게 썼을 것이라 짐작만 할 뿐이다. 일일이 내역을 기록하며 파악하지 않았기 때문이고, 신용카드 할부 등을 통해 지출을 다음 달, 그 다음 달로 미뤄두었기 때문이다. 빚으로 굴러가는 인생인 셈이다. 신용카드는 지갑 깊숙이 넣어두는 것이 좋다. 신용카드는 잘라버리라거나 당장 쓰레기통에 버리라는 얘기는 하지 않겠다. 살면서 필요한 큰 지출 시 부담을 덜어주거나, 각종 포인트 혜택 등 신용카드가 주는 장점도 분명히 있기 때문이다. 하지만 부자가 되고 싶다면, 내 돈을 소중히 하며 재정 관리 한 번 제대로 해보겠다는 다짐으로 당장은 신용카드를 쓰지 말라. 신용카드를 쓰면 내 주머니에서 돈이 빠져나가는 것에 대해 무감각해지고, 정확한 지출 파악이 힘들어 종잣돈을 모으는 데 큰 장애물이 될 수 있기 때문이다.

스마트폰 뱅킹, 인터넷 뱅킹 등을 활용하여 지출 금액을 정확히 파악하자. 금액뿐 아니라 각각의 구체적 내역까지 들여다보자. 내가 어디에 주로 지출을 하고 있는지, 불필요한 지출은 어떤 것인지 확인할 수 있을 것이다. 각각의 지출 내역들을 유형별로 묶어 실생활에 반드시 필요한 지출들을 꼽아보고, 그 외 불필요한 습관성 지출 등은 과감히 줄이는 재정 계획을 세워보자.

이렇게 나의 자산·부채·수입·지출을 정확히 파악하는 일은 매우 중요하며, 부자로 가는 출발점에서 반드시 한 번은 제대로 짚고 넘어가야 하는 부분이다. 첫 단추를 잘못 꿰면 결국은 다시 돌아와야 한다. 조금 귀찮고 유치해 보일지 몰라도 이 과정이 부자로 가는 여정에서 든든한 기초 공사가 되어줄 것이다.

모든 준비가 됐다면 이제 투자의 기본기를 다지면 된다. 이 책에서는 경제적 자유를 향한 방법 중 하나로 부동산 투자 방법을 전한다. 초보자들도 쉽게 접근할 수 있도록 투자의 기본을 다지고, 부자가 되기 위한 마음가짐을 체득할 수 있도록 안내하는 것을 목적으로 구성되었다.

특히 이 책에서는 부동산 경매를 중심으로 급매 투자, 신규 분양 투자 같은 여러 부동산 투자 방법들을 다루고 있는데, 크게 두 부분으로 구성되어 있다.

먼저 Part 1에서는 지금까지 부동산 경매 투자를 해오면서 나름대로 정리한 '부동산 경매 투자의 원칙'에 관해 다룬다. 나는 물건의 검색에서부터 수익 실현까지 부동산 경매를 통해 구체적인 수익을 발생시키는 과정을 한 사이클로 보고, 7개 단계로 구분한다. Part 1에서는 이 7단계의 각 단계별로 숙지해두어야 할 기본 원리와 각종 제도를 총망라했으며, 동시에 처음 이 분야에 발을 내딛는 사람들이 알아두면 좋은 노하우까지 최대한 담았다.

Part 2에는 이제 막 경제적 자유를 위해 한 발 내딛고 목표를 이루려고 고군분투하고 있는 초보 투자자들의 생생한 경험담을 담았다. 카페 '젊은 부자 마을'을 통해 만나 경제적 자유를 향해 함께 한 걸음 한걸음 나가고 있는 이들이 월급 외의 소득을 창출하기 위해 뜨겁게 뛰었던 실제 기록이 담겼다. 그 내용들은 초보 투자자들이 흔히 직면하게 되는 심리적 갈등이나 사소한 실수까지 자세히 들여다볼 기회를 제공할 것이며, 당신이 마주할 수 있는 어려움을 극복하는 데 도움이 될 것이다. 무엇보다 평범한 직장인이던 그들이 투자에 뛰어들어, 현장 답사나 명도의 어려움을 헤쳐내고, 입찰과 낙찰의 부담을 이겨내며 월세 받는 직장인으로 거듭나는 과정은 '나도 할 수 있다'는 용기를 선사할 것이다.

이제 당신도 부동산으로 월급 받을 수 있다.

대표저자 김수영(유비)

Part 1 부동산 투자를 위한 탄탄한 기초 다지기

**젊은 부자 유비의
부동산 경매 특강**

부동산 경매 투자 7단계만 마스터하면 OK!

Part 2 부동산 투자, 이렇게 쉬운 거였나

**리얼 왕초보 16인의
투자 분투기**   당신도 충분히 할 수 있다!

대지면적 vs 건축면적 vs 연면적

대지면적은 건축물을 지은 땅의 전체 면적을 말한다. 건축면적이란 그 대지 중에서 건물이 직접 깔고 앉아 있는 면적을 말한다. 쉽게 말해 건물의 1층 바닥 면적을 가리킨다. 예를 들어, 내가 330제곱미터(100평)의 땅을 갖고 있다고 해서 그 땅을 다 채워서 건물을 지을 수 있는 것은 아니다. 그걸 허용해준다면 세상 모든 집들이 꽉 빈틈없이 붙어 있을 것이다. 연면적이란 건물의 총 면적을 말한다. 즉 건물 각층의 바닥 면적을 다 더한 값을 나타낸다.

건폐율 vs 용적률

건폐율이란 대지면적에 대한 건축면적의 비율이다. 해당 대지를 얼마만큼 활용하여 건축물을 지었는지를 나타내는 값이다. 숫자가 크면 클수록 그만큼 건물을 빽빽하게 지은 것이다.

용적률은 대지면적에 대한 지상층 연면적의 비율이다. 건물은 내가 짓고 싶은 높이만큼 지을 수 없다. 땅의 용도에 따라 높이가 제한된다. 같은 면적의 땅이어도 최대한 높이 짓고 싶을 것이다. 다시 말해 용적률이 높으면 높을수록 그 땅의 가치는 높다.

용적률 100%

1층 면적 : 100제곱미터
대지 면적 : 100제곱미터

2층 면적 : 50제곱미터
1층 면적 : 50제곱미터
대지 면적 : 100제곱미터

1층 면적 : 200제곱미터
대지 면적 : 200제곱미터
지하 면적 : 200제곱미터

용적률 200%

2층 면적 : 100제곱미터
1층 면적 : 100제곱미터
대지 면적 : 100제곱미터

4층 면적 : 50제곱미터
3층 면적 : 50제곱미터
2층 면적 : 50제곱미터
1층 면적 : 50제곱미터
대지 면적 : 100제곱미터

경매와 공매

경매는 법원에서 진행하는 것이고, 공매는 한국자산관리공사에서 진행하는 것이다. 경매는 입찰을 법원에서 하며, 공매는 온라인으로 진행한다. 경매는 통상 유찰될 때마다 20~30%씩 저감되며, 공매는 5~10%씩 저감된다. 경매는 인도명령이 가능한 데 반해, 공매는 인도명령이 불가능하다. 그래서 명도시 경매보다 공매가 까다롭다고 본다. 투자자 입장에서는 해당 기관만 다를 뿐 부동산을 싼값에 매수할 수 있다는 점에서는 같다.

재경매

재경매란 말 그대로 경매를 다시 실행한다는 것이다. 단 이미 낙찰되었지만 그 후 낙찰자가 대금지급기일까지 잔금을 납부하지 않아 경매를 다시 실시하는 것을 의미한다. 통상 경매가 진행될 때는 감정가가 정해지고 그 가격이 최저입찰가가 된다. 만약 입찰자가 없다면 유찰되어 다음 경매에서는 20~30% 저감된 가격으로 다시 진행된다. 하지만 이렇게 단순 유찰된 것은 재경매가 아니다.

재경매의 경우 입찰보증금이 달라진다. 통상 경매 입찰 시에 입찰보증금은 최저가의 10%를 내는데 비해 재경매 사건의 경우에는 20% 또는 30%를 내야 한다. 재경매 사건인데 보증금을 10%만 넣을 경우 입찰은 취소된다.

임의경매와 강제경매

임의경매는 임의적으로 하는 경매고, 강제경매는 강제적으로 하는 경매이다.

경매는 돈 받을 사람, 즉 채권자가 있기 때문에 발생한다. 이때 채권자 마음대로 경매를 진행할 수 있는 것을 임의경매라 하고, 채권자가 마음대로 경매를 진행할 수 있는 권리가 없기 때문에 법원의 강제력을 동원해서 하는 경매를 강제경매라고 한다. 채권자가 임의적으로 경매를 진행할 수 있다는 것은 그만큼 채권자의 권리가 세다는 의미다. 즉 채무자의 담보 부동산에 저당권이나 전세권을 설정했다면 채무 불이행시 이 권리를 이용해 바로 경매를 신청할 수 있다. 반면 법원의 강제력을 동원해서 강제경매를 하는 이유는 이러한 힘을 갖지 못했기 때문이다. 그래서 법원으로부터 '집행권원'이라는 경매를 신청할 수 있는 권리를 먼저 인정을 받아야 한다. 집행권원에는 확정판결문, 지급명령, 공증어음 등이 해당된다.

실제로 진행되는 경매는 대부분 근저당권에 의한 임의경매이다. 투자자 입장에서 굳이 임의경매냐, 강제경매냐를 구분하는 것은 큰 의미가 없다.

개별경매와 일괄경매

개별경매는 개별적으로 진행하는 경매이고, 일괄경매는 일괄적으로 진행하는 경매다. 경매 물건을 검색하다보면 2012타경 2#### 와 같은 식으로 사건번호만 기재되는 것에 그치지 않고 뒤에 2012타경 2####(1), 2012타경 2####(2)처럼 번호가 따로 붙는다. 뒤의 경우는 물건번호이다. 이렇게 한 사건에 여러 개의 물건번호가 기재되어 진행되는 경우를 개별경매라고 한다. 개별경매 사건에 입찰할 경우에는 사건번호뿐만 아니라 자신이 입찰하고자 하는 부동산의 물건번호도 정확히 기재해야 한다. 누락은 물론 안 되고, (1)번이면 (1)번, (2)번이면 (2)번 해당 번호를 정확히 기재해야 한다. 개별경매 사건의 경우 해당 사건의 모든 물건이 매각되기 전까지는 배당기일이 정해지지 않는다.

일괄경매는 여러 부동산을 하나의 사건으로 묶어 진행하는 것이다. 개별경매의 반대되는 개념이다.

유찰, 취하, 취소

유찰은 해당 회에서 아무도 입찰에 들어오지 않아 낙찰이 되지 않았기 때문에 다음 회로 넘어가는 것을 말한다. 통상 한 회 유찰 때마다 20~30% 가격이 떨어진다. 취하는 채무자가 빚을 갚았거나 합의가 되어 채권자가 경매 신청을 철회하는 것을 말한다. 해당 부동산에 많은 채권이 설정되어 있어서 도저히 갚기 힘든 경우가 아니고, 적은 금액으로 인해 경매가 진행되는 것이라면 취하되는 경우도 발생한다. 경매

취하 기간은 통상 경매 절차가 개시된 때부터 경매가 종결되는 시기까지다. 취하가 채권자가 경매 신청을 철회하는 경우였다면, 취소란 법원이 경매개시결정을 취소하는 것을 말한다. 경매 원인의 소멸, 잉여 없는 경매의 경우(무잉여)와 같은 경우이다.

세대합가

일반적으로 대항력의 원칙 중 하나는 임대차계약을 체결한 임차인과 전입신고한 자가 동일해야 한다는 것이다. 그 둘이 다르다면 대항력을 인정하지 않는다. 하지만 임대차계약을 체결한 임차인이 직접 전입신고는 아직 하지 못했더라도 부인이나 자녀의 명의로 전입신고를 했다면 이를 해당 임차인의 전입신고로 인정해준다. 말 그대로 '세대합가'가 되는 것이다. 투자자들은 주의해야 하는 조항인데 선순위로 설정된 근저당이 있고, 임차인은 근저당 설정일 이후에 전입되어 있으니 대항력이 없다고 판단하여 안전한 물건이라고 여기고 입찰했는데, 낙찰 후 세대합가라는 이유로 대항력이 없던 이가 갑자기 대항력을 인정받게 되어 임차인의 보증금을 다 떠안아야 하는 상황이 발생할 수 있기 때문이다. 그렇기에 주민 센터에서 전입세대열람을 하려면 항상 꼼꼼히 문서를 확인하거나 담당자에게 꼭 직접 확인해야 한다.

전세와 전세권

전세와 전세권은 전혀 다른 말이다. 먼저 전세란 전세는 우리나라에만 있는 독특한 임대 방식으로서 세입자가 집주인에게 보증금을 주고 통상 1년에서 2년간 거주하는 계약을 말한다. 반면 전세권은 이와는 전혀 다른 개념이다. 앞의 전세가 채권적 의미에서의 전세라면 뒤의 전세권은 물권이다. 물권은 배타적 권리이고, 채권은 상대적 권리이다. 채권이 계약 쌍방 간에만 효력이 있는 것이라면 물권은 제 3자에게도 영향을 미친다.

전세권은 용익물권이면서 담보물권의 성격도 있다. 부동산의 용도에 따라 사용, 수익하는 것을 용익물권이라 하고, 부동산 전부에 대해 후순위 권리자나 기타 채권자보다 우선하여 배당을 받을 수 있는 것을 담보물권이라 한다. 전세권은 이 둘의 성격을 모두 가지고 있다. 전세권이 당사자의 전세권 설정계약과 등기에 의해 사용, 수익을 할 수 있으면서도 만약 전세금을 돌려받지 못했을 경우에 그 전세권 자체에 기해 경매를 신청할 수도 있고, 다른 채권자보다 우선해서 변제받을 수 있다.

낙찰가율과 낙찰률

낙찰가율이란 감정가 대비 낙찰가의 비율을 말한다. 예를 들어 1억 원의 부동산이 8,000만 원에 낙찰되었다면 이때는 낙찰가율이 80%이다. 감정가와 시세가 꼭 같다고는 볼 수 없지만 이 둘이 비슷하다고 가정한다면, 낙찰가율이 80%라는 것은 시세의 80% 가격에 샀다는 의미이다. 이처럼 낙찰가율은 해당 부동산을 얼마나 싼 값에 취득했는가를 보여주는 지표라 할 수 있다.

이 지표로 부동산 시장의 상황 또한 가늠해볼 수 있는데, 만약 어느 특정 시기에 부동산 경매 낙찰가율이 90%라고 한다면 이는 부동산 경기가 호황기라고 말할 수 있다. 부동산 도매시장인 경매시장에서 시세에 근접한 90% 수준에 낙찰이 되고 있다는 것은 그만큼 수요자도 많고 거래도 활발하다는 뜻이기 때문이다. 반대로 낙찰가율이 현저히 낮다면 부동산 시장이 침체기 또는 하락기를 걷고 있다는 뜻이다. 이때는 부동산 투자에 대해서 조심해야 할 필요성도 있지만 역으로 생각하면 그만큼 부동산을 싼값에 취득할 수 있는 시기이기 때문에 투자자에게 있어서는 매우 좋은 기회가 되기도 한다.

낙찰률이란 경매법정에서 진행되는 경매 물건 중 낙찰이 된 물건의 비율을 말한다. 예를 들어 어느 날 경매 물건이 100건이 나왔는데 그중에 50건의 물건이 낙찰되어 주인을 찾았다면 이때에 낙찰률은 50%이다. 낙찰률이 높다는 것은 그만큼 경매 입찰에 참여하는 사람이 많다는 뜻이다. 즉 낙찰율 역시 부동산 시장의 동향을 읽는 데 도움이 되는 지표이다.

경락잔금대출

법원 경매나 공매로 낙찰받은 부동산에 대해 부족한 잔금을 대출해주는 제도이다. 경매는 일반적인 부동산 거래와는 달리 낙찰 때 10~20% 가량을 보증금으로 내고 낙찰 후 45일 이내에 잔금을 치르는데, 이때 자금 부족 등으로 잔금 조달이 힘든 낙찰자를 위해 시중은행 등이 일반 담보대출과 비슷한 조건으로 자금을 대출해주는 것이다. 소유권 이전과 동시에 대출해준 금융기관은 1순위로 근저당을 설정한다. 경락잔금대출은 낙찰대금 지불을 위해 별도의 담보를 제공할 필요 없이 낙찰 받은 부동산을 담보로 대출해준다.

현재 일부 은행이나 보험사 또는 2금융권에서 경락잔금대출을 취급하고 있는데 낙찰 받은 부동산의 낙찰가액, 금리, 신용등급에 따라 이용할 수 있는 대출 상품이 다르다. 보통 경락잔금대출의 금리는 연 6% 내외이며 대출금액 한도는 시세의 70% 선에서 결정되는 것이 일반적이다. 단 낙찰 받은 부동산이 소액이거나, 분쟁의 소지가 있는 물건인 경우 대출 자체가 어려울 수도 있다.

MCI(Mortgage Credit Insurance)

소액임차보증금 공제 없이 70% 한도까지 가능한 보험. 만약 부도가 나서 은행에서 손실이 발생될 경우, 가입해둔 보험으로 임차보증금만큼은 은행에 변제한다. 금액은 방 공제 금액의 0.4%를 은행에서 직접 부담하기 때문에 고객 입장에서는 손해 볼 부분이 없다.

MCG(Mortgage Credit Guarantee)

MCI와 동일하게 임차보증금을 제하지 않고 70% 한도까지 나오는 대출 상품이다. 하지만 MCI는 은행에서 보험료를 부담하는 반면 MCG는 고객이 1년에 1회씩 직접 부담을 해야 한다는 차이가 있다.

젊은 부자 유비의 부동산 경매 특강

PART

1

부동산
투자를 위한
탄탄한 기초
다지기

부동산 경매 투자 1단계만
마스터하면 OK!

부동산 경매 투자를 시작하기 전에

나는 부동산 경매 투자의 과정을 7단계로 구분한다. 동의하지 않는 사람도 있겠지만, 개인적으로 가장 효과적이고 체계적인 구분이라고 생각한다.

각각의 단계를 하나의 미션이라 생각하고 '미션 통과'를 목표로 노력해가다 보면 분명 성과를 거둘 수 있을 것이다. 물론 투자를 하다 보면 어떤 때에는 여러 단계가 동시다발적으로 진행되기도 하고, 어떤 때에는 과감히 한 단계를 뛰어넘는 상황이 생기기도 한다. 하지만 이제 갓 부동산 경매 투자를 시작하는 초보자라면 차근차근 모든 단계를 순서대로 밟아나가는 편이 좋다. 그러지 않으면 어디선가 사고가 날 수도 있기 때문이다.

가끔 부동산 경매 투자를 하다가 큰 실수를 해서 손해 보는 사람들을 보는데, 대개 그런 사람들은 지식이 거의 없는 초보자가 아니다. 몇 번의 경험이 쌓여 이제는 부동산 경매 투자에 대해 어느 정도 안다고 생각하는 이들에게 사고가 닥치곤 한다. 부동산 경매 투자의 기본과 절차를 무시하고 기술적인 부분에만 몰두하다 이런 일이 발생하는 것이다.

때로는 꼼꼼한 정보 수집이나 치밀한 준비 없이 덜컥 자신이 해결 가능한 수준을 넘어서는 물건을 낙찰 받는 경우가 생기기도 하고, 또는 기본적이지만 아주 중요한 단계를 가볍게 넘겼다가 낭패를 보기도 한다.

부동산 경매 투자에 대해 공부하기 시작했다면 나중에 고수나 전문가가 되어 큰 수익을 내게 되더라도 초심을 기억하기 바란다. 경제적 자유를 얻으려고, 부자가 되려고 책을 펼쳐 든 지금의 간절함을 오래도록 잊지 말길 바란다. 늘 겸손하고 부지런히 공부하고 노력한다면, 시간이 흐를수록 빛을 발하게 될 것이다.

부동산 경매 투자의 7단계

이제 본격적으로 부동산 경매 7단계에 대해서 살펴보자. 먼저 7단계를 각각 세부적으로 살펴보기에 앞서 우선 전체 단계의 큰 흐름을 살펴보자.

부동산 경매 투자의 7단계

1단계 물건 검색과 권리 분석

2단계 현장 답사

3단계 입찰(낙찰, 또는 다시 1단계로)

4단계 잔금 납부

5단계 명도

6단계 화장하기(수리)

7단계 수익 실현(매매, 또는 임대)

부동산 경매의 1단계는 온라인 사이트를 통해 물건을 검색하거나 권리 분석을 하는 것이다. 2단계는 물건을 직접 확인하는 현장 답사이다. 3단계는 입찰 당일 법정에 나가 입찰에 참여하는 것이다. 이때 낙찰이 되면 4단계에서 잔금을 납부할 준비를 해야 한다. 그런 다음 물건지에 거주하고 있는 세입자나 소유자를 내보내는 5단계 명도를 진행하게 된다. 6단계인 화장하기란 보수, 인테리어, 청소 등을 통해 해당 부동산을 새롭게 탄생시키는 과정이다. 부동산의 가치가 격상되었다면 마지막 7단계에서는 매매나 임대 등을 통해 수익을 실현한다.

이렇게 총 7단계를 거치면 부동산 경매 투자의 전 과정을 도는 한 사이클을 마치게 된다.

절대 원칙은 '시세보다 싸게 산다'

부동산 경매 투자의 본질이 무엇일까? 사실 부동산 경매는 여러 투자 분야 중 하나의 카테고리에 불과할 수도 있다. 하지만 부동산 경매를 통한 투자에는 묘한 속성이 한 가지 존재한다. 그 때문에 흔히들 이런 얘기를 한다.

"부동산 경매 투자는 매입하는 순간부터 이익이 난다. 왜냐하면 시세보다 싸게 구입하기 때문이다."

맞는 말이다. 이것이 부동산 경매 투자의 가장 큰 장점이다. 부동산 경매 투자를 할 때는 시세에 대한 검증 절차를 거치지 않는다. 이는 투자자가 기본적으로 '현재 시세는 옳다'는 전제하에 투자를 진행한다는 뜻이다. 현재 시세가 옳다는 것은 말 그대로 지금 시세가 비싼지, 싼지에 대한 심도 있는 파악은 생략한다는 것이다.

주식 투자의 경우 우리가 어떤 특정 종목을 사는 것은 이 종목이 향후 오를 것이라는 전제가 있을 때다. 반대로 이 종목이 더 이상 큰 전망이 없어 앞으로는 떨어질 것이라고, 또는 더 오를 것 같은 다른 종목이 보인다고 판단할 때는 매도한다. 사실 모든 투자가 그렇다.

하지만 부동산 경매는 조금 다른 특성을 갖고 있다. 우리는 조사를 통해 해당 부동산 시세를 알고 있다. 그리고 경매를 통해 그보다 싸게 입찰에 들어간다. 예외가 있기는 하지만, 대개 시세보다 비싸거나 동일한 입찰가는 절대 쓰지 않는다. 지금 시세가 맞다는 전제하에 그보다 싸게 낙찰 받는 것에 집중하는 것이다. 즉 시세 파악에 대한 논리적 판단은 생략한다. 그래서 부동산 경매 투자의 제1원칙은 '현 시세보다 싸게 사야 한다'이다. 지금 이 가격이 싼가 비싼가를 판단해야 하는 다른 투자 대상들에 비해 그 원칙이 명확하고 단순한 편이다.

그런데 간혹 이렇게 말하는 사람들이 있다.

"싸게 사지는 못했지만 앞으로 지하철이 연장되고 복합쇼핑몰이 들어설 예정이니 충분히 메리트가 있다고 보아 낙찰 받았다."

극단적으로 말해 이런 식으로 투자를 할 거라면 굳이 부동산 경매 투자를 할 필요가 없다. 부동산 투자와 부동산 경매 투자는 기본적인 메커니즘이 다르다. 부동산 경매 투자자들은 집을 수십, 수백 채씩 가지고 있는 경우도 있다. 반면 부동산 부자들은 그런 식으로 집을 소유하지 않는다. 그들은 강남에 고급 빌라 한 채, 빌딩 하나 이런 식으로 보유한다.

부동산 경매 시장에 뛰어드는 투자자의 속사정을 이해하면 쉽게 판단할 수 있다. 경매 물건 투자에 뛰어드는 사람은 소액 투자자이다. 이는 앞으로도 변하지 않을 것이다. 물론 강남의 아파트나 고급 빌라 등을 낙찰 받는 사람들도 있기는 하지만, 대개의 경우 그들은 중개업소에서 매물을 찾다가 경매에도 매물이 나와 있는 것을 발견한 경우뿐이다. 관련 서적을 찾아 읽고 온라인 카페에 가입해서 활동하는 우리의 경쟁자가 아니라는 뜻이다. 돈이 많고 아쉬울 게 없는 사람은 경매 물건에 관심을 두지 않는다.

신기루에 현혹되지 말라

이는 그만큼 기회와 가능성이 열려 있다는 뜻이기도 하다. 하지만 한 가지 주의해야 할 것이 있다. 부동산 경매 고수들의 화려한 모습에만 현혹되지 말라는 것이다. 그 경지에 이르기까지의 과정과 초보 투자자들 사이에는 생각보다 큰 간극이 있다. 그들의 경매 투자 성공기를 보면서 감탄하겠지만 그것이 현실과 분명 괴리가 있다는 것도 인정해야 한다. 그런 사례가 자신에게 적용되려면 생각보다 많은 과정을 겪어내야 한다. 끊임없이 경매 투자를 공부하고 지식을 쌓아 고수들의 투자 방식에 대해 평가할 수 있는 수준에 이른 사람 중에도 정작 자신의 경제 사정은 개선하지 못하는 경우도 숱하게 많다.

그러니 초보 투자자, 즉 소액 투자자가 이 시장에서 살아남아 경제적 자유의 문턱을 넘으려면 신기루를 주의해야 한다. 고수들을 단순히 쫓아갈 것이 아니라 자신이 현재 할 수 있는 것에 대해 명확히 인지해야 한다는 뜻이다. 부동산 경매 투자 시장에서 초보자가 살아남으려면 걸어가야 할 분명한 로드맵이 있다.

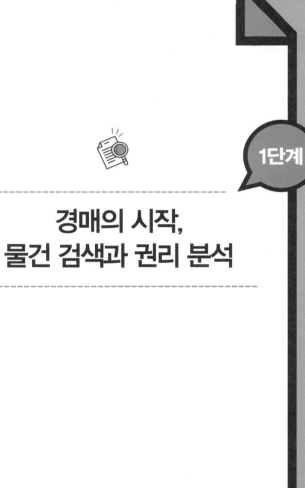

1단계

경매의 시작,
물건 검색과 권리 분석

물건 검색,
욕심 부리지 마라

부동산 경매 투자를 시작하는 첫 단계인 물건 검색이란 말 그대로 투자 대상을 찾는 과정이다. 대부분은 유료 경매 사이트를 통해 검색을 한다. 그런데 이 과정이 생각보다 만만치 않다. 초보자들은 어디서부터 어떤 식으로 물건을 검색해야 할지 감을 잡기도 어렵다. 어떤 전문가들은 무작정 많이 검색해보라고 하는데, 초보자들이 그렇게 하다가는 지쳐서 포기하기 십상이다. 방법과 원칙 없는 무작정 검색은 초보자들을 더욱 절망하게 만들기도 한다. 그렇기 때문에 원칙을 가지고 접근하는 게 좋다.

첫 번째 원칙 : 내가 가진 투자금은 얼마인가

입찰을 거치는 부동산 경매 투자에서 종잣돈의 중요성은 두말할 필요가 없다. 일단 최소한의 돈이라도 있어야 입찰해볼 수 있기 때문이다. '돈이 있어야 돈을 번다'는 말은 틀린 말이 아니다. 그러니 일단은 지출을 통제하고 투자금을 모아야 한다. 많은 부자들이 소비를 통제하고, 불필요한 술자리와 인간관계를 최소화하며 종잣돈을 모으는 고독한 시간을 보냈다는 것을 기억하자.

그렇게 해서 종잣돈을 모았다면 자신이 '활용 가능한 자금'으로 구입할 수 있는 물건만 찾아보는 게 첫 번째다. 여기서 중요한 단어는 '활용'이다. '활용 가능한 자금'에는 임차인의 보증금과 대출 가능 금액 등이 포함된다. 부동산 경매 투자의 가장 큰 장점 중 하나인 '레버리지(leverage)'의 활용을 잊으면 안 된다는 뜻이다. 혹자는 무분별한 대출의 위험성을 경고하지만, 그건 부동산을 비싸게 샀을 때 해당되는 이야기이다. 경매를 통해 충분히 싸게 산다면 레버리지 비중이 높다 해도 가격적인 리스크는 해소된다. 그래서 부동산 경매에서는 레버리지의 활용을 마법이라고 한다.

두 번째 원칙 : 한 지역만 공략하기

모든 지역을 다 뒤져 물건을 찾겠다는 것은 과한 욕심이다. 포기할 것은 과감히 포기해야 한다. 절대 시간 자체가 부족하다. 직장인이라면 보통 물건 검색에 쓸 수 있는 시간이 퇴근 후 1~2시간뿐인데, 그 짧은 시간 동안 전국의 모든 물건을 훑는다는 건 불가능하다. 또한 나만의 지역으로 검색을 한정해야 해당 지역의 시세, 입지, 더 나아가 앞으로의 전망 및 개발 계획까지 파악하여 비교적 빠른 시간 내에 경쟁력을 갖출 수 있다.

워렌 버핏도 '내가 몰라서 놓친 기회들은 실패가 아니다'라고 했다. 대신 내가 커버할 수 있는 영역 안에서 생겨나는 기회들은 놓치지 않고 포착할 수 있도록 힘을 길러야 한다. 검색할 지역을 선정하고 그 지역만 공략해 먹잇감을 기다리자. 그러다가 내 입맛에 딱 맞는 사냥감이 포착되면 재빨리 낚아채야 한다. 훈련의 시간이 흐르면 사냥 영역 또한 점차 넓어질 것이다.

관심 지역으로는 자신의 고향, 거주지, 직장 근처를 정하는 것이 좋다. 그 외에도 자신과 특별한 인연이 있는 지역도 좋고, 아무 연고도 없지만 내가 투자할 만한 가격대의 물건이 많은 지역도 좋다. 중요한 것은 자신만의 특정 지역을 선택하는 일이다. 처음에는 특정 지역의 물건만 관심을 갖고 보다가 차츰차츰 영역을 넓혀가면 된다.

이렇게 해가다 보면 나중에는 전국의 지역 흐름을 읽으며 투자하는 수준에 이를 수 있다.

세 번째 원칙 : 상가와 토지는 쳐다보지도 말라

처음에는 무조건 아파트, 빌라, 오피스텔 등 주택에 집중해야 한다. 가끔 전문가라는 사람들 중 말도 안 되는 논리를 펴는 이들이 있는데, 특히 토지 투자에 있어서는 정도가 심한 경우가 많다. 분명 토지는 좋은 투자 대상이 될 수 있다. 하지만 그건 어디까지나 부동산 투자에 대한 전반적인 내공이 충분히 쌓여 있을 때의 얘기다. 부동산 경매에 입찰 한 번 해본 적 없는, 이제 막 부동산 투자에 대한 공부를 시작한 초보 투자자에게는 해당되지 않는다. 자칫 잘못했다가는 한 번 투자에 종잣돈을 전부 묶여 허송세월을 보내게 될 수도 있다.

상가도 마찬가지다. 주택의 경우에는 상태가 별로 좋지 않다 하더라도 임대료를 낮추면 어떻게든 세를 놓을 수 있다. 하지만 상가는 얘기가 다르다. 입지나 상태가 좋지 않은 상가에는 아무도 와서 장사하려 하지 않는다. 상가 임차인들은 단순히 싸다는 이유만으로 들어오지 않기 때문이다. 먹고사는 문제가 달린 만큼 사활을 걸고 가게를 여는데 고작 월세 얼마 더 싸다고 선택하지는 않는다. 때문에 상가의 경우 잘못된 물건을 낙찰 받으면 평생 세를 놓지 못할 수도 있다. 월세를 받기는커녕 공실인 상태에서 대출 이자와 세금만 내면서 힘든 나날을 보내게 될 수도 있다.

투자란 환금성이 있어야, 즉 말 그대로 현금화시킬 수 있어야 의미가 있는 것이다. 주식이든 부동산이든 채권이든 언젠가는 팔아서 현금으로 만들기 위해 투자하는 것이다. 그러므로 현금화할 수 없는, 또는 현금화하기 힘든 자산은 이미 자산으로서 의미를 잃은 것이라 할 수 있다.

사실 토지와 상가는 좋은 투자 대상임에 분명하다. 하지만 이제껏 투자 시장에 발을 담근 사람이 어설픈 지식을 가지고 그런 분야에 투자했다가는 괜히 발목을 잡혀 이도저도 못하는 상황에 처할 가능성이 있다. 만약 힘들게 만든 종잣돈을 이제 막 불려보려고 하는 초보 투자자가 투자 자금을 묶이거나 잃는다면 그건 단순히 수업료를 치르는 정도로 치부할 수 없을 것이다. 그동안 먹고 싶은 것 못 먹고, 하고 싶은 것 못 하며 모은 희생, 꿈, 희망을 잃는 것이고 지난 세월을 잃는 것이다.

투자의 내공이 쌓이면 언젠가는 분명 상가와 토지도 좋은 투자 대상으로 보이는 날이 올 것이다. 하지만 지금은 일단, 무조건 주거용 물건을 쳐다볼 때이다.

네 번째 원칙 : 투자 목적을 명확히 하라

급매가보다 조금 더 싸게 사서 실제로 거주할 것인지, 사고파는 매매 게임을 하며 종잣돈을 불려갈 것인지, 임대를 놓아 매월 월세가 들어오는 시스템을 만들 것인지 확실하게 정해야 한다. 물론 경험이 쌓이면 그 안에서도 여러 가지 기술을 구사할 수 있다.

목적이 불분명하면 투자 원칙이 흔들려 그냥 돈만 벌면 된다는 한탕주의에 빠질 수도 있다. 무엇보다 투자는 기다림이 생명인데, 확실한 투자의 이유가 없으면 수시로 변화하는 자본 시장에서 느긋한 마음으로 제대로 된 투자를 할 수 없게 된다.

물건 검색, 나만의 원칙을 정하라

- 활용 가능한 투자금을 확인하자. 여기에는 내가 가진 종잣돈뿐 아니라 대출, 세입자 보증금 등의 레버리지를 포함한다.
- 활용 가능한 투자금으로 투자할 수 있는 물건만 검색하자.
- 고향, 직장 근처 등 집중 검색 지역을 선정하고, 나만의 지역을 공략하자.
- 초보자의 부동산 투자 대상은 오로지 주거용 물건. 달콤한 말을 듣더라도 내공이 쌓이기 전까지 상가와 토지는 쳐다보지도 말자.
- 실거주할 것인지, 매매를 통한 시세 차익을 노릴 건지, 월세를 통한 현금 흐름을 만들 것인지, 투자의 목적을 명확하게 정하자.

권리 분석,
왜 해야 하는가

권리 분석에 대해 본격적으로 숙지하기 전에 알아두어야 할 것이
부동산 경매 절차이다. 이는 부동산 경매 투자 7단계와는 다른 것
이다. 부동산 경매 투자 7단계는 투자자 입장에서 경매에 뛰어들어
수익을 거두기까지의 해나가야 할 일들을 단계적으로 나눈 것이었
다. 즉 부동산 경매 재테크의 절차라 할 수 있다. 한편 부동산 경매
절차는 법원에서 부동산 경매를 진행하는 과정을 말한다. 대략적으
로라도 이해하고 있어야 부동산 경매 전체의 진행 과정을 한눈에
볼 수 있고, 경매 투자 과정에서 혹시라도 발생할 수 있는 실수나
사고에 대해서도 사전에 철저히 예방하거나 대비할 수 있다.

부동산 경매 절차

> 경매 사건 접수 → 경매개시결정 → 배당요구종기 결정 및 공고 → 감정평
> 가 및 현황 조사 → 매각기일 → 매각결정 → 매각대금 납부 → 배당 및 경
> 매 종결

경매 절차는 채무자에게서 돈을 받지 못한 채권자가, 채무자가 갖고 있는 부동산 등을 국가가 강제로 팔아서라도 돈을 회수하게 해달라고 법원에 요청(경매 사건 접수)하면서부터 시작된다. 채무 관계에 대한 증거가 명백하거나, 채권자가 채권에 대한 적법한 권한을 가진 이라고 판단되면 국가는 그 신청을 받아들이고(경매개시결정) 감정평가사로 하여금 채무자가 소유한 부동산을 감정평가하게 한다. 동시에 집행관에게는 현황을 조사하게 한다.(감정평가 및 현황 조사)

이를 통해 감정평가서나 현황조사서 등이 만들어지며, 그런 준비 과정에서 법원과 각종 이해관계인들 사이에 여러 종류의 서류들이 오고간다. 그렇게 수개월이 지나 매각기일이 지정되면(매각기일), 경매 법정이라는 공개된 장소에서 부동산 매매 시장이 열리는 것이다. 그리고 투자자들은 그 부동산을 싼 값에 취득하기 위해 그 시장에 나가는 것이다. 이후 낙찰 받은 투자자는(매각결정) 입찰 시 선납한 보증금을 제외한 나머지 대금을 납부하고(매각대금 납부) 부동산의 법적 소유권을 인정받는다(배당 및 경매 종결).

이 중 매각기일은 부동산 경매 투자 7단계 중에서 3단계인 입찰에 해당한다. 그럼 입찰에 들어가기 전에, 즉 해당 부동산이 싼 값에 올라오는 시장에 가기 전에 투자자는 무엇을 해야 할까? 그날 열리는 시장에는 어떤 물건들이 나오는지, 그중 쓸 만한 것은 무엇이 있는지 미리 분석하고 판단해야 하지 않을까? 그것이 바로 권리 분석을 하는 진정한 이유다. 그렇다면 권리 분석이란 도대체 어떻게 하는 걸까?

권리 분석, 아무리 강조해도 지나치지 않다

권리 분석이란 말 그대로 권리를 분석하는 것이다. 권리 분석의 중요성은 아무리 강조해도 지나치지 않다. 하나의 부동산에는 관련되는 권리들이 많다. 내가 투자하고자 하는 부동산에는 어떤 권리들이 설정되어 있는지, 해당 부동산을 낙찰 받았을 때 아무 문제없이 소유권을 온전히 취득할 수 있는지에 대해 분석하는 것이 바로 권리 분석이다.

즉 부동산에 관련되는 권리 중에는 내가 물건에 대한 대금을 모두 납부해도 소유권을 취득할 수 없게 만드는 것도 있고, 더 많은 돈을 추가로 납입해야 권리를 취득할 수 있게 만드는 것도 있으므로, 내가 사려는 물건에 그런 권리가 관련되어 있는지 알아보고 입찰에 응해야 한다는 얘기다. 내가 잔금을 다 치렀는데도 소유권을 주장할 수 없다거나, 추가로 돈을 내야 하는 상황이 빚어진다면 간담이 서늘해지지 않을까?

3가지 권리 분석

그렇다면 권리 분석은 어떻게 하는 것일까? 체계적으로 차근차근 접근해보자. 권리 분석은 크게 3가지로 구분할 수 있다.

> **권리 분석의 종류**
>
> • 등기부등본 권리 분석
>
> • 임차인 권리 분석
>
> • 배당금 분석

통상 '권리 분석'이라 하면 '등기부등본 권리 분석'을 의미한다. 투자하기 전에 반드시 해봐야 하는 권리 분석이 바로 이것이다. 좁은 의미의 권리 분석을 정의하면 등기부등본 권리 분석 그 자체라 해도 무방하다. 하지만 보통 부동산 경매 투자에서 권리 분석은 여기에 임차인 권리 분석까지를 포함한다. 반면 배당금 분석은 생략하는 것이 일반적이다.

등기부등본은 대법원 인터넷등기소에서 열람 또는 발급받을 수 있다. 하지만 요즘은 유료 부동산 경매 사이트에서 바로 등기부등본 권리 분석을 하는 경우가 많다. 등기부등본의 내용만 제공하는 것이 아니라 기본적인 권리 분석까지 해주기 때문에 투자자들은 관심 물건이 법적으로 문제가 있는지 없는지 한눈에 알 수 있다.

따라서 부동산 경매 재테크를 하려면 하나 이상의 유료 부동산 경매 사이트에 가입해두어야 한다. 만약 가입비가 부담된다면 주위 동료들과 십시일반 나눠서 결제하는 것도 괜찮다. 단, 주의할 것은 부동산 경매 사이트는 어디까지나 편리함을 위한 도구일 뿐, 절대 전적으로 신뢰할 것은 아니라는 점이다. 반드시 스스로 등기부등본을 확인할 줄 알아야 한다.

권리 분석의 정의와 종류

- 권리 분석
  낙찰 받은 부동산 물건의 소유권을 내가 온전히 취득할 수 있는지, 법적으로 문제는 없는지, 추가로 발생하는 비용은 없는지를 따져보는 과정
- 3가지 권리 분석
  1) 등기부등본 분석
  2) 임차인 권리 분석
  3) 배당금 분석

부동산 경매 투자자들이 많이 찾는 유료 부동산 경매 사이트

유료 경매 사이트에는 여러 가지가 있다. 각각 특색이 다르니 무료 체험 등을 통해 자신의 취향에 맞는 사이트를 골라 이용하면 된다. 전국 1년 조건으로 가입하는 경우 가입비가 100만 원에 가까워 한 번에 결제하기에는 부담스러울 수 있다.

3개월, 6개월씩 결제해서 이용하는 방법이나 자신의 관심 지역만 결제해서 이용하는 방법, 마음 맞는 동료와 십시일반 나누어 결제하고 시간을 조정하여 함께 이용하는 방법 등을 추천한다.

대표적인 유료 경매 사이트

- 굿옥션 : http://www.goodauction.com
- 지지옥션 : http://www.ggi.co.kr
- 스피드옥션 : http://www.speedauction.co.kr
- 부동산태인 : http://www.taein.co.kr

등기부등본 권리 분석,
말소기준권리에 집중하라

· ·

등기부등본을 통해 해당 부동산의 권리들을 분석한다. 그중 가장 먼저 해야 하는 일은 말소기준권리를 찾는 것이다. 낙찰이 이루어지면 그 즉시 말소되는 권리들이 있는데, 말소기준권리란 그 말소의 기준점이 되는 권리를 말한다.

모든 권리의 기준이 되는 말소기준권리

권리 분석을 할 때 가장 기본적으로 이해해야 하는 것은 '인수'와

'소멸'이라는 개념이다. 인수는 낙찰자(소유자)가 인수해야 하는 부동산 관련 권리이고, 소멸은 말 그대로 소멸되는 사항을 가리킨다.

부동산을 매입할 때 확인한 등기부등본이 아주 깨끗한 상태라면 가장 좋을 것이다. 하지만 이런저런 권리 사항들이 덕지덕지 붙어 있다면 골치 아픈 상황이라 할 수 있다.

그런데 경매를 통해 부동산을 낙찰 받으면 말소기준권리와 그 이후에 만들어진 권리는 모두 소멸된다. 이러저러한 권리들이 얽혀 지저분해진 부동산이 내가 낙찰 받는 순간 깨끗하게 되어 돌아온다는 말이다. 만약 낙찰 받은 후에도 등기부등본이 깨끗하게 정리되지 않는다면 아무도 경매를 통해 부동산을 구입하려고 하지 않을 것이다. 이러한 말소기준권리에는 크게 4가지가 있다.

말소기준권리의 종류

- (근)저당권,
- (가)압류
- 담보가등기
- 강제경매기입등기(=경매개시결정 기입등기)

이 4가지 권리 중 등기부등본에 가장 먼저 설정된 권리를 말소기준권리라 한다. 그리고 그 권리가 생겨난 시점을 기준으로 해서 이전에 만들어진 권리는 인수되고, 말소기준권리와 이후에 생겨난 권리는 모두 소멸된다. 그러므로 말소기준권리보다 먼저 설정된 권리

사항이 하나도 없어야 해당 부동산을 경매로 취득했을 때 인수할 문제가 없다. 예외적인 경우들이 있긴 하지만 원칙적으로는 이런 구조이다. 예외에 대해서는 뒤에서 따로 설명하겠다.

그렇기에 권리 분석의 첫 출발점은 말소기준권리를 찾고 그 이전에 설정된 권리가 있는지를 확인하는 것이다. 하나라도 있다면 인수해야 할 권리가 있는 것이므로 이미 법적으로 위험한 물건이다. 그러니 경제적 가치를 알아본다든가, 현장 답사를 나가본다든가 하는 것들이 불필요하다.

물권은 채권을 우선한다

권리는 크게 물권과 채권으로 나눈다. 이는 권리의 '성격'을 기준으로 나눈 것이다.

물권은 직접적으로 지배할 수 있는 권리를 의미하며 배타적인 성격을 지닌다. 사람이 아닌 부동산 자체에 설정된 권리이다. 그래서 모든 이들에게 주장할 수 있다. 물권에는 점유권, 소유권, 지상권, 지역권, 전세권, 유치권, 질권, 저당권 등 8가지가 있다. 지상권, 지역권, 전세권은 용익물권이라 하며 유치권, 질권, 저당권은 담보물권이라 한다.

채권은 물권과 달리 사람에게 설정된 권리이다. 즉 상대적인 권리여서 모든 이들에게 주장할 수 있는 권리가 아니라 당사자 사이에만 성립한다. 즉 특정인에게만 주장할 수 있는 권리라는 뜻이다.

그렇다면 물권과 채권 중 어느 것이 더 우위를 가질까? 물권이다. 물권은 부동산 자체에 설정된 권리여서 누구에게나 주장할 수 있기 때문이다.

	물권	채권
성격	특정 물건을 배타적 지배	채무자에게만 청구 가능
	배타적	비 배타적
	절대권	상대권
대상	대물	대인

물권과 채권에 대한 개념은 나중에 배당할 때 아주 중요해진다. 보통 갑구와 을구를 날짜순으로 정리해 순서대로 배당을 받는데, 이 때 채권은 우선권을 갖지 못하기 때문이다. 때문에 앞에 있더라도 뒤에 있는 권리와 평등하게 배당을 받는다. 간단한 예를 들어보자.

한 물건이 1억 5,000만 원에 낙찰되어 배당금이 1억 5,000만 원이라고 가정해보자(계산의 편의를 위해 경매 비용 등 기타 금액은 생략).

먼저 아래와 같은 경우라면 배당이 어떻게 이루어질까?

근저당 A (5,000만 원)
근저당 B (1억 원)
근저당 C (5,000만 원)

이 경우 모두 물권인 근저당이 설정되어 있으므로 순서대로 근저당 A가 5,000만 원을 먼저 받고, 이후 근저당 B가 1억 원을 받는다. 배당금이 1억 5,000만 원이기 때문에 이렇게 받고 나면 남는 금액이

없다. 따라서 근저당 C는 한 푼도 배당 받지 못한다.

근저당 A (5,000만 원)
가압류 B (1억 원)
근저당 C (5,000만 원)

이 경우에는 배당이 어떻게 이루어질까? 일단 앞의 경우와 달리 B의 권리는 채권인 가압류이다. 배당도 이에 따라 달라진다. 먼저 물권인 A는 순서대로 5,000만 원을 배당 받는다. 다음 B가 1억 원을 받고 배당 절차가 끝날까? 그렇지 않다. 결론부터 이야기하면 B는 6,666만 원을 배당받는다. 이유는 가압류가 채권이기 때문이다. 앞에서 이야기한 것처럼 물권(근저당)과 채권(가압류)은 설정 순서와 상관없이 평등하게 배당을 받는다. 따라서 남은 배당 재원 1억 원은 B와 C가 각각의 설정 금액의 비율에 따라 나눠받는다.

이런 식으로 B가 배당 받는 금액을 산출하면 아래와 같다.

• B의 배당금

$$1억\ 원(배당\ 재원) \times \frac{1억\ 원(B의\ 가압류\ 설정\ 금액)}{1억\ 5,000만\ 원(B의\ 가압류\ 설정\ 금액\ +\ C의\ 근저당\ 설정\ 금액)} = 6,666만\ 원$$

이처럼 순서와 금액이 같아도 물권이냐 채권이냐에 따라 배당 금액이 달라진다. 그만큼 물권이 강력하다. 자세한 배당 절차는 뒤에서 다시 다루겠다.

중요한 것은 물권과 채권의 차이를 이해하고, 배당에서 차이가

난다는 것을 인지하는 것이다. 이것이 기반이 되어야 말소기준권리
도 제대로 이해할 수 있다.

말소기준권리 이전에 설정된 권리가 있는지 살펴라

말소기준권리인 근저당, 가압류, 담보가등기, 강제경매기입등기
중 가장 먼저 설정된 권리가 해당 물건의 말소기준권리가 된다. 이
말소기준권리 이후에 설정된 권리는 말소기준권리와 함께 모두 소
멸된다. 하지만 말소기준권리 이전에 설정된 권리는 낙찰자가 인
수해야 한다. 즉 비용이 발생할 수 있다는 뜻이다. 그렇다면 원칙상
입찰에 들어가서는 안 된다.

몇 가지 예를 통해 말소기준권리에 대해 살펴보자.

· 사례 1 ·

12. 05. 04	가압류
12. 07. 21	근저당
12. 09. 23	담보가등기

〈사례 1〉의 물건에 설정된 가압류, 근저당, 담보가등기는 모두
말소기준권리가 될 수 있다. 이 중 가장 먼저 설정된 가압류가 해당
물건의 말소기준권리가 된다. 12년 5월의 가압류를 포함해서 뒤에
설정된 권리는 모두 소멸된다.

· 사례 2 ·

12. 03. 23	가처분
13. 05. 11	근저당
13. 07. 24	임차권(전입)
13. 09. 22	가압류

〈사례 2〉에서 말소기준권리가 될 수 있는 것은 근저당과 가압류이다. 이 중 먼저 설정된 근저당이 말소기준권리가 된다. 근저당과 이후 설정된 권리는 모두 소멸한다. 그런데 말소기준권리인 근저당 이전에 가처분이 설정되어 있다. 이 경우 낙찰자는 가처분 권리를 인수해야 한다. 따라서 이는 위험한 물건이므로 원칙상 입찰에 응해서는 안 된다.

· 사례 3 ·

13. 02. 05	담보가등기
13. 10. 24	근저당
13. 11. 05	근저당
14. 03. 11	가압류
14. 04. 07	가압류
14. 05. 21	가압류
14. 06. 02	임의경매

〈사례 3〉의 말소기준권리는 담보가등기다. 이를 포함하여 뒤에 설정된 권리는 모두 소멸한다. 간혹 이렇게 많은 권리가 설정되어 있으면 무조건 긴장하게 되는데 말소기준권리보다 후순위이기만

하다면 아무리 많은 권리가 설정되어 있어도 안전한 물건이다. 수십 개의 권리가 말소기준권리 이후에 설정되어 있는 것보다 단 한 개의 권리가 말소기준권리 앞에 설정되어 있는 게 더 위험한 물건이다.

성격이 별난 전세권

전세권은 한 번은 꼭 따로 짚고 가야 하는 별종이다. 우선 전세권의 정의에 대해 확실히 이해할 필요가 있다. 여기서 말하는 전세권은 우리가 평상시 '월세', '전세'라고 말할 때의 '전세'와는 개념이 다르다.

우리가 자주 쓰는 '전세'라는 용어의 개념은 집주인과 세입자 둘 사이에 체결하는 계약으로, 이때 발생하는 권리는 채권이다. 그렇기에 둘 사이에서만 효력이 발생한다(앞의 물권과 채권에 관한 내용 참조). 하지만 전세권은 물권이다. 등기부등본에 기재되는 배타적 권리이기 때문에 모든 이들에게 그 효력이 발생한다. 만일 등기부등본에 말소기준권리보다 선순위로 기재된 전세권이 있다면 이 세입자는 낙찰자에게 강력하게 대항할 수 있는 힘을 갖게 된다. 말소기준권리보다 먼저 설정된 전세권은 낙찰자가 고스란히 인수해야 하기 때문이다. 이런 이유로 말소기준권리보다 먼저 설정된 권리가 있으면 절대 입찰에 참여해서는 안 된다고 하는 것이다. 물론 후순위라면 별 상관이 없다.

그런데 만약 말소기준권리보다 선순위로 기재된 전세권자가 배당요구를 했거나 경매를 신청했다면 전세권이 말소기준권리가 되어버린다. 이렇게 별종이어서 전세권은 신경을 써서 다뤄야 하는 것이다. 그러므로 만약 등기부등본에 최선순위로 설정된 전세권이 있다면 전세권자가 배당요구를 했는지, 또는 경매 신청자가 아닌지 확인해봐야 한다. 만약 전세권자가 배당요구를 했거나 경매 신청자인 경우라면 안전한 물건이다. 반대로 선순위 전세권자가 배당요구를 하지 않았거나 경매 신청자가 아니라면 권리 분석 원칙을 적용해야 한다. 즉 말소기준권리 이전에 설정된 권리가 있으므로 입찰에 들어가면 안 된다.

여기서 또 하나 주의할 것이 있는데 전세권이 주택 전체에 설정된 것인지 확인해야 한다는 것이다. 간혹 전세권이 집 전체가 아닌 일부에만 설정된 경우가 있는데, 그런 경우에는 전세권이 말소기준권리가 될 수 없다. 복잡해 보이지만 차분히 살펴보면 이해하기 어렵지 않을 것이다. 아래 사례를 통해 살펴보자.

· 사례 4 ·

12. 05. 21	전세권(주택 전체, 배당요구 X)
12. 08. 22	근저당
12. 10. 11	가압류

〈사례 4〉에서 일단 전세권이 없다고 가정한다면 말소기준권리는 근저당이 된다. 이를 포함해 이후에 설정된 권리는 소멸된다. 그런데 이 말소기준권리 앞에 전세권이 설정되어 있다. 그렇다면 이 전

세권이 말소기준권리에 해당되는지 살펴봐야 한다. '주택 전체에 설정되어 있다'는 전제 조건에는 충족된다. 하지만 배당요구를 하지 않았다. 따라서 전세권은 말소기준권리가 되지 못하며, 낙찰 받을 경우 인수해야 하는 권리로 남는다. 즉 위험한 물건이다.

· 사례 5 ·

13. 02. 11	전세권(주택 일부, 배당요구 ○)
13. 04. 22	가압류
13. 11. 12	근저당
14. 03. 04	강제경매

〈사례 5〉의 말소기준권리는 가압류다. 이를 포함해서 뒤에 설정된 권리는 소멸된다. 그런데 말소기준권리 앞에 전세권이 설정되어 있다. 이 경우 마찬가지로 전세권이 말소기준권리에 해당하는지 확인해야 한다. 그런데 주택 일부에 설정되어 있기 때문에 '주택 전체에 설정되어 있다'라는 전제 조건에 충족되지 않는다. 따라서 인수해야 하는 권리로 남는다. 마찬가지로 위험한 물건이다.

· 사례 6 ·

12. 11. 10	전세권(주택 전체, 배당요구 ○)
12. 12. 05	근저당
13. 03. 22	가압류
13. 04. 20	가등기
13. 05. 03	임의경매

〈사례 6〉의 말소기준권리가 될 수 있는 것은 근저당이다. 이를 포함해 뒤에 설정된 권리는 모두 소멸된다. 그런데 이 사례 역시 말소기준권리 앞에 전세권이 설정되어 있으므로 전세권이 말소기준권리에 해당되는지 확인해야 한다. '주택 전체에 설정되어 있다'는 전제 조건에 부합되고, 배당요구를 했기 때문에 말소기준권리로서의 요건에 충족된다. 따라서 이 경우에는 전세권이 말소기준권리가 되고, 이를 포함해서 뒤의 권리는 모두 소멸된다. 그러므로 안전한 물건이다.

등기부등본 권리 분석, 말소기준권리를 찾아라

- 권리 분석의 1단계는 말소기준권리 찾기
  말소기준권리보다 먼저 설정된 권리가 있다면 법적으로 위험한 물건이니 돌아보지 말라. 이것만 기억하면 손실 가능성을 막을 수 있다.
- 말소기준권리의 종류
  근저당, 가압류, 담보가등기, 강제경매기입등기
- 전세권
  등기부등본상에 등재된 배타적 권리로 물권이다.
  단, 전세권이 주택 전체에 설정되어 있고 최선순위의 전세권자가 배당요구를 했거나 경매 신청자인 경우 말소기준권리가 된다.

등기부등본 쏙쏙 파헤쳐보기

등기부등본이란 등기사항 전부증명서이다. 즉 해당 부동산의 현황 및 그에 관련되어 있는 권리 관계 등에 대해 기록해놓은 장부이다. 토지 등기부등본과 건물 등기부등본 2가지로 나뉘며, 아파트, 다세대주택 등은 집합건물이라 하여 함께 정리되어 있다.

등기부등본은 표제부, 갑구, 을구 3개의 구조로 이루어져 있다. 표제부에는 해당 부동산의 지번, 지목, 면적, 구조 등이 기재되어 있다. 갑구에는 소유권과 관련된 사항이 기재되어 있는데, 가압류, 압류, 가처분, 가등기, 예고등기, 환매권, 경매기입등기 등이 이에 해당한다. 을구에는 소유권 이외의 권리에 대한 사항이 기재되어 있는데, 지상권, 지역권, 전세권, 근저당권, 저당권 등이 이에 해당한다.

표제부 – 부동산 관련 정보

등기사항전부증명서(말소사항 포함) - 집합건물

【집합건물】 서울특별시 강서구 내발산동 672-14 제시찬동 제102호.

고유번호 1149-1996-054563

【 표 제 부 】		(1동의 건물의 표시)		
표시번호	접 수	소재지번, 건물명칭 및 번호	건 물 내 역	등기원인 및 기타사항
1 (전 1)	1994년11월30일	서울특별시 강서구 내발산동 672-14	철근콘크리트조 및 백돌조 슬래브 지붕 4층 다세대주택 1층 133.27㎡ (2세대) 2층 109.19㎡ (2세대) 3층 109.19㎡ (2세대) 4층 95.88㎡ (1세대) 저층 133.27㎡ (2세대, 주차장 19.89)	
				부동산등기법 제177조의 6 제1항의 규정에 의하여 1999년 02월 22일 전산이기
2		서울특별시 강서구 내발산동 672-14 [도로명주소] 서울특별시 강서구 우장산로6길 9	철근콘크리트조 및 백돌조 슬래브 지붕 4층 다세대주택 1층 133.27㎡ (2세대) 2층 109.19㎡ (2세대) 3층 109.19㎡ (2세대) 4층 95.88㎡ (1세대) 저층 133.27㎡ (2세대, 주차장 19.89)	도로명주소 2014년10월30일 등기

열람일시 : 2015년10월08일 13시24분08초

1/7

갑구 – 소유권 관련 사항

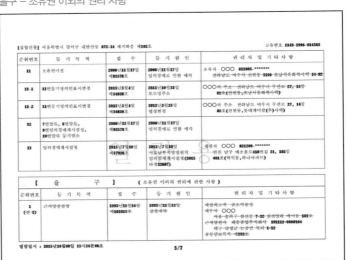

【집합건물】 서울특별시 강서구 내발산동 672-14 제지하층 제102호   고유번호 1149-1996-014563

(대지권의 표시)

표시번호	대지권종류	대지권비율	등기원인 및 기타사항
1 (전 1)	1 소유권대지권	193.3분의 12.3	1994년11월17일 대지권 1994년11월30일 부동산등기법 제177조의 6 제1항의 규정에 의하여 1999년 02월 22일 전산이기

【 갑   구 】   (소유권에 관한 사항)

순위번호	등 기 목 적	접 수	등 기 원 인	권 리 자 및 기 타 사 항
1 (전 1)	소유권보존	1994년11월30일 제122580호		소유자 OOO 440421-******* 서울 강서구 내발산동 672-14 부동산등기법 제177조의 6 제1항의 규정에 의하여 1999년 02월 22일 전산이기
2	임의경매신청	2009년6월21일 제21005호	1999년8월27일 서울지방법원 남부지원의 임의경매개시결정(99타경40521)	채권자 OOOOO 대구 달성군 논공면 북동 2-22
3	소유권이전	2001년1월29일 제3830호	2001년3월2일 임의경매로 인한 낙찰	소유자 OOO 391023-******* 경남 구례군 산동면 원촌리 101번지

열람일시 : 2015년10월08일 13시24분08초   3/7

을구 – 소유권 이외의 권리 사항

【집합건물】 서울특별시 강서구 내발산동 672-14 제지하층 제102호   고유번호 1149-1996-014563

순위번호	등 기 목 적	접 수	등 기 원 인	권 리 자 및 기 타 사 항
11	소유권이전	2006년11월17일 제93578호	2006년11월17일 임의경매로 인한 매각	소유자 OOO 611005-******* 전라남도 여수시 신란동 1250 호남석유화학사택 24-82
11-1	11번등기명의인표시변경	2015년5월6일 제34838호	2011년10월23일 도로명주소	OOO의 주소 전라남도 여수시 무선로 27, 14동 82호(산현동, 호남석유화학사택)
11-2	11번등기명의인표시변경	2015년5월6일 제34839호	2013년3월25일 법원변경	OOO의 주소 전라남도 여수시 무선로 27, 14동 82호(산현동, 롯데캐미칼(주)사택)
12	7번압류, 8번압류, 9번임의경매개시결정, 10번압류 등기말소	2006년11월17일 제93578호	2006년11월17일 임의경매로 인한 매각	
13	임의경매개시결정	2015년7월10일 제57826호	2015년7월10일 서울남부지방법원의 임의경매개시결정(2015 타경12687)	채권자 OOO 821209-******* 인천 남구 예소른로418번길 21, 102동 401호(학익동, 하나아파트)

【 을   구 】   (소유권 이외의 권리에 관한 사항)

순위번호	등 기 목 적	접 수	등 기 원 인	권 리 자 및 기 타 사 항
1 (전 2)	근저당권설정	1995년11월24일 제102023호	1995년11월22일 설정계약	채권최고액 금9,0억원정 채무자 OOO 서울 송파구 삼전동 7-32 삼전빌라 에이동 101호 근저당권자 태흥공업주식회사 101112-0000104 대구 달성군 논공면 북리 1-12 공동담보목록 제232호

열람일시 : 2015년10월08일 13시24분08초   5/7

임차인 권리 분석, 대항력을 확인하라

· ·

권리 분석의 두 번째 단계는 바로 임차인 권리 분석이다. 임차인 권리 분석을 할 때 등장하는 문서가 있는데, 바로 매각물건명세서이다. 앞에서 권리 분석을 하면서 살펴본 문서는 등기부등본이었다. 등기부등본은 부동산 경매 재테크를 할 때 늘 옆에 끼고 있어야 할 아주 중요한 문서이다. 하지만 여기에는 임차인과 관련한 내역은 나오지 않는다. 임차권은 등기부등본에 등기되지 않는 권리이기 때문이다. 따라서 임차인과 관련된 내용에 대해 알고 싶다면 매각물건명세서를 살펴봐야 한다. 매각물건명세서에는 임차인 내역을 비롯하여 유치권, 법정 지상권 등의 특수 권리도 나와 있다.

임차인 권리 분석의 원리는 등기부등본 권리 분석과 같다. 마찬가지로 말소기준권리를 기준으로 하여 그보다 먼저 설정된 권리는 인수 내용이 되고, 뒤에 설정된 권리는 소멸된다. 즉 말소기준권리의 시점보다 먼저 전입한 임차인이 있으면 인수해야 하고, 이후 전입한 임차인은 인수하지 않아도 된다.

임차인의 대항력

이런 임차인 권리 분석을 해야 하는 이유는 주택임대차보호법 때문이다. 주택임대차보호법이란 주택 소유자보다 사회적 약자인 주택 임차인을 보호하기 위하여 만든 특별법으로 국민 주거 생활 안정을 도모하기 위한 취지의 법이다.

이 주택임대차보호법에는 대항력이 명시되어 있다. 대항력이란 임차 주택의 소유권이 매매나 경매 등의 이유로 이전되더라도 임차인이 제3자에게 대항할 수 있도록 하는 힘이다. 대항력을 가진 임차인은 보증금을 전액 돌려받기 전까지는 해당 부동산을 비워주지 않아도 된다. 만약 집주인이 바뀔 때마다 세입자가 보증금을 못 받는다면 얼마나 억울하겠는가? 집주인이 누구로 바뀌든 간에 점유와 보증금에 대한 권리를 지킬 수 있는 것이 바로 대항력이다.

그런데 임차인이라고 모두 대항력을 갖는 것은 아니다. 임차인이 대항력을 가지려면 말소기준권리보다 앞서 전입해야 한다. 정확히 말해 주택의 인도(점유)와 주민등록(전입)이라는 조건을 함께 갖추어야 한다. 이렇게 대항력 요건을 갖추게 되면 다음날 0시부터 대항력이 발생한다. 경매에 참여하는 투자자라면 이러한 임차인의 권리에 반드시 주의를 기울여야 한다. 말소기준권리 이전에 전입한 이가 있다면 낙찰자가 임차인의 보증금 지불을 인수해야 한다. 즉 보증금을 물어주어야 하기 때문에 원칙적으로는 입찰에 들어가면 안 된다.

우선변제권

임차인이 대항력을 갖춘 뒤 확정일자를 받으면 우선변제권을 갖게 된다. 우선변제권이란 해당 부동산이 경매됐을 때 후순위 채권자들보다 먼저 배당받을 수 있는 권리이다. 즉 본래 집주인 당사자에게만 주장할 수 있는 채권에 불과하던 임차권이 확정일자를 받음으로써 물권화되어 제3자에게도 주장할 수 있는 권리로 바뀐다.

확정일자는 등기소나 주민센터, 구청, 공증사무소 등 관공서에서 받을 수 있는데, 대개는 주민센터에서 전입신고를 하면서 동시에 받는다. 우선변제권은 대항력 요건을 갖춘 날짜와 확정일자를 받은 날짜 중 늦은 시점을 기준으로 발생한다. 둘 중 하나만 받아도 소용없고, 확정일자를 아무리 일찍 받았다고 해도 대항력 요건을 갖추지 못했다면 그 둘을 모두 갖춘 시점부터 우선변제권이 발생한다.

또 한 가지 간과해서는 안 되는 요건이 바로 '배당요구'이다. 모든 요건을 갖추었다 해도 법원에서 정한 배당요구종기일 이전에 배당요구를 하지 않으면 우선변제권을 가질 수 없다. 만약 임차한 물건이 경매에 넘어갔다면 기간 내에 배당요구하는 것을 절대 잊어서는 안 된다. 또한 배당요구를 한 뒤에도 배당요구종기일까지는 절대 전출신고를 해서는 안 된다. 그렇게 되면 우선변제권을 인정받지 못하기 때문이다. 정리하면 다음과 같다.

> **우선변제권의 요건**
>
> 전입신고 + 주택의 점유 + 확정일자 + 배당요구

한편 부동산 경매 투자를 하는 투자자는 대항력을 가진 임차인이 배당요구종기일 이전에 배당요구를 했는지 반드시 확인해야 한다. 여기까지 미처 생각하지 못하는 임차인들도 상당수 있기 때문이다. 몇 가지 사례를 통해 자세하게 살펴보자.

· 사례 1 ·

| 13. 07. 10 | 갑 | 전입신고 |
| 13. 07. 10 | 갑 | 확정일자 |

〈사례 1〉에서 임차인 갑은 전입신고를 2013년 7월 10일에 하였다. 따라서 대항력은 다음날인 2013년 7월 11일 0시를 기해 성립

한다. 한편 확정일자도 2013년 7월 10일에 받았다. 우선변제권은 확정일자를 받은 당일부터 성립하며, 대항력 성립일과 확정일자 중 늦은 날을 기준으로 성립하는데 대항력이 2013년 7월 11일 0시에 성립하기 때문에 우선변제권은 이 시점에 성립된다.

· 사례 2 ·

13. 10. 14	갑	전입신고
13. 12. 18	갑	확정일자

〈사례 2〉에서 갑은 전입신고를 2013년 10월 14일에 하였기 때문에 대항력은 2013년 10월 15일 0시에 성립된다. 반면 확정일자는 2013년 12월 18일에 받았다. 우선변제권은 대항력 성립일과 확정일자를 받은 날 중 늦은 날을 기준으로 하기 때문에 2013년 12월 18일부터 성립한다.

· 사례 3 ·

13. 10. 14	갑	전입신고
13. 10. 15	갑	확정일자

〈사례 3〉에서 전입신고일은 2013년 10월 14일이므로 대항력은 2013년 10월 15일 0시에 성립한다. 우선변제권은 확정일자를 받은 2013년 10월 15일 당일부터 성립한다. 여기서 주의할 것은 15일

0시와 15일은 엄연히 다르다는 점이다. 15일 0시가 더 빠른 것이다.

13. 10. 14	갑	전입신고
13. 05. 12	갑	확정일자

〈사례 4〉에서 대항력은 2013년 10월 15일 0시에 성립한다. 우선변
제권 또한 2013년 10월 15일 0시에 성립한다. 확정일자를 2013년
5월 12일에 받았지만 확정일자와 전입일 중 늦은 시점을 기준으로
성립하기 때문이다.

13. 10. 14	갑	전입신고
13. 10. 14	을	근저당

〈사례 5-1〉의 대항력 성립일은 언제일까? 앞서와 마찬가지로
2013년 10월 15일 0시일까? 그렇지 않다. 말소기준권리가 되는 근
저당이 그보다 하루 빠른 2013년 10월 14일에 성립되었기 때문에
대항력 자체가 성립되지 않는다. 이렇게 대항력이 성립되지 않으면
우선변제권 또한 성립하지 않는다.

13. 10. 14	갑	전입신고
13. 10. 15	을	근저당

〈사례 5-2〉는 〈사례 5-1〉과 잘 비교해야 한다. 날짜는 하루 차이지만 이 경우는 대항력이 2013년 10월 15일 0시에 성립된다. 말소기준권리인 근저당은 2013년 10월 15일에 설정되었다. 〈사례 3〉에서 같은 날이라도 0시와 당일 중에서 0시가 더 빠른 것이라고 언급했다. 즉, 대항력 성립 일자가 말소기준권리보다 앞선다는 얘기다. 그렇다면 우선변제권도 성립이 될까? 그렇지 않다. 확정일자를 받지 않았기 때문에 우선변제권은 성립되지 않는다.

・사례 6・

13. 10. 14	갑	전입신고
13. 10. 14	갑	확정일자
13. 10. 15	을	근저당

〈사례 6〉에서 전입일이 2013년 10월 14일이므로 대항력은 2013년 10월 15일 0시에 성립된다. 확정일자를 2013년 10월 14일에 받았고, 말소기준권리인 근저당 설정일이 2013년 10월 15일이므로 우선변제권은 2013년 10월 15일 0시에 성립된다.

최우선변제권

최우선변제권이란 말 그대로 배당 절차에서 최우선적으로 변제 받을 권리를 말한다.

앞서 밝힌 것처럼 주택임대차보호법은 사회적 약자인 주택 임차인을 보호하기 위한 특별법이다. 그중에서도 최우선변제권은 그 취지를 가장 잘 실현하고 있는 것 중 하나이다. 전입을 언제 했든, 확정일자를 받았든 안 받았든 상관없이 해당 부동산이 경매된 경우 배당 절차에서 다른 어떤 권리보다 최우선으로 변제해주겠다는 것이다. 그렇다고 모든 경우의 모든 금액이 최우선변제 대상이 되는 것은 아니다. 몇 가지 조건들을 달아두었는데 다음과 같다.

> **최우선변제권의 조건**
> - 보증금이 법이 정한 일정액 이하의 소액이어야 한다.
> - 경매개시결정등기 이전에 전입해야 한다.
> - 배당요구종기일 이전에 배당 신청을 해야 하고 대항 요건을 유지해야 한다.
> - 낙찰가의 2분의 1 한도 내에서만 배당 받을 수 있다.

상식적으로 정상적인 임차인이라고 볼 수 있는 조건들인데 특히 경매개시결정등기 이전에 전입해야 한다는 조건을 둔 이유는 허위 소액 임차인이 난립할 가능성을 방지하기 위해서이다. 이 조건이 없다면 너도나도 소액 임차인이라고 주장할 것이기 때문이다.

최우선변제의 조건

이러한 최우선변제권이 적용되는 보증금의 액수는 지역과 시기에 따라 조금씩 다르다.

소액임차보증금 기준표

기간	지역	계약금액 (이하)	특별법에 의한 우선변제금액
1984. 01. 01 ~ 1987. 11. 30	특별시, 광역시	300만 원	300만 원까지
	기타 지역	200만 원	200만 원까지
1987. 12. 01 ~ 1990. 02. 18	특별시, 광역시	500만 원	500만 원까지
	기타 지역	400만 원	400만 원까지
1990. 02. 19 ~ 1995. 10. 18	특별시, 광역시	2,000만 원	700만 원까지
	기타 지역	1,500만 원	500만 원까지
1995. 10. 19 ~ 2001. 09. 14	특별시, 광역시(군 지역 제외)	3,000만 원	1,200만 원까지
	기타 지역	2,000만 원	800만 원까지
2001. 09. 15 ~ 2008. 08. 20	서울시, 인천시, 수도권 중 과밀억제 지역	4,000만 원	1,600만 원까지
	광역시(군지역과 인천시 지역 제외)	3,500만 원	1,400만 원까지
	기타지역	3,000만 원	1,200만 원까지
2008. 8. 21~ 2010. 07. 25	서울시, 인천시, 수도권 중 과밀억제 지역	6,000만 원	2,000만 원까지
	광역시(군지역과 인천시 지역 제외)	5,000만 원	1,700만 원까지
	기타지역	4,000만 원	1,400만 원까지
2010. 07. 26 ~ 2013. 12. 31	서울특별시	7,500만 원	2,500만 원까지
	수도권정비계획법에 따른 과밀억제권역 (서울특별시는 제외)	6,500만 원	2,200만 원까지
	광역시(수도권정비계획법에 따른 과밀억제권역에 포함된 지역과 군지역은 제외), 김포시, 광주시, 용인시, 안산시	5,500만 원	1,900만 원까지
	그 밖의 지역	4,000만 원	1,400만 원까지
2014.01.01 ~	서울특별시	9,500만 원	3,200만 원까지
	수도권정비계획법에 따른 과밀억제권역 (서울특별시는 제외)	8,000만 원	2,700만 원까지
	광역시(수도권정비계획법에 따른 과밀억제권역에 포함된 지역과 군지역은 제외), 김포시, 광주시, 용인시, 안산시	6,000만 원	2,000만 원까지
	그 밖의 지역	4,500만 원	1,500만 원까지

각각의 연도와 소액 보증금을 외울 필요는 없다. 항상 표를 옆에 두고 그때그때 찾아보면 된다.

임차인이 최우선변제권을 가지려면 보증금이 기준 시점이 되는 시기에 해당 지역에서 지정하는 소액 보증금 이하여야 한다. 여기서 주의할 점은 소액 보증금의 기준 시점이 언제인가 하는 것이다. 이는 경매 개시 시점도 아니고, 임차인의 전입 시점도 아니다. 등기부 등본상 제일 먼저 설정된 저당권과 같은 담보물권(근저당, 담보가등기)의 설정일이다. 즉 해당 임차인이 언제 전입했느냐가 아니라 해당 부동산의 최초 물권 설정일이 언제인가에 따라 최우선변제권을 받을 수 있는 소액 보증금이 결정된다는 얘기이다. 이를 절대 혼동하지 않도록 주의해야 한다.

또한 무조건적으로 보호해주는 것이 아니라 낙찰가의 2분의 1 한도 내에서만 보호해준다. 몇 가지 예를 들어 설명하면 다음과 같다.

· 사례 7 ·

97. 11. 20	근저당	3,000만 원
03. 05. 11	전입신고 + 확정일자(배당요구 ○)	5,000만 원
05. 12. 07	임의경매	

〈사례 7〉의 지역을 서울이라고 했을 때, 임차인은 최우선변제를 받을 수 있을까? 받게 되는 최우선변제액은 얼마일까? 일단 전입신고를 하고 배당요구도 했으므로 최우선변제의 조건은 갖췄다. 우선 가장 중요한 기준 시점 시기가 언제인지 살펴보자. 여기서 기준 시

점 시기란 위에서 설명한 것처럼 임차인의 전입일자도 아니고, 임의 경매가 개시된 날도 아니다. 최선순위 담보물권의 설정일이 기준이다. 최선순위 담보물권은 근저당이고, 그 날짜는 1997년 11월이다. 이제 소액임차보증금 기준표를 확인해보자. 1997년 당시 서울 지역에서는 임차 보증금이 3,000만 원 이하일 때 1,200만 원까지 최우선변제해준다고 되어 있다. 그런데 여기 임차인의 보증금은 5,000만 원이다. 3,000만 원이 넘기 때문에 임차인의 보증금은 소액임차보증금에 해당되지 않아 최우선변제권을 가질 수 없다.

· 사례 8 ·

96. 04. 20	가압류	2,000만 원
96. 05. 11	담보가등기	3,000만 원
00. 02. 11	전입신고 + 확정일자(배당요구 ○)	3,000만 원
02. 04. 24	강제경매	

〈사례 8〉의 지역을 서울이라고 했을 때 임차인은 최우선변제를 받을 수 있을까? 그 액수는 얼마일까? 이 사례는 주의가 필요하다. 우선 최선순위 담보물권이 1996년 4월 20일에 설정된 가압류가 아니라, 1996년 5월의 담보가등기이기 때문이다. 기준 시점의 최우선변제액을 보면 3,000만 원일 때 1,200만 원까지 최우선변제를 해주는 것으로 되어 있다. 임차인의 보증금은 3,000만 원이어서 그 기준에 부합한다. 따라서 임차인은 1,200만 원을 최우선변제 받을 수 있다.

02. 04. 20	근저당	5,000만 원
05. 11. 12	근저당	3,000만 원
08. 03. 11	전입신고 + 확정일자(배당요구 X)	1,000만 원
09. 10. 20	임의경매	

〈사례 9〉에서 최선순위 담보물권은 2002년 4월에 설정된 근저
당이다. 지역을 서울이라고 가정할 때 2002년 4월 최우선변제액은
보증금이 4,000만 원이하일 경우 1,600만 원까지 변제해주는 것으
로 되어 있다. 임차인의 보증금은 1,000만 원이므로 원칙대로라면
1,000만 원 전액을 최우선변제로 받을 수 있다. 하지만 이 사례에서
는 그렇지 않다. 왜냐하면 임차인이 배당요구를 하지 않았기 때문
이다. 배당요구를 하지 않으면 다른 조건이 모두 충족되어도 의미
가 없다.

90. 08. 20	담보가등기	4,000만 원
91. 11. 27	근저당	5,000만 원
98. 12. 01	전입신고(배당요구 O)	800만 원
00. 04. 21	임의경매	

〈사례 10〉의 경우 최우선변제의 기준 시점이 되는 최선순위 담
보물권은 1990년 8월에 이루어진 담보가등기이다. 지역을 서울이
라고 했을 때 당시 최우선변제액의 기준을 보면 2,000만 원 이하일

때 700만 원까지 해주는 것으로 되어 있다. 따라서 임차인은 보증금 800만 원 중 700만 원을 최우선변제 받을 수 있다. 그런데 가만 보면 임차인은 확정일자를 받지 않았다. 하지만 문제가 되지 않는다. 최우선변제권은 확정일자를 받지 않아도 변제를 받을 수 있기 때문이다.

임차인 권리 분석, 임차권의 물권화를 확인하라

- **임차인 권리 분석 기본 원칙**

  등기부등본 권리 분석과 마찬가지로 말소기준권리를 기준으로 하여 앞선 것은 인수 내용이 되고, 뒤에 나온 것은 소멸된다. 즉 말소기준권리 설정일보다 먼저 전입한 임차인은 인수해야 하고, 이후 전입한 임차인은 인수하지 않아도 된다.

- **임차인의 대항력**

  요건 : 전입신고 + 주택의 점유

  대항력의 요건이 갖추어지면 그 다음날 0시부터 대항력이 발생한다.

- **우선변제권**

  요건: 대항력 요건 + 확정일자 + 배당요구

  대항력 요건을 갖춘 날과 확정일자를 받은 날이 다른 경우 우선변제권은 보다 나중의 시간을 기준으로 발생한다. 확정일자를 일찍 받는다 해도 대항력 요건을 갖추지 못했다면 요건이 갖춰진 후부터 우선변제권이 발생한다.

- **최우선변제권**

  최우선변제를 받을 수 있는지 가늠하는 조건 중 '법이 정한 소액 보증금'의 기준은 등기부등본상 제일 먼저 설정된 담보물권의 설정일이다.

배당금 분석,
인수할 비용은 없는가

· ·

간혹 대항력도 갖추고 확정일자도 받아서 우선변제권을 갖고 있는 임차인인데도 배당을 받지 못하는 경우가 생긴다. 배당금이 부족하거나 예외적인 상황이 발생하여 후순위에 있던 이가 임차인보다 먼저 배당을 받아가는 경우이다. 투자자는 이를 확실히 파악해야 한다. 자칫 잘못하다가는 자신이 인수해야 하는 권리가 발생할 수도 있기 때문이다.

투자자 입장에서 볼 때 예상치 못했던 권리를 추가로 인수한다는 것은 곧 손해가 생긴다는 것을 의미한다. 때에 따라서는 큰 손실로 이어질 수도 있다. 그러므로 배당금 분석에 대해 철저하게 파악해두어야 한다. 배당이라는 것이 어떤 절차로 이루어지는지 배당의 원칙은 어떤 것들인지 정확히 이해해야 한다.

사실 3가지의 권리 분석 중 배당금 분석은 투자할 때마다 반드시 거쳐야 하는 것은 아니다. 하지만 사례에 따라서는 배당 결과를 아는 것이 매우 중요한 경우도 있다. 때문에 기본적인 것은 반드시 알아두어야 한다.

배당금 분석의 핵심은 리스크 탐색

부동산 경매 투자에 대해 공부하는 사람들에게 강조해서 말해주는 것이 있다. 다름 아닌 '주객전도가 되지 않도록 하라'는 것이다. 여기서도 마찬가지이다. 배당금 분석에 대한 공부가 배당에 대해 알기 위한 공부가 되어서는 안 된다. 가끔은 수천 건 중 한 번 나올까말까 하는 사례를 가지고 일일이 배당금을 계산하고 있는 것을 볼 수 있다. 심지어는 부동산 경매 투자에 관해 가르치는 강사 중에도 그런 일에 많은 시간을 할애하는 이들이 있다. 하지만 그건 시간 낭비이다. 이 채권자는 얼마를 받아가고, 저 채권자는 얼마를 받아가는지 아는 것이 과연 투자자에게 그렇게 중요한 일일까? 그것 말고도 알아야 할 것이 얼마나 많은데 말이다.

우리가 이 단계에서 해야 할 일은 내가 내보내야 할 점유자가 얼마를 받게 되는지, 혹시 못 받아가는 부분이 있지는 않은지, 내가 투자를 하는 데 있어서 감당해야 할 리스크는 무엇인지, 혹시 내가 인수해야 하는 권리가 발생하지는 않는지 등을 명확히 분석하는 것이다. 핵심은 배당 과정에서 내가 물어주거나 인수해야 할 비용이 발생하지는 않는지를 살피는 것이다.

배당은 채권·채무 관계 해결을 위한 것

한 가지 예를 살펴보자. '갑'은 상가 주택을 한 채 가지고 있다. 이 부동산의 시세는 20억 원에 육박한다. 하지만 전부 현금으로만 산 것은 아니다. 등기부등본을 보니 A(은행)에서 받은 10억 원의 대출이 있고, 얼마 후 B(저축은행)에서 3억 원을 추가로 빌렸다. 또한 C라는 사람으로부터 5,000만 원의 가압류가 들어와 있다. 게다가 D, E, F가 임차인으로 등재되어 있는데 이들의 보증금 총합은 3억 원이 넘는다. 자금난으로 힘겨워 하던 '갑'은 결국 부동산을 경매로 넘길 수밖에 없게 되었다.

위치가 좋고 건물이 견고해 사람들이 몰려들었는데 최종적으로 '을'이 15억 원에 낙찰을 받았다. '을'은 우량 부동산을 싼 값에 취득하여 매우 기뻤다. 시중 부동산 중개업소에서 비슷한 매물을 이 가격에 구입할 수는 없기 때문이다. 사는 순간 이미 5억 원 가량의 이득을 보았고, 입지가 아주 탁월해 오래 보유한다면 시세 차익 또한 상당히 클 것으로 기대했다.

모든 것이 잘된 것처럼 보이지만 문제는 채권자라고 할 수 있는 A부터 F까지이다. 이들은 믿었던 '갑'이 자신들의 돈을 갚지 않아 괘씸해하고 있거나, 임차하여 살고 있던 집의 보증금을 무사히 돌려받을 수 있을까 불안해하고 있는 사람들이다.

'배당'이란 바로 여기서 발생하는 문제이다. 투자자들은 부동산 경매를 통해 부동산을 싼 값에 매입하여 수익을 얻어, 궁극적으로 경제적 자유를 누리는 부자가 되기 위해 부동산 경매에 참여한다. 하지만 국가에서 애초에 부동산 경매라는 제도를 만든 이유는 배당을 해주기 위해서이다. 배당을 통해 해당 부동산에 얽혀 있는 채권·채무 관계를 해결하려는 것이다. 즉 국가가 해당 부동산을 대신 팔아 마련한 돈으로 돈을 빌린 사람은 최대한 채무를 갚고, 돈을 빌려준 사람은 손해를 최소화하도록 하기 위한 제도이다.

아무튼 A부터 F까지의 채권자나 임차인들은 모두 자신의 돈을 되돌려 받기 원할 것이다. 하지만 보증금, 근저당, 가압류 등의 총 합계 금액이 해당 부동산의 낙찰가를 넘어설 수밖에 없고, 이는 곧 누군가는 손실을 볼 수밖에 없다는 것을 의미한다. '갑'이 자신이 보유한 재산으로 빚을 전부 해결할 수 있었다면 애초에 부동산이 경매 시장에 나오지도 않았을 테니 당연한 일이다.

그럼 과연 15억 원의 낙찰 금액은 어떤 순서로 배당이 될까? 이런 갈등 상황 때문에 부동산 경매 제도가 만들어지면서 배당에 관한 원칙과 순서에 대한 규칙이 생겨났다. 수많은 방법들 가운데 가장 합리적이고 공평하다고 생각하는 원칙들을 만들어낸 것이다.

배당의 기본 원칙은 '순서대로'

배당의 기본 원칙은 바로 '순서대로'이다. 채권자라면 등기부등본에 먼저 기재된(즉 가장 먼저 빌려준) 순으로, 임차인이라면 전입신고를 하고 확정일자를 받아 요건을 갖춘 순서대로 배당을 해준다. 등기부등본 권리 분석을 할 때처럼 일렬로 늘어놓은 뒤, 가장 앞서 있는 채권자에게 먼저 돈을 돌려주는 것이다.

사실 순서에 상관없이 많이 빌려주었다고 적게 빌려준 사람보다 더 빨리 받게 해준다면 이는 불공평한 처사이다. 결국 부동산 경매의 모든 원칙은 동일하다. 바로 먼저 권리를 등록한 사람부터 차례대로 우선권을 주는 것이다.

몇 가지 사례를 통해 살펴보자.

· 사례 1 ·

12. 10. 14	갑	저당권 5,000만 원
12. 12. 11	을	전세권 3,000만 원
13. 05. 20	병	저당권 4,000만 원

〈사례 1〉의 낙찰가가 1억 원이라면, 즉 배당해줄 수 있는 돈이 1억 원이라면, 채권자들은 어떻게 배당을 받게 될까? 이 경우 순서대로 갑(저당권)이 먼저 5,000만 원을 받는다. 다음으로 을이 3,000만 원을 받고, 병이 나머지 2,000만 원을 배당 받는다. 병은 받아야할 돈 중 2,000만 원을 받지 못하게 된다.

12. 09. 14	갑	전세권 5,000만 원
12. 12. 20	을	저당권 1억 원
13. 02. 05	병	저당권 8,000만 원

〈사례 2〉의 낙찰가가 2억 5,000만 원이라면, 채권자들은 어떻게 배당을 받을까? 이 사례에서는 갑, 을, 병 세 사람의 배당 금액 총액이 2억 3,000만 원이다. 이럴 경우 전원 배당을 받는다. 극히 예외적인 경우이긴 하지만 충분히 가능하다.

이번에는 다음과 같은 상황을 한 번 가정해보자.

· 사례 3 ·

11. 07. 14	갑	가압류 1억 원
12. 11. 22	을	가압류 8,000만 원
13. 03. 25	병	가압류 2,000만 원

〈사례 3〉의 낙찰가가 1억 5,000만 원이라면, 배당은 어떻게 이루어질까? 앞의 〈사례 1〉과 〈사례 2〉와 같다면 우선 갑이 1억 원을 배당받고, 남은 돈 5,000만 원이 을에게 배당된다. 결국 일부만 배당받은 을은 3,000만 원의 손해를 보고, 병은 한 푼도 배당받지 못해 2,000만 원을 전부 날리게 된다. 하지만 〈사례3〉에서는 그렇지 않다. 왜냐하면 가압류가 물권이 아닌 채권이기 때문이다.

채권과 물권의 배당금 우선순위 결정

저당권과 전세권은 물권이지만 가압류는 채권이다. 여러 번 반복해서 얘기하지만 권리라고 해서 다 똑같은 권리가 아니다. 물권과 채권 사이에는 차별이 존재한다. 한 물건에 물권과 채권이 모두 설정되어 있다면 물권이 우선한다. 이를 기본으로 배당금 우선순위를 한 번 살펴보자.

첫째, 물권 중에는 먼저 등기된 것이 우선이다.

물권 상호 간 우선순위는 시간 순서로 따진다. 앞의 〈사례 1〉과 〈사례 2〉에서 보듯 물권이 여러 개 있다면 무조건 먼저 등기된 권리가 우선순위를 갖는다.

둘째, 물권과 채권 중에서는 물권이 우선한다.

어떤 물건에 물권과 채권이 모두 성립되어 있다면 이때는 시기에 상관없이 언제나 물권이 채권보다 앞선다. 물권은 모든 이들에게 대항할 수 있는 배타적, 독점적인 권리이지만 채권은 특정인에게만 주장할 수 있는 상대적인 권리이기 때문이다. 당연히 배당을 할 때도 물권은 채권보다 우선적으로 인정된다.

셋째, 채권이 여러 개면 금액에 따라 평등하게 배당한다.

채권 사이에는 우열을 가리지 않는다는 뜻이다. 채권이 여러 개인 경우에는 등재된 시간에 상관없이 채권액에 따라 일정한 비율로 배분된다. 이를 안분배당, 또는 평등배당이라 한다.

이제 다시 앞의 〈사례 3〉을 살펴보자. 채권(가압류)들만 올라 있다. 이처럼 채권이 여러 개 있을 때에는 시간의 선후에 상관없이 평등하게 배당된다. 따라서 이 경우에는 총 채권액 중 각자의 채권액이 차지하는 비율에 따라 배당금을 지급받는다. 이를 계산해보면 다음과 같다.

- 갑의 배당금

$$1억\ 5,000만\ 원(배당\ 재원) \times \frac{1억\ 원(갑의\ 가압류\ 설정금액)}{2억\ 원(갑,\ 을,\ 병의\ 가압류\ 설정금액\ 총합)} = 7,500만\ 원$$

같은 방법으로 계산하여 을은 6,000만 원, 병은 1,500만 원을 배당 받는다.

이처럼 채권이 여러 개일 때에는 성립 순위에 상관없이 총 채권 금액 대비 각자 채권 금액의 비율대로 평등하게 배당된다.

기본 원칙을 벗어나는 최우선변제권

이제 낙찰자가 보다 신중하게 살펴야 할 배당금 권리 분석을 살펴보자.

· 사례 4-1 ·

10. 08. 24	갑	임차권 3,000만 원 (전입신고)
11. 05. 10	을	저당권 4,000만 원
12. 03. 03	병	저당권 2,000만 원

〈사례 4-1〉의 배당 재원이 5,000만 원이라면, 배당이 어떻게 될까? 배당 권한이 없는 임차권(채권)을 제외하고 저당권(물권)을 먼저

설정한 을이 배당 재원 5,000만 원 중 4,000만 원을 배당 받는다. 그런 다음 병이 남은 1,000만 원을 배당받는다. 갑은 한 푼도 배당을 받지 못한다. 하지만 갑은 걱정할 일이 없다. 왜냐하면 말소기준권리인 을의 저당권보다 먼저 전입신고를 했기 때문이다. 이 경우 위험해지는 사람은 바로 낙찰을 받는 사람이다. 낙찰 후에도 말소되지 않고 인수해야 할 권리가 있기 때문이다. 따라서 이런 경우에는 입찰에 참가해서는 안 된다. 낙찰가가 얼마가 되든 추가로 3,000만 원의 지불 내용을 인수해야 하기 때문이다.

그런데 〈사례 4-1〉와 같은 경우인데 만약 갑이 확정일자를 받았다면 어떻게 달라질까?

· 사례 4-2 ·

10. 08. 24	갑	임차권 3,000만 원 (전입신고 + 확정일자)
11. 05. 10	을	저당권 4,000만 원
12. 03. 03	병	저당권 2,000만 원

이렇게 되면 전입신고도 하고 확정일자도 갖추면서 갑의 임차권이 물권화되었기 때문에 순서대로 배당을 하면 된다. 그래서 첫 번째로 갑이 배당 재원 5,000만 원 중에서 3,000만 원을 배당받고, 을이 나머지 2,000만 원을 배당받는다.

그런데 여기에서 우리가 하나 빠트린 것이 있다. 바로 소액임차인의 최우선변제권이다. 최우선변제권은 말 그대로 배당 절차에 있어 최우선으로 배당 받아갈 수 있는 권리이다. 이 경우에는 임차인이 있으므로 이때는 무작정 순서대로 배당 받아간다고만 생각하지 말고, 이 임차인이 혹시 최우선변제권을 받아갈 수 있는 경우가 아닌지 확인할 필요가 있다.

이 물건의 위치가 서울 지역이라는 전제하에 갑이 소액임차인에 해당되는지 알아보자. 소액임차인인지 확인할 때 기준이 되는 것은 최선순위 담보물권의 설정일이다. 여기서 최선순위 담보물권은 을의 저당권이다. 2011년 5월 10일을 기준으로 소액임차보증금 기준표를 살펴보면 서울의 경우 7,500만 원 이하일 때 2,500만 원까지 최우선변제해준다고 명시되어 있다. 갑의 보증금은 3,000만 원이어서 이 요건에 해당되므로 가장 먼저 2,500만 원을 배당 받는다. 그런 다음 원래의 배당 순서로 돌아와, 다시 갑이 남은 500만 원을 배당받고 을이 2,000만 원을 받는다.

결과적으로는 다를 것이 없다. 하지만 기본적인 배당의 원칙에서 벗어나는 최우선변제권이 있다는 것은 항상 유념해야 한다. 그래야 확실한 배당 절차를 알 수 있기 때문이다.

지금까지 배당의 기본 원칙과 절차들에 대해서 살펴보았다. 사실 내용이 많아지고 복잡해지면 시간이 좀 더 걸리기는 하지만 차근차근 따져보면 어렵지 않게 배당금을 분석할 수 있다. 요즘에는 유료 경매 사이트에 배당금을 계산해주는 시스템이 갖춰져 있어 잘 활용하기만 하면 된다.

배당금 분석보다 다른 권리 분석이 먼저다

앞에서도 언급했지만 투자자 입장에서 심도 깊은 배당금 분석을 할 필요가 있는지는 한번 생각해 볼 문제이다. 투자자가 할 일은 꼼꼼한 권리 분석을 통해 혹시나 인수해야 할 사항이 있는지, 매입했을 때 치명적인 리스크가 발생할 가능성은 없는지 파악하는 것이다.

배당금 분석 또한 같은 목적을 가지고 해야 한다. 때문에 물건 검색을 할 때마다 배당금 분석을 할 필요는 없다. 다만 혹시 꼭 배당되어야 할 누군가의 배당이 이루어지지 않아 투자자가 인수하게 되는지 파악하는 선에서 하면 된다.

따라서 언제나 배당금 권리 분석을 하기 전에 등기부등본 권리 분석과 임차인 권리 분석부터 꼼꼼히 해야 한다. 2가지 권리 분석을 했을 때 인수할 사항이 전혀 없다면 굳이 배당금 분석을 할 필요가 없다.

물론 임차인의 최우선변제금액을 확인하고자 할 때는 보는 것도 좋다. 보통 말소기준권리보다 앞선 권리가 있어 이 사례에 대해서는 배당금 권리 분석까지 한 번 해볼 필요가 있겠다고 여겨질 때 꼼꼼히 해보는 것이 바로 배당금 권리 분석이다. 게다가 요즈음에는 유료 경매 사이트를 활용하면 배당금이 계산되므로 투자자는 우선순위만 정확히 파악하면 된다.

내가 감당해야 할 비용이 있는지 확인하라

- 배당금 권리 분석의 목적

  배당 과정에서 내가 물어주거나 인수해야 할 비용이 발생하지는 않는지 확인

  하는 것이 핵심
- 배당의 기본 원칙

  1) 물권이 여러 개 있으면 먼저 등기된 물권이 우선

  2) 물권과 채권이 섞여 있으면 물권이 우선

  3) 채권이 여러 개 있으면 평등하게 금액 비율로 배분(안분배당)
- 배당금 분석시 임차인이 있다면 최우선변제권을 갖는지 확인

분석이 백날이라도 낙찰 받아야 보배

지금까지 부동산 경매 투자를 할 때 꼭 짚고 넘어가야 할 권리 분석에 대해 알아보았다. 이 정도만 확실히 익힌다면 부동산 경매 시장에 나오는 물건들의 80% 이상은 권리 분석을 할 수 있다. 그 밖의 상황에 해당되는 물건이라면 사전에 유료 경매 사이트에 빨간 글씨로 위험하다는 표시가 뜬다. 그런 물건은 굳이 검색할 필요가 없다.

이제는 부동산의 가치를 보는 눈, 전체 부동산 시장과 경제 시장을 보는 눈을 기르는 것이 필요하다. 보통 수준의 투자자가 부동산 경매 투자를 하는 데 이보다 더 난이도 높은 권리 분석 지식은 필요하지 않다. 오히려 법적인 문제에만 너무 얽매이다가는 보다 큰 것을 놓칠 위험도 있다. 따라서 물건 검색과 권리 분석은 이 정도로 하고 빨리 현장에 나가보자. 못 다한 권리 분석에 대한 공부는 추후 관심이 가는 특수 물건이 있을 때 따로 하면 된다.

특수 물건 분석은 여러 번 시도해서 수없이 입찰에 떨어져보기도 하고, 몇 번 낙찰도 받아본 다음에 해도 늦지 않다. 그렇게 자신만의 영역을 특화할 수도 있다. 하지만 지금은 한시라도 빨리 먹음직스러운 물건을 찾아낼 때이다. 더 이상 머뭇거리지 말고 인터넷에 접속하여 물건을 검색해보고 현장에 나가 부딪혀보자.

2단계

모든 해답은 현장에 있다,
현장 답사

현장 답사의
4가지 접근법

이제는 문서상으로 분석한 부동산을 직접 눈으로 확인하러 현장에 나갈 차례이다. 현장 답사의 내용은 크게 4가지로 구분할 수 있다.

> **현장 답사 내용**
>
> - 해당 부동산 확인
> - 부동산 중개사무소를 통한 정확한 시세 파악
> - 주민센터에서 전입세대열람
> - 구청에서 문서 확인(건축물관리대장, 토지대장, 개별공시지가확인원, 토지이용계획확인원 등)

이에 대해서는 뒤에서 자세히 다룰 것이다. 다만 '구청에서 문서 확인'은 참고의 성격이 강하다. 대개 항상 확인하지는 않는다. 필요하다면 민원24 사이트에 들어가면 모두 발급받을 수 있는 것이다. 하지만 다른 3가지는 반드시 거쳐야 한다. 차 한 대를 사더라도, 아니 전자제품이나 옷, 신발 등을 사더라도 직접 만져보고 입어보고 이것저것 따지는데, 큰돈이 들어가는 부동산을 매입하면서 이 정도는 당연한 일 아닐까?

대부분의 사람들에게 부동산은 평생 구입하는 품목 중 가장 비싼 것이다. 그런 만큼 관련 정보는 많이 알아볼수록 좋다. 더구나 단순히 실거주가 목적이 아니라, 돈을 벌기 위해 투자하려고 구매하는 거라면 답사는 더 철저하게 진행되어야 한다.

이성을 소개받는 경우와 견주어 생각하면 더욱 쉽게 이해할 수 있다. 누군가가 소개팅을 해준다고 한다면 상대방의 직업, 성격, 외모 등에 대해서는 어느 정도 미리 정보를 받을 것이다. 사진도 미리 볼 수 있다. 하지만 직접 만나서 얘기도 나눠보고 겪어봐야 교제를 할지 말지, 연인이 될 수 있을지 없을지 결정할 수 있지 않은가? 만나보니 생각보다 별로일 수도 있고, 내게는 너무 과분하다고 여겨질 수도 있으며 자신과 맞지 않는 부분이 많아 만남을 이어가지 못할 수도 있다. 어쨌든 일단은 실제로 만나봐야 그 모든 것을 알 수 있다. 만나기 전에 혼자 집에서 이러쿵저러쿵 고민해봐야 아무 소용이 없다.

부동산 경매 투자 또한 마찬가지다. 문서상으로 접했던 것과 특별히 다른 게 없을 수도 있고, 직접 보기 전에는 혼자 사랑에 빠졌다가 실제로 본 후에 큰 실망을 할 수도 있다. 아니면 반대로 큰 기대를 하지 않고 갔다가 예상하지 못한 보석을 만날 수도 있다.

간혹 현장 답사를 하지 않고도 부동산 경매 투자에 성공했다고 하는 사람들이 있는데 현장 답사는 결코 소홀히 해서는 안 되는 단계다. 여유 부리다가는 언젠가 큰코다칠 수 있다. 부동산 경매 투자는 내 소중한 돈이 들어가는 일이다. 그러니 반드시 한 번 이상 해당 부동산을 직접 눈으로 확인하자.

이것만은 꼭 기억하세요!

현장 답사에서 무엇을 확인해야 할까

- **현장 답사의 본질**
  문서상으로 파악한 문제 외에 다른 문제는 없는지, 사진과 동일한지, 내가 미처 발견하지 못한 리스크나 가치가 없는지 등을 직접 눈으로 확인하는 것
- **부동산 현장 답사 내용 4가지**
  1) 해당 부동산 확인
  2) 부동산 중개사무소를 통한 정확한 시세 파악
  3) 주민센터에서 전입세대열람
  4) 구청에서 문서 확인(건축물관리대장, 토지대장, 개별공시지가확인원, 토지이용계획확인원 등)

해당 부동산 확인,
입지와 건물 상태를 살펴라

현장 답사의 핵심은 당연히 해당 부동산을 직접 눈으로 확인하는 것이다. 다른 무엇보다 내가 입찰할 부동산이 실제로 어떤 모양새를 하고 있는지 보는 것이 가장 중요하다.

앞서 이야기한 것처럼 이성을 소개받을 때에도 일단은 실제로 만나본 후에 교제를 결정한다. 사진만 보고 실제로 만나보지도 않은 이성과 사귀기로 했다면 이상한 사람 취급을 받을 것이다. 그런데 희한하게도 부동산 경매 투자를 할 때는 실제 물건을 보지도 않고 입찰하는 사람들이 꽤 있다. 이는 상당히 위험한 행동이다. 물론 요즘에는 온라인을 통해 비교적 정확히 확인할 방법이 있기는 하다.

그렇다 해도 실제로 보는 것과는 차이가 있기 때문에 반드시 한 번 이상은 직접 확인해봐야 한다.

해당 부동산 물건을 답사하러 갈 때는 가급적 대중교통을 이용하자. 그래야 주변 시설과의 거리 등에 대해 정확히 측정해볼 수 있기 때문이다. 자가용으로는 얼마 되지 않는 거리도 지하철역이나 버스 정류장에서 내려 직접 걸어가보면 다르게 느껴진다. 그리고 지도나 문서에서 나와 있는 것보다 더 멀 수도 있다. 직접 가보지 않고 이를 놓쳤다가는 직접 거주하거나 세를 놓을 때 큰 단점이 될 수도 있으니 염두에 두자. 무엇보다 이런 사소한 차이가 부동산의 가격 차이를 만드니 소홀하게 여겨서는 안 된다.

해당 부동산 방문시 확인해야 할 것

현장 답사에서 확인해야 할 것은 크게 2가지이다. 하나는 해당 부동산 자체를 직접 눈으로 확인하는 것이고, 다른 하나는 주변의 교통이나 편의시설 등의 입지 조건을 알아보는 것이다. 두 경우 모두 꼼꼼히 살펴봐야 한다. 물론 이 정도는 부동산 경매 투자를 하지 않더라도 평소 매매나 임차를 위해 집을 구할 때 누구나 한 번쯤은 해보는 것이므로 크게 어려운 건 아니다. 다만 부동산 중개업소를 끼고 알아보는 것이 아니라 직접 투자할 생각으로 답사하는 것이니만큼 그만한 용기와 배짱이 필요하다.

입지 조건에 대한 확인

입지 조건을 알아볼 때 가장 먼저 확인해야 하는 것은 단연 교통이다. 지하철역이나 버스정류장에서 얼마나 떨어져 있는지 직접 걸어보면서 체감 거리를 확실히 인지해야 한다.

서류나 온라인상에는 지하철역에서 도보로 10분 거리라고 나와 있는데 막상 가보면 걸어가기에는 꽤 부담이 되어 버스를 이용해야 하는 경우도 많다. 지하철역까지 도보로 갈 수 있는 경우와 버스를 타고 가야 하는 경우는 입지 조건에서 큰 차이가 있다. 때문에 직접 대중교통을 이용해 해당 부동산을 찾아가 교통 조건이 어느 정도 수준인지 판단해야 한다.

다음으로는 4차선 이상 큰 도로와의 접근성, 편의점이나 동네 슈퍼마켓 등과의 거리, 대형 마트나 백화점과의 거리 등도 알아봐야 한다. 또 가족 단위가 거주할 수 있는 부동산인 경우에는 초 · 중 · 고등학교의 유무와 거리 또한 알아봐야 한다. 특히 학군은 그 수준이나 밀집 정도에 따라 집값에 큰 영향을 주기 때문에 신경써서 조사해야 한다.

뿐만 아니라 주변에 혹시 치명적인 유해시설이 있지는 않은지도 반드시 확인해야 한다. 유흥시설이 지나치게 가깝지는 않은지, 밤에 소음이 심하지는 않은지 등도 파악해보자. 지역 주민들의 생활 수준도 체크해두면 좋고, 앞으로 주변의 개발 가능성은 어떤 것들이 있는지 등의 미래 가치까지 따져보면 더욱 좋다.

해당 부동산 상태에 대한 확인

해당 부동산 주변의 입지 조건에 대해 알아보았다면 그 다음에는 해당 부동산 자체를 꼼꼼히 살펴보아야 한다. 이는 주변 상황에 대한 조사보다 더 중요한 과정이다.

먼저 평소 부동산 중개업소를 통해 집을 알아볼 때 살펴보는 것과 마찬가지로 기본적인 것을 점검한다.

첫째, 건물의 외부 상태를 보자. 겉보기에 크게 낡은 부분은 없는지, 외벽에 금이 심하게 가 있지는 않은지, 지나치게 흉물스럽지는 않은지 등등을 살핀다.

둘째, 건물 안으로 들어가서 입구의 청결 상태는 양호한지, 깔끔하게 잘 관리되어 있는지, 치안에 문제가 없는지 등을 살펴보자.

셋째, 주차장도 중요한 요소이다. 주차할 공간의 여유가 있는지 확실히 알아봐야 한다.

초보자의 입장에서 가장 꺼려지고 어쩌면 두려울 수도 있는 문제는 바로 그 다음 과정이다. 경매에 올라온 부동산의 내부 상태, 즉 집 안을 확인하는 것이다. 이때 점유자는 경매로 재산을 내놓게 된 소유자일 수도 있고, 세입자일 수도 있다. 경우에 따라서는 아무도 안 살고 있을 수도 있다. 각각의 경우에 따라 내부를 보기 위해 접근하는 방법은 다 다르다. 소유자라 할지라도 사람의 성향에 따라 접근 방법이 다르며, 세입자라 해도 배당 여부가 어떤가에 따라 접근 방법이 다를 수 있다.

특수 물건과 같은 특이한 경우가 아닌 보통의 물건이라고 가정했을 때에는 다음 몇 가지의 답사 방법을 고려해볼 수 있다.

일단 투자 대상이 아파트라면, 그리고 크게 노후한 아파트가 아니라면 해당 물건의 내부를 반드시 볼 필요는 없다. 아파트의 내부 구조는 평수가 같으면 크게 차이가 나지 않기 때문이다. 벽지 상태나 인테리어 정도의 차이만 있을 뿐이다. 그러므로 해당 호수의 내부를 보기 어려운 상황이라면 위층이나 아래층의 내부를 확인하는 것으로 대체할 수도 있다. 예를 들어 502호 물건의 내부는 602호나 402호의 초인종을 눌러 방의 개수, 채광 상태, 조망, 내부 구조, 난방 방식 등을 확인하면 된다.

하지만 단독주택이나 연립주택이라면 가급적 내부를 확인해야 한다. 아파트나 오피스텔과 달리 내부 구조가 천차만별이기 때문이다. 따라서 아파트처럼 이웃을 방문하여 파악하는 것으로는 한계가 있다.

그런데 내부를 확인하자면 어떻게든 현관문이 열려야 뭐든 볼 수 있을 것이다. 초보자들은 보통 초인종을 누르고 방문 목적을 얘기할 용기를 내기 어려워하는데 크게 두려워할 필요는 없다. 어차피 모두 사람이 하는 일이고, 점유자 또한 사람이라는 것만 기억하자.

점유자의 특성이나 상황에 따라 친절히 내부를 보여주는 분도 있을 것이고, 무례하게 대하거나 비협조적으로 나오는 분도 있을 수 있다. 어쨌든 점유자 입장에서 보면 거주하고 있는 건물이 경매에 올랐다는 게 기분 좋은 일은 아닐 것이다. 어지간해서는 호의적으로 나오기 힘든 것이 당연한 일이다. 그러니 그분들이 설령 무례하게 나오더라도 이해해야 한다.

다만 그 상황에서 최대한 많은 정보를 얻으면 된다. 점유자가 협조적이라면 협조적인 대로, 비협조적이라면 비협조적인 대로 얻을 수 있는 정보를 최대한 얻어내자.

한 가지 덧붙여, 여러 번 방문하여 초인종을 눌렀는데도 점유자를 만나보지 못했다면 현재 사람이 살고 있지 않을 가능성도 있다. 밤늦도록 불이 켜지지 않는 것은 아닌지, 전기계량기나 수도계량기는 돌아가고 있는지, 그리고 우편물의 종류나 쌓여 있는 정도 등을 확인해보면 판단할 수 있다. 관리인이나 주변 입주민에게 물어서 정보를 얻을 수도 있다.

그런데 현장 답사를 가서 확인할 내용 중 부동산의 내부를 확인하는 방법에 대해서는 글로 일일이 서술하기에는 한계가 있다.

물건의 종류에 따라, 법적 문제의 해결 방법에 따라, 또는 입찰 경쟁에 대한 고려에 따라 현장 답사를 해야 할지 말아야 할지, 한다면 어느 정도까지 해야 할지가 다 다르다. 어떤 부분은 아주 정확히 알아내야 하고 어떤 부분은 대략적인 정도만 알아내도 되는지가 매번 다르기 때문이다. 하지만 이제 첫발을 내딛는 초보 투자자라면 앞서 서술한 부분 정도만 확실히 기억하면 된다. 그 외의 경우는 어차피 직접 부딪혀보면서 경험을 쌓아야 알 수 있는 부분이기 때문이다.

이것만은 꼭 기억하세요!

입지 조건과 물건 상태 확인은 필수

- 현장 답사를 갈 때는 반드시 대중교통을 이용하자.
- 해당 부동산 확인 시 점검 포인트

  1) 입지 조건

  지하철역과의 거리(도보 가능 거리인지 확인), 4차선 이상 큰 도로와의 접근성, 편의시설(편의점, 슈퍼마켓, 대형마트, 백화점)의 유무, 유해시설의 유무, 초·중·고의 유무 및 학군, 기타 소음, 개발 가능성 등

  2) 해당 부동산 상태에 대한 확인

  건물의 외부 상태 : 외벽 균열, 노후화 정도, 입구 청결 및 관리 상태, 보안시설, 주차 공간 유무 등

  물건 내부 상태 : 집 안 구조, 방의 개수, 채광, 조망, 난방 방식 등

  아파트나 오피스텔의 경우 해당 부동산의 내부 확인이 어렵다면 위층이나 아래층을 방문하자. 하지만 빌라, 연립주택은 내부 구조가 천차만별이기 때문에 가급적 내부를 확인하자.

- 점유자 부재 여부 확인

  저녁 시간 점등 확인, 전기계량기나 수도계량기 점검, 우편물 종류와 쌓여 있는 정도, 관리인 및 주변 입주민들 탐문

부동산 중개사무소를 통한 시세 파악과 정보 수집

아파트는 인터넷만 뒤져봐도 충분히 시세를 파악할 수 있다. 단순히 시세만 알아보려 한다면 굳이 부동산중개소에 들어갈 필요가 없다. 그럼에도 가급적 근처 부동산중개소 2~3곳은 들러볼 것을 추천한다. 인터넷에서는 알 수 없는, 해당 부동산에 대한 다양한 정보를 얻을 수 있기 때문이다. 경우에 따라서는 그 지역의 개발 계획 등 타지에서는 알 수 없는 소소한 정보까지 들을 수 있다.

중개업소에 가서는 부동산 경매 투자 때문에 정보를 얻으러 왔다고 솔직히 말해도 좋고, 일반 투자를 위해 물건을 알아보러 왔다고해도 좋다. 때로는 보유하고 있는 물건을 매도하려 한다며 시세를 물어볼 수도 있다. 정답은 없다. 다만 각각의 경우에 따라 중개업소에서의 대우와 정보의 내용은 달라질 수 있다.

최소 3곳 이상, 입장을 달리하여 조사하라

부동산중개소는 거래를 성사시키는 것을 업으로 하는 곳인지라, 그곳에서 매수하는 것이 아닌 부동산 경매 투자를 하려는 사람이 문의해오는 경우에는 불친절하게 나올 수도 있다.

또한 매수인 입장에서 시세를 묻는지 매도인 입장에서 묻는지에 따라 각각의 답에 차이가 있을 수도 있다. 통상 매도한다고 하면 시세를 조금 낮춰 부르고, 매수한다고 하면 조금 높게 부르는 경향이 있다. 그러니 각각 입장을 달리하여 3곳 이상의 부동산중개소에서 알아보는 게 좋다.

부동산 중개업소를 통한 현장 답사의 핵심은 여러 곳에 들어가서 되도록 많은 정보를 얻어내는 것이다. 그 정보들을 토대로 하면 평균적인 시세나 입지 여건 등에 대해 판단할 수 있다.

결국 최종적인 판단은 모든 정보를 취합하여 분석한 다음 투자자 자신이 하는 것이다. 그러니 중개업소 한 곳의 얘기에 일희일비하지 말고 최대한 여러 곳을 방문하여 긍정적인 성과를 가져오는 게 중요하다.

이것만은
꼭
기억하세요!

시세 확인은 기본, 정보를 최대한 끌어모아라

- 부동산 중개사무소를 통한 현장 답사의 핵심

  시세와 그 외에 개발 계획 등 물건과 관련된 다양한 정보를 가능한 많이 얻
  는 것.
- 최소 3곳 이상의 중개소를 방문하자.
- 매수자와 매도자 중 어느 입장으로 접근하는가에 따라 다른 시세 정보를 얻
  을 수 있으니 각기 다른 입장으로 조사하라.

주민센터에서
전입세대열람

• •

전입세대열람이란 해당 부동산에 누가 전입을 해서 실제 살고 있는
지 확인하는 것이다. 즉 임차인의 유무를 확인하는 것이다. 해당 물
건 주변 주민센터가 아닌 곳에서도 열람이 가능하다. 전국 주민센
터에 가서 신청서를 작성하고 전입세대열람원을 발급받으면 된다.
단, 신분증과 경매 부동산의 등기부등본, 혹은 경매정보지가 필요
하다.

 전입세대열람원을 발급 받으면 우선 물건 검색이나 권리 분석 단
계에서 알아본 점유자와 일치하는지 확인해야 한다. 가끔 다른 경
우도 있는데, 그 경우 점유하고 있는 자는 누구인지, 소유자와는 어

떤 관계인지가 투자의 핵심 포인트가 되는 경우도 있다. 모든 경우를 차치하고라도 부동산 경매 투자에서 낙찰을 받게 되면 전입한 사람을 내보내는 명도를 해야 하기 때문에 전입세대열람은 결코 소홀히 해서는 안 될 단계이다.

여기까지가 현장 답사의 과정이다. 크게 4가지인데 그중 3가지는 반드시 해야 한다. 여기에 더해 구청에서의 문서 확인, 즉 건축물관리대장, 토지대장, 토지이용계획확인원 등을 발급받아 추가적으로 확인한다면 더욱 좋다.

전입세대열람은 명도를 위한 초석이다

- 전입세대열람의 목적
  해당 부동산에 전입한 실거주자가 있는지를 확인하는 것.
- 전입세대열람원 발급시 지침할 것
  신분증, 경매 부동산의 등기부등본이나 경매정보지
- 전입세대열람원에서 확인할 사항
  – 물건 검색 및 권리 분석 단계에서 확인한 점유자와 전입 세대주와 일치 여부
  – 점유자와 전입 세대주가 다를 경우 소유자와의 관계를 검토하라.

현장 답사의 A to Z

1. 현장 답사 보고서를 직접 작성해보자.
2. 현장에 왜 가는지 목적을 생각하고 가도록 한다.
   - 정확한 시세 파악을 통한 수익률 분석
   - 건물 내 · 외부 상태 확인
   - 점유자와의 만남
3. 시세 파악을 위한 중개업소 방문은 3군데 이상하라.
   - 2곳은 가까이 붙어 있는 곳, 2곳은 조금 떨어져 있는 곳을 방문하라
   - 어떤 입장으로 방문할지 명확히 할 것. 어설프게 연기하면 역정보에 당한다.
   - 중개업소에서는 분위기나 동향, 개발 계획, 호재나 악재 등 많은 정보를 얻을 수 있다. 중개업소 사장이나 직원의 말투 및 표정도 관찰해야 한다.
   - 단순히 시세가 얼마인지만 조사하지 말고, 지금 매물로 나와 있는 물건의 가격은 얼마인지, 최근에 거래된 가격은 얼마인지까지 조사하라.
   - 갖고 있는 투자 금액을 얘기하며 물건을 조사해도 좋고, 물건을 정해놓고 시세를 물어봐도 좋다.
   - 시세가 불분명한 다세대주택의 경우에는 시세 파악이 현장 답사의 전부이다.
   - 임대가를 산정해 수익률을 역산하여 낙찰가를 뽑을 수도 있다.
4. 점유자(임차인 · 소유주)를 꼭 만나야 하는 2가지 경우
   - 점유자에게서 얻을 정보가 있을 때
   - 내부 상태를 꼭 확인해봐야 할 때
5. 점유가 불분명한 경우 밤에 2~3번 가보고 불이 켜지는지 확인하라.
6. 점유자가 없는 경우는 모 아니면 도이다.
7. 아파트와 같은 공동주택의 경우에는 관리사무소를 통해 관리비를 알아보자.
8. 1차일 때 현장에 나가면 소중한 보물을 얻을 수도 있다.

• 현장답사 체크리스트 •

	항목	확인
준비물 체크	경매정보지 또는 스마트폰	
	지갑 및 신분증	
	교통편 확인 (대중교통의 경우)	
물건 조사	보존등기일	
	층수 (예 : 몇 층 건물 중 몇 층)	
	건물 내부 상태 (상/중/하)	
	건물 외관 상태 (상/중/하)	
	우편물 체크 (거주자 일치 여부)	
	체납 관리비 여부	
	전기, 가스, 수도 요금 등에 관한 연체 여부	
	방향 (남향, 북향)	
	주차장 여부 (세대 당 몇 대 가능)	
	채광 및 조망권	
	전입세대열람 및 점유자 조사 (빈집, 임차인, 소유자)	
입지 조사	경사도 (평지 또는 언덕)	
	지하철 노선	
	버스정류장과의 거리 및 노선 개수	
	마트 · 백화점 등의 편의시설	
	번화가와의 거리	
	학군 형성 여부	
	차량 이동이 수월한지, 너무 골목은 아닌지	
	치명적 유해시설은 없는지 확인	
	인근 개발 계획 및 전망	
시세 조사	일반적 시세 (1)	
	일반적 시세 (2)	
	매도 가능 시세 (3)	
	매입 시세 (4)	
	정확한 임대가 (월세 또는 전세)	
	물량 및 거래 활발 여부	
	임대가를 통한 수익률 측정	
특이 사항 및 결론		

3단계

결전의 그날,
입찰하기

입찰 준비에서
입찰표 접수까지

· ·

물건 검색과 권리 분석을 하고 현장 답사까지 마치면 투자를 할지 말지를 결정해야 한다. 막상 현장에 나가 보니 문서상으로 접했던 것보다 물건의 상태가 좋지 않아 투자하지 않기로 판단을 내릴 수도 있고, 충분히 가치가 있다고 판단되어 투자하기로 마음먹을 수도 있다. 투자를 하지 않기로 결정했다면 입찰하지 않고 다른 물건을 검색하면 된다. 반대로 투자해도 좋겠다고 판단했다면 실제 투자에 임하면 된다. 바로 부동산 경매 투자의 3단계인 입찰을 통해서다.

입찰 당일에는 처음 입찰을 하는 초보자는 물론이고, 상당히 많은 물건을 낙찰 받아 본 사람도 묘한 설렘과 떨림을 느끼게 마련이다. 해당 부동산을 낙찰 받느냐 못 받느냐에 따라 적게는 수백만 원, 많게는 수억, 수십억 원이 왔다 갔다 하는 경매 법정에서 떨리는 건 당연하다. 게다가 모든 것이 낯선 초보의 입장이라면 더 불안할 수밖에 없다.

그런데 만약 입찰 당일이 되어서도 정말 낙찰을 받아도 되는 물건일까 하는 의문이 든다면 잘못된 투자가 될 가능성이 상당히 높다. 기본적으로 그런 고민은 입찰 전에 마무리지어야 한다. 입찰 단계에서는 실수 없이 모든 것을 기재하고 결과만 차분히 기다린다는 마음가짐이 되어야 한다. '이걸 정말 낙찰 받아도 될까? 내가 미처 다른 문제를 놓치지는 않았을까? 낙찰 받고 잔금은 낼 수 있을까?' 등의 걱정을 법정까지 갖고 온다면 그 투자는 이미 잘못된 것이다. 무언가 마음에 걸리는 것들을 애써 무시하고, 어떻게든 낙찰 받겠다고 무리하여 낙찰 받은 물건은 애물단지가 될 가능성이 높기 때문이다. 실제로 조바심에 무리해서 낙찰 받은 물건으로 인해 적지 않은 손실을 보는 사람들이 많다.

입찰에 앞서 기억해야 할 것은 단 한 가지다. '투자 가치가 있는 물건들은 언제든 경매 시장에 또 나온다.' 초보 시절에는 마음에 드는 물건을 하나 발견하면 반드시 잡아야 한다는 생각을 한다. 그것을 낙찰 못 받으면 큰일 날 것 같고, 다시는 이런 기회가 없을 것 같아 불안하다. 하지만 기회는 언제든 다시 온다. 다만 그때 내가 준비되어 있지 않으면 기회를 놓치는 것이다. 꾸준히 준비해가면 분명 투자 가치가 높은 물건들을 만날 수 있다.

사소한 실수도 용납하지 않는 입찰

입찰 당일 일정

- 해당 사건의 진행 여부 확인(대법원 경매 사이트 또는 경매계에서 확인)
- 준비물(신분증, 입찰보증금, 도장) 챙겨서 법원으로
- 입찰 시간 : 통상 오전 10시부터 오전 11시 10분(법원에 따라 조금씩 다름)
- 입찰 게시판 확인
- 각종 문서 열람(매각물건명세서, 감정평가서, 현황조사서 등)
- 입찰표, 입찰보증금 봉투, 입찰 봉투 챙기기
- 입찰표 작성(실수 없이, 금액은 100원 단위까지 적는다)
- 입찰 봉투 제출 및 수취증 수령
- 개찰(보통 사건번호 순, 때에 따라 참여자 많은 순)
- 결과 확인(최고가 매수신고인, 또는 차순위 매수신고인, 또는 집으로)

모든 고민과 의사결정을 마무리 짓고 투자하기로 결정했다면 이제 입찰할 시간이다. 입찰 당일 준비물은 3가지이다. 주민등록증, 도장, 입찰보증금이다. 이때 입찰보증금은 한 장의 수표로 준비하는 것이 좋다. 가끔 보면 현금으로 준비하는 사람들이 있는데, 그렇게 하면 실수의 여지도 있고 보관도 불편하다. 게다가 혹 현금이 부족하기라도 하면 입찰이 취소될 수도 있으니 반드시 수표로 깔끔하게 준비하여 애초에 문제의 여지를 만들지 않는 게 좋다.

입찰보증금은 통상 최저 매각 가격의 10%이며, 재경매 건의 경

우에는 20%이다. 이 역시 실수하지 않도록 주의해야 한다. 설마 그런 어이없는 실수를 할까 싶겠지만 실제로 꽤 많이 일어난다. 열심히 물건을 검색하고, 꼼꼼히 권리 분석도 하고, 현장에도 다녀왔는데 마지막에 돈을 잘못 넣어 낙찰을 받지 못한다면 얼마나 허무하겠는가? 그러니 반드시 꼼꼼히 챙기자.

경매 법정에 도착하면 먼저 입찰 공고 게시판을 확인하여 내가 입찰하고자 하는 물건의 입찰이 당일 진행되는지 확인한다. 간혹 취소되는 물건들도 있기 때문이다. 관련 서류들 또한 직접 열람할 수 있으니 참고하자.

그 다음 해야 할 일은 가장 중요한 입찰표 작성이다. 미리 입찰 가격을 생각해와서 그대로 적을 수도 있고, 당일 경매 법정의 분위기를 보며 가격을 결정할 수도 있다. 초보자 단계라면 전날에 입찰 가격을 확실히 결정하는 편이 좋다. 사실상 초보자는 경매 법정의 분위기를 제대로 파악하지 못하고 오히려 더 헷갈리기 십상이기 때문이다. 약간의 올림이나 내림 정도의 조정은 있더라도, 반드시 사전에 정확한 입찰 가격을 결정하고 입찰에 응하는 게 좋다.

입찰표 작성은 일상생활을 하며 작성하는 다른 서류들에 비해 크게 어려울 것은 없다. 성명, 전화번호, 주민등록번호, 주소 등을 명확하게 적으면 된다. 딱 하나 주의할 것은 바로 '금액'이다. 입찰 금액과 보증 금액을 쓰다가 간혹 실수가 생기기도 하기 때문이다. 입찰 가격과 보증 금액을 바꿔 쓰는 경우도 있고, 0을 하나 더 붙이거나 덜 붙이는 경우도 있다. 입찰 가격은 내가 당해 부동산을 낙찰 받고자 하는 금액이고, 보증 금액은 내가 입찰에 참가하기 위해 내는 금액으로 통상 최저 매각가의 10% 정도이다.

실수하지 않도록 주의하며 정확하게 써야 한다. '뭐, 이런 실수를 하겠어?' 하고 쉽게 생각할지도 모르지만 꼭 한 명씩 그런 실수를 하는 사람들이 나타난다. 2억 원짜리 물건에 20억 원이라고 쓰는 식이다. 실제 입찰 현장에서 이런 실수로 돈을 날린 사람도 본 적 있다. 만약 금액을 잘못 썼다면 반드시 새 입찰표에 다시 작성해야 한다. 대충 선을 긋고 다시 써서는 절대 안 된다. 고쳐 쓴 흔적이 있을 경우에는 무효 처리되기 때문이다.

입찰표를 작성하고 입찰보증금 봉투(흰색 작은 봉투)에 입찰보증금을 잘 넣은 후, 입찰 봉투(황색 큰 봉투)에 이 둘을 함께 넣고 제출한다. 제출 후 신분증으로 본인임을 확인 받고 나면 봉투 끝을 찢어 돌려주는데, 이를 입찰자용 수취증이라 한다. 그걸 보관하고 개찰을 기다리면 된다. 입찰 과정은 이것으로 끝난다.

입찰은 작은 실수로도 무효화 될 수 있다

- 입찰 당일 준비물 : 주민등록증, 도장, 입찰보증금
- 입찰표 작성시에는 사건번호, 물건번호, 입찰 금액에 오류가 없는지 다시 한 번 확인하라.
- 입찰 금액을 틀리게 썼다면 수정하지 말고 무조건 다시 작성하라.

입찰표 작성법

입찰 서류는 사전에 출력해서 작성 연습을 해보자. 또한 개인이 출력한 입찰표도 효력을 지니니 현장에서 금액을 바꾸지 않을 것이라면 사전에 작성해가지고 가는 것도 좋은 방법이다.

기일입찰표 양식 (앞면)

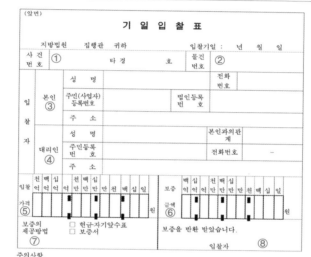

주의사항

1. 입찰표는 물건마다 별도의 용지를 사용하십시오. 다만, 일괄입찰시에는 1매의 용지를 사용하십시오.
2. 한 사건에서 입찰물건이 여러개 있고 그 물건들이 개별적으로 입찰에 부쳐진 경우에는 사건번호외에 물건번호를 기재하십시오.
3. 입찰자가 법인인 경우에는 본인의 성명란에 법인의 명칭과 대표자의 지위 및 성명을, 주민등록란에는 입찰자가 개인인 경우에는 주민등록번호를, 법인인 경우에는 사업자등록번호를 기재하고, 대표자의 자격을 증명하는 서면(법인의 등기사항증명서)을 제출하여야 합니다.
4. 주소는 주민등록상의 주소를, 법인은 등기기록상의 본점소재지를 기재하시고, 신분확인상 필요하오니 주민등록증을 꼭 지참하십시오.
5. **입찰가격은 수정할 수 없으므로, 수정을 요하는 때에는 새 용지를 사용하십시오.**
6. 대리인이 입찰하는 때에는 입찰자란에 본인과 대리인의 인적사항 및 본인과의 관계 등을 모두 기재하는 외에 본인의 위임장(입찰표 뒷면을 사용)과 인감증명을 제출하십시오.
7. 위임장, 인감증명 및 자격증명서는 이 입찰표에 첨부하십시오.
8. 일단 제출된 입찰표는 취소, 변경이나 교환이 불가능합니다.
9. 공동으로 입찰하는 경우에는 공동입찰신고서를 입찰표와 함께 제출하되, 입찰표의 본인란에는 "별첨 공동입찰자목록 기재와 같음"이라고 기재한 다음, 입찰표와 공동입찰신고서 사이에는 공동입찰자 전원이 간인 하십시오.
10. 입찰자 본인 또는 대리인 누구나 보증을 반환 받을 수 있습니다.
11. 보증의 제공방법(현금·자기앞수표 또는 보증서)중 하나를 선택하여 ☑표를 기재하십시오.

〈앞면〉

① 법원경매 사건번호 기입

흔히 실수하기 쉬운 것 중 하나이다. 예를 들어 2014-4534를 2014-4543으로 기재하는 식이다. 또한 동시에 여러 물건에 응찰할 경우도 잘못 기재할 수 있다. 사건번호를 잘못 기재하면 그 입찰은 무효가 되니 주의하자.

② 물건번호 기입

물건번호 역시 마찬가지다. 대부분은 사건번호 하나당 부동산 한 건으로 진행되지만 간혹 하나의 사건번호로 여러 개의 경매 물건이 매각되는 '개별경매'도 있으니 주의해야 한다. 물건번호를 잘못 기재해도 입찰은 무효가 된다.

③ 본인 인적 사항 기입

낙찰 받을 때 소유권을 취득할 사람을 명기한다. 주소는 현재 주민등록상 주소지로 기재해야 한다.

④ 대리인 인적 사항 기입

직접 입찰을 하지 못할 경우 대리인 인적 사항을 적어준다.

⑤ 입찰 가격 기입

입찰 가격을 정확하게 기재한다. 이때 '0'이 하나 더 붙거나 빠지지 않았는지 다시 확인한다. 만약 잘못 썼다면 무조건 새 입찰표에 다시 작성해야 한다. 수정한 흔적이 있으면 무효 처리 된다.

⑥ 보증금 기입

법원에서 정한 보증 금액을 적는다. 통상 매각 가격의 10%지만 재매각 사건의 경우 20%인 경우도 있으니 확인한 뒤에 적어야 한다.

⑦ 보증제공 방식 체크

자신이 준비한 대로 '현금·자기앞수표' 란에 체크한다.

⑧ 보증금 수령인 기입

입찰하러 간 사람의 이름 기재, 대리인이 입찰할 경우 대리인 이름을 적는다.

기일입찰표 양식 (뒷면)

<table>
<tr><td colspan="4" align="center">(뒷면)</td></tr>
<tr><td colspan="4" align="center"># 위 임 장 #</td></tr>
</table>

(뒷면)		

위 임 장

대 리 인 ①	성　명		직업	
	주민등록번호	－	전화번호	
	주　소			

위 사람을 대리인으로 정하고 다음 사항을 위임함.

다　음

② 지방법원　　　　타경　　　　호 부동산

경매사건에 관한 입찰행위 일체

본 인 1 ③	성　명	(인감인)	직　업	
	주민등록번호	－	전 화 번 호	
	주　소			
본 인 2	성　명	(인감인)	직　업	
	주민등록번호	－	전 화 번 호	
	주　소			
본 인 3	성　명	(인감인)	직　업	
	주민등록번호	－	전 화 번 호	
	주　소			

* 본인의 인감 증명서 첨부
* 본인이 법인인 경우에는 주민등록번호란에 사업자등록번호를 기재

지방법원 귀중

〈뒷면〉

본인이 직접 입찰할 경우에는 작성할 필요가 없다.

① ② 대리인 인적 사항, 사건번호 기입

　대리인 인적 사항은 앞면에 적은 것과 동일하게 기입한다.

③ 본인 인적 사항 기입

　낙찰 받을 때 소유권을 취득할 사람을 명기한다. 인감란에 반드시 인감도장을
　날인해야 한다. 본인 인감도장을 찍지 않으면 무효 처리된다.

포기하지 않으면
낙찰의 순간이 온다

입찰한 뒤에는 낙찰받거나 받지 못하거나 둘 중 하나의 결과를 받아들게 된다.

낙찰 받지 못해도 얻는 건 있다

낙찰자로 자기 이름이 호명되지 않으면 입찰에서 떨어진 것이다. 앞으로 나가 수취증을 제출하고 보증금을 돌려받으면 된다. 며칠 혹은 몇 달을 준비하고 기다렸는데 입찰에서 떨어지면 허탈한 기분이 들 수도 있다.

열심히 물건을 찾아보고 권리에 대해 분석하고, 현장에도 나가 여기저기 돌아다니며 이것저것 물어보기도 하고, 입찰 금액을 놓고 고민하는 등 많은 노력을 기울였는데 떨어지면 그동안의 노력이 한순간에 물거품이 된 기분이 든다. 유료 경매 사이트 가입비, 관련 교육 수강비, 구입한 책 값, 현장에 나가느라 쓴 교통비, 식비, 기타 서류 발급에 들어간 잡비 등등, 이룬 것은 아무것도 없이 지출된 돈과 시간, 에너지 등이 떠올라 화도 나고 지치기도 한다.

하지만 조금 다르게 생각할 필요가 있다. 제 아무리 부동산 경매 투자의 고수라 해도 입찰할 때마다 낙찰 받지는 못한다. 물론 터무니없이 높은 입찰가를 쓴다면 백발백중 낙찰 받을 수 있을 것이다. 하지만 부동산 경매 투자의 목적은 낙찰이 아니라, 싸게 사서 수익을 내는 것이라는 것을 기억해야 한다. 즉 돈을 벌기 위해 투자하는 것이다.

부동산 경매로 돈을 벌자면 싼 금액에 낙찰 받아야 한다. 하지만 혼자서만 경매 투자를 하고 있는 것도 아닌데, 입찰할 때마다 항상 만족할 만큼 싼 금액에 1등으로 낙찰을 받는다는 건 불가능하다.

발상을 전환해야 한다. 입찰할 때마다 낙찰 받고 돈을 벌 것이라는 허황된 기대는 버리고, '몇 번 정도의 입찰을 하면 그중에 한 번은 낙찰을 받겠다'는 생각을 가지자. 예를 들어 내가 100건 정도의 물건을 검색했다면 그중 30건 정도 투자할 만한 물건을 추려보고, 그중에서 10개 정도의 물건은 직접 현장에 나가 보고, 그중 5개 정도의 물건에 입찰을 하여 1번 정도 낙찰 받으면 되겠다는 식으로 예상을 하는 것이다.

물론 위의 수치는 예로 든 것일 뿐이다. 때로는 10번 입찰했는데 모두 떨어질 수도 있고, 몇 번을 연속해서 낙찰 받을 수도 있다. 하루에 여러 물건에 입찰했는데 모두 낙찰될 수도 있다. 이는 내가 통제할 수 있는 것이 아니다. 그러므로 절대 조급해하지 말고 여유롭게 투자해야 한다.

입찰할 때마다 낙찰 받는 것이 아니라는 당연한 진실을 받아들이고 마음의 여유를 갖자. 투자할 만한 물건은 언제든 다시 나오며, 낙찰 받고 돈 벌 수 있는 기회는 언제든 있다. 매번 떨어진다 하더라도 물건을 검색하고, 권리 분석하고, 현장에 나가보고, 입찰가를 산정하는 과정을 계속 거치면서 보이지 않는 내공이 차곡차곡 쌓인다. 이는 기회를 만났을 때 좋은 물건을 낙찰 받아 돈을 벌 밑거름이 된다. 절대 그 과정이 허송세월이 아니라는 것을 기억하자.

낙찰 받은 경우

낙찰을 받았는데도 잘한 일인지 아닌지 판단이 서지 않는다면, 앞서도 말했듯이 돈을 얼마를 벌든 시작부터 잘못된 투자이다. 성급함에 내몰려, 여유로운 마음으로 투자하지 못한 것이다. 확실한 준비가 되어 있지 않은 채 낙찰을 받았다는 뜻이다. 물론 이렇게 낙찰 받고도 운이 좋아 돈을 벌 수도 있다. 하지만 그런 운은 결코 반복되지 않는다.

어떤 일이건 성급하게 임하면 항상 실수가 생기고 좋지 않은 결과가 나오는 법이다. 낙찰 받고도 애매모호한 기분이 드는 상황은 절대 만들지 말아야 한다. 물론 경우에 따라 앞으로 해결해야 할 문제가 많이 남아 있는 경우는 있을 수 있지만, 기분은 좋아야 한다. 해냈다는 성취감, 충분히 싸게 잘 받았다는 확신이 들어야 한다. 이렇게 낙찰 받은 것에 대한 기쁨을 누리고 다음 단계로 넘어가야 한다.

내 이름으로 된 부동산이 생겼다는 건 참 기분 좋은 일이다. 이제는 그 소유권을 온전히 취득하기 위해 다음 단계를 거쳐야 한다. 남은 단계는 4단계 잔금 납부, 5단계 명도, 6단계 수리(화장), 그리고 7단계 수익 실현이다.

실제 상황에서는 꼭 이 순서대로 진행된다는 보장이 없다. 순서가 바뀔 수도 있고, 동시다발적으로 진행될 수도 있다. 단계의 중요성도 경우에 따라 달라진다. 잔금 마련이 아주 중요한 사례도 있고, 명도가 최대 고비가 되는 사례도 있다. 빈집이어서 명도할 사람이 없는 경우도 있으며, 비교적 큰 물건이어서 마지막 수익 실현 단계에서 잘 빠져나와야 하는 경우도 있다.

하지만 일반적으로는 단계적으로 진행된다. 먼저 잔금을 납부하여 법적으로 온전히 나의 소유로 만들고, 명도를 해서 집을 완전히 비운 후, 예쁘게 화장(수리)한다. 그런 다음 직접 들어가서 살든가 매매하든가 임대를 놓아 수익을 실현하는 것이다.

낙찰 후의 과정

앞에서 경매 투자의 단계를 크게 7단계로 구분했지만 아주 간단히 정리하면 낙찰 전과 낙찰 후로 구분할 수도 있다. 낙찰 후의 단계는 물건에 따라 천차만별이다. 낙찰 받자마자 사실상 끝난 것이나 다름없는 경우도 있고, 이때부터 본격적으로 시작되는 경우도 있다. 하지만 이미 충분히 싸게 매입했다면 게임은 끝났다고 봐도 좋다. 어떤 과정이 남아 있건 초보자 입장에서 3단계를 지났다는 건 대단한 일이고, 멋진 일이니 충분히 자축해도 좋다.

낙찰 후 과정

매각허가결정(혹은 매각불허가) → 매각허가결정 확정 판결 →
잔금 납부

낙찰을 받으면 그때부터 10%의 보증금을 낸 최고가 매수신고인 신분이 된다. 그리고 낙찰 일주일 후 매각허가결정이 나면 최고가 매수신고인에서 매수인으로 입장이 변경된다. 즉 해당 물건의 이해관계인이 되는 것이다. 매각허가결정이 떨어지면 경매계에 방문하여 경매개시결정 및 문건 송달내역, 배당요구신청서, 임대차계약서 등 해당 물건과 관련된 서류를 최대한 복사해놓는 것이 좋다.

때로는 매각허가결정이 나지 않고 취하되는 경우도 있다. 낙찰받은 것이 무효화되는 허무한 상황이 벌어지는 것이다.

매각허가결정이 난 후 일주일 동안 이의신청(즉시 항고) 기간이 주어진다. 그리고 그 동안에 특별한 이의 제기가 없으면 매각허가결정에 대한 확정 판결이 난다.

이때 잔금 납부 기일이 정해진다. 그리고 정해진 잔금 납부 기일까지 잔금을 납부하지 않으면 해당 부동산은 재매각된다. 이렇게 되면 입찰보증금은 20~30%로 증액된다. 하지만 재매각기일 3일 전까지만 잔금을 납부하면 재매각 절차는 취소되고 소유권을 취득할 수 있다. 단, 연 20%의 지연 이자는 지급해야 한다. 낙찰자가 끝까지 잔금을 치르지 못하면 입찰할 때 납부한 보증금은 몰수되고 배당 재원으로 활용된다.

만약 낙찰자가 배당 받을 권한이 있는 채권자나 임차인이라면 지불해야 할 잔금에서 배당금을 상계 처리할 수도 있다.

낙찰뿐 아니라 패찰해도 남는 것은 있다

- 입찰 때마다 낙찰 받는 건 고수여도 불가능하다. 10건 입찰하면 1건 낙찰 받는다는 마음가짐으로 여유를 가지고 준비하고, 기회를 노려라.
- 낙찰 후 내 명의의 집이 되기까지 해야 할 일
  1) 매각허가결정 이후 : 법원 경매계에 방문하여 경매개시결정 및 문건 송달내역, 배당요구 신청서, 임대차계약서 등 해당 물건 관련 서류를 복사해둔다.
  2) 매각허가결정에 대한 확정 판결 : 매각허가결정이 난 물건에 대해 별다른 이의신청이 없을 경우 확정 판결이 나고 잔금 납부 기일이 설정된다. 이때 매각허가결정문이 입찰표에 기재한 주소지로 송달된다.
  관련 사항은 대법원 경매 사이트에서 확인할 수 있다.

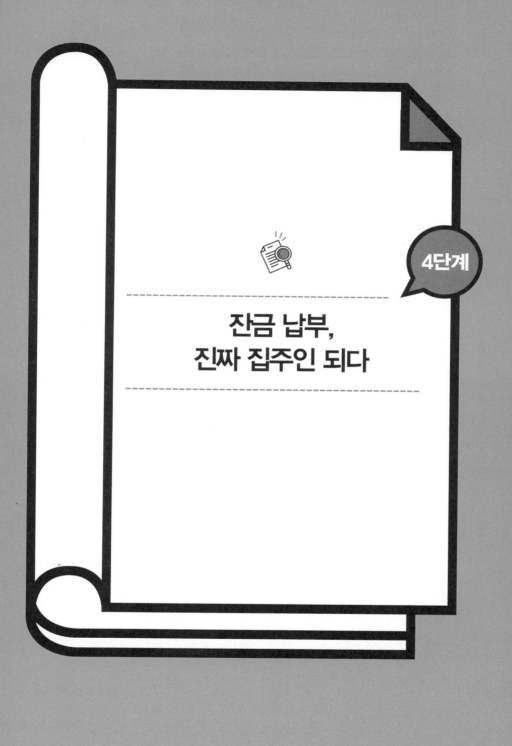

4단계

잔금 납부,
진짜 집주인 되다

투자란 결국
수익을 내기 위한 것

낙찰을 받았다면 잔금을 납부해야 당해 부동산을 온전히 소유할 수 있다. 여기서 잔금이란 낙찰 받은 매각가에서 입찰할 때 낸 보증금을 제외한 나머지 금액을 말한다. 통상 입찰할 때에는 최저 매각가의 10%를 보증금으로 내므로 낙찰가에서 그 금액을 뺀 잔금을 납부 기일까지 마련해야 한다.

잔금을 보유하고 있던 현금으로 내는 사람도 있지만, 대부분의 경우 지인이나 금융권에서 대출하여 해결한다. 설령 잔금을 낼 만큼의 여유 자금이 충분하더라도 대출을 받아 납부하는 편이 낫다. 부동산 경매는 단순히 집을 사는 것이 아니라 투자이기 때문이다.

투자란 결국 수익을 내기 위한 활동이다. 그리고 수익률은 높으면 높을수록 좋다. 투자의 3요소를 안전성, 수익성, 환금성이라고 하는데, 투자의 목적을 떠올려보면 결국 핵심은 수익성이다. 그렇다고 안전성과 환금성이 중요하지 않다는 것은 아니다. 하지만 대개 안전성은 부동산 경매를 통해 낙찰 받았다는 것으로 충분히 확보된다. 환금성 또한 부동산 경매를 통한 투자에서는 투자자의 역량에 따라 충분히 끌어올릴 수 있는 부분이다. 이는 다른 투자 방식에 비해 부동산 경매 투자가 갖는 장점이자 매력이다.

레버리지의 적극적 활용

그렇다면 보유한 자산으로 잔금을 지불하는 경우와 대출을 받아 지불하는 경우 수익률이 다를까? 물론이다. 1억 원의 낙찰가로 부동산을 낙찰 받아 보증금 1,000만 원, 월세 50만 원에 임대한다고 가정해보자. 각각의 투자 수익률은 다음과 같다.

자신의 자산으로 잔금을 지불하는 경우

실투자금 : 9,000만 원 (1억 원 − 보증금 1,000만 원)

임대 수익 : 600만 원 (50만 원 X 12개월)

연 수익률 : (600/9,000) × 100 = 6.6%

잔금의 70%를 대출받아 지불하는 경우

대출 : 7,000만 원 (금리 4%)

실투자금 : 2,000만 원 (1억 원 - 보증금 1,000만 원 - 대출 7,000만 원)

임대 수익 : 320만 원

(월세 600만 원 (50만 원 X12개월) - 이자 280만 원 (7,000만 원 × 0.04)

연 수익률 : (320/2,000) × 100 = 16%

같은 금액을 지불하더라도 잔금 납부를 어떻게 하느냐, 즉 레버리지를 어떻게 활용하느냐에 따라 투자 결과는 확연히 달라진다. 레버리지란 '지렛대'를 의미하는 '레버'에서 유래된 말로 '지렛대 효과', 혹은 '성과 달성을 위해 추가된 수단'을 의미한다. 투자에서 레버리지 효과란 대출 등을 추가 수단으로 이용해 결과를 더욱 높이는 것을 의미한다. 즉 대출을 받아 투자하여 대출 이자를 상쇄하고도 자기 자금으로만 투자할 때보다 더 높은 수익을 올리는 효과를 가리킨다.

이러한 대출을 잘 활용하게 되면 경매를 통해 낙찰 받을 때 생각보다 낮은 가격으로 매입하지 못하였더라도 리스크를 만회할 수 있다.

레버리지는 감당할 수 있는 수준으로 활용하라

자신이 감당할 수 있는 범위 안에서 최대한의 레버리지를 활용할 필요가 있다. 레버리지를 얼마나 잘 활용하느냐에 따라 평범한 투자도 성공적인 투자가 될 수 있고, 보통 수준의 투자도 대박 수준으로 끌어올릴 수 있다. 단, 반대의 경우에는 투자 결과가 실패나 재 앙으로까지 이어질 수 있다는 뜻임을 반드시 기억해야 한다.

잔금 납부, 레버리지를 현명하게 활용하라

- 투자의 3요소

  안전성, 수익성, 환금성

  이 중 가장 중요한 것은 수익성. 투자는 결국 수익을 내기 위한 것.

- 대출 잔금은 가능한 최대한의 레버리지를 통해 납부하라.

  금융권 등의 대출을 통해 투자금을 최소화하면 대출 이자를 상쇄하고도 더 높 은 투자 수익률을 올릴 수 있다.

- 단, 레버리지는 본인이 감당 가능한 수준에서 활용해야 한다.

똑똑하게
대출받기

· ·

금융권의 대출을 이용해 잔금을 납부하려 할 때 가장 손쉬운 방법은 대출 중개인을 거치는 것이다. 대출 중개인은 경매 법정에서 낙찰을 받고 나오는 순간 팬클럽 회원들처럼 몰려와 명함을 준다. 명함을 받아와 연락해봐도 되고, 본인의 전화번호를 알려주어 연락을 받을 수도 있다. 대출 중개인을 통하지 않고 직접 은행에 가서 대출을 받을 수도 있다. 해당 부동산에 법적으로 위험한 문제가 걸려 있는 경우가 아닌 한 대출 받기는 그리 어렵지 않다. 중요한 것은 대출 상품의 조건이다. 대출 상품에 따라서 대출 가능 금액, 금리, 상환 조건 등이 다르기 때문에 꼼꼼하게 따져보고 고르는 것이 좋다.

대출 상품 어떻게 고를까

그렇다면 나에게 적합한 대출 상품은 어떤 기준으로 골라야 할까? 일반적으로 대출 상품을 고를 때 따져봐야 할 항목들을 살펴보자.

대출 가능 금액

대출이 얼마까지 가능한가 하는 것이 가장 기본적이면서도 중요한 요건이다. 경락잔금대출의 경우 보통 70%까지는 무난히 대출이 된다. 특별한 조건이 없다면 대출 가능 금액은 많을수록 좋다.

70% 대출을 받는다면 낙찰가가 1억 원인 경우 7,000만 원은 대출을 받아 해결하고, 입찰보증금으로 약 1,000만 원은 납부했을 테니 2,000만 원만 추가로 마련하면 된다. 온전히 소유권을 취득한 뒤 임대를 하면 투자한 3,000만 원은 물론이고, 그 이상 회수할 가능성도 있다. 즉 내 돈은 한 푼도 투입하지 않고도 충분히 부동산을 살 수 있다는 뜻이다. 경우에 따라서는 돈을 들여 부동산을 샀는데, 정산해보니 부동산뿐 아니라 현금까지 추가로 생기는 경우도 있다.

대출 금리

다음으로 따져봐야 할 요건은 한 달에 이자를 얼마씩 내느냐 하는 것이다. 금리는 늘 변동되기 때문에 어느 정도의 이자율이 좋은지는 단정 지어 말할 수 없다. 다만 다양한 상품들을 비교해보면 대출 받는 시점의 시중 금리를 확인할 수 있으니 비교하여 판단해야 한다.

대출 기간

대출 기간이 몇 주에서 몇 개월밖에 되지 않는 단기 상품도 있고 10년 단위의 장기 대출 상품도 있다. 자신의 자금 수준과 재정 계획 등을 잘 따져서 기간을 선택해야 한다. 여윳돈이 얼마 없는데 1년 짜리 단기 대출을 받았다가는 1년 뒤에 큰 어려움이 생길 수도 있다. 만기 시에 대출 상환을 요구받을 수도 있고, 대출 연장을 위해 다른 옵션들을 추가해야 할 수도 있기 때문이다. 대출 기간은 얼마나 되는지, 나중에 연장을 하려면 어떻게 해야 하는지 등등을 정확히 알아두어야 한다.

이 외에도 은행의 종류(1금융 혹은 2금융), 금리의 종류(고정 혹은 변동), 중도상환수수료 등의 조건들도 알아보아야 한다.

은행 담당자와 얘기가 잘되면 그 자리에서 대출 가능 금액을 조금 늘리거나 대출 금리를 조금 낮출 수도 있다. 모든 건 사람이 하는 일이니 되든 안 되든 시도는 해보자. 부대조건 등도 적극 활용하도록 하자. 은행 담당자 또한 결국은 실적을 내야 하는 직장인이다. 그가 제시하는 조건들을 들어준다면 0.1%라도 낮은 금리에 대출을 받을 수도 있다. 카드를 새로 만들어 월 결제 30만 원 이상을 채운다든지, 청약저축에 가입한다든지, 급여통장을 교체한다든지, 펀드에 얼마씩 넣기로 한다든지, 방법은 무궁무진하다. 단순히 비용 지출이 아니라 결국 내게 돌아오는 것들이라면 작더라도 적극적으로 시도해볼 만하다.

신용 관리와 철저한 준비가 필요하다

대출 상품은 낙찰 받은 직후부터 알아보기 시작해야 한다. 뭐든 미리미리 해야 서두르다 실수하는 일이 생기지 않는다. 날짜에 내몰리다 보면 이상한 상품을 덜컥 계약하게 될 수도 있으니, 최소한 한 달 전부터는 알아봐야 한다. 충분히 알아보고 이 상품이 최상의 상품이라는 확신이 들 때 자서를 하자. 대출은 잔금 납부 기일에 임박하여 받는 것이 좋지만, 자서를 납부일에 임박하여 하는 것은 위험한 일이 될 수 있다.

또한 경락잔금대출은 신용대출이 아니라 담보대출이지만 신용등급도 결코 무시할 수는 없다. 따라서 평상시 신용 관리를 잘해두는 것도 필요하다. 대출은 전혀 받지 않고 신용카드도 안 쓴다고 해서 신용등급이 높아지는 것은 아니다. 오히려 신용이 검증되지 않아 불리할 수도 있다. 그러니 평소 신용 관리를 위해 잘 빌리고, 잘 쓰고, 잘 갚아야 한다.

대출 서류 작성과 법무비

은행이나 법무사 사무실에 방문하여 대출 서류를 작성하는 것을 '자서한다'고 말한다. 이때 준비해야 할 서류는 다음과 같다.

대출 서류 : 주민등록등본 2통 , 주민등록원초본 2통, 인감증명서 2통, 인감도장, 신분증, 입찰보증금영수증, 국세 · 지방세 완납증명원, 원천징수영수증, 재직증명서

더불어 보통 법무사에서 인도명령을 서비스로 신청해주는 경우가 많으므로, 꼭 한 번 확인하도록 하자. 깜빡하고 이때 인도명령 신청을 해놓지 않으면 추후 명도가 틀어질 경우, 생각보다 많은 시간이 지연될 수도 있다.

법무비는 무조건 과하게 측정되었다고 전제하라
일단 법무비는 무조건 과하게 측정되었다고 봐야 한다. 당연히 깎아야 한다는 얘기다. 그런데 보통은 법무사 사무실에서 대출 중개인과 연결하여 잔금 대출과 소유권이전 등기 문제를 같이 처리해주는데, 그 과정에서 법무비가 들어간다. 2~3곳 정도의 법무사 사무실에서 견적을 받아 비교해보고 저렴한 곳을 선택하도록 하자. 단, 법무비는 부차적인 것이니 처음부터 법무비로 흥정하지는 말고 대출 조건부터 따져야 한다. 법무비는 대출 상품을 확정지은 후에 흥정해야 일이 진행된다.

법무비 항목 : 취득세, 교육세 + 농특세, 주택채권, 등록대행, 제증명, 송달료, 법무 수수료, 증지, 교통비

법무비를 아주 꼼꼼히 따져보고 싶다면, 몇 곳에서 법무비 내역서를 먼저 팩스로 받을 수도 있다. 물론 조금은 치사한 방법이지만 말이다.

5단계

심리전의 고수가 되라,
명도

부동산 경매 투자 고수인가, 하수인가

. . . .

잔금을 납부하고 법무사를 이용하여 소유권 이전 등기를 하면 이제 해당 부동산을 법적으로 완전히 소유하게 된다. 기존 등기부등본에 기재되어 있던 모든 권리들은 깨끗이 말소되고, 자신의 이름이 소유권자로 올라간다. 완전한 법적 소유자가 되었으니 해당 부동산을 사용, 수익, 처분할 수 있는 권리도 생긴다. 즉 해당 부동산을 점유하고 있는 사람이 없다면 문을 열고 들어갈 수도 있고, 바로 매매하거나 임대를 놓아도 되는 것이다.

그런데 대개의 경우 낙찰받은 부동산에는 점유자가 있다. 이전 소유자나 임차인일 수도 있고 때로는 유치권자일 때도 있다. 그러므로 '명도'를 해야 실질적으로 부동산을 소유했다고 볼 수 있다. 기존의 점유자를 집에서 내보내야 내가 들어가거나 새로운 임차인을 맞이할 수 있기 때문이다.

명도란 낙찰 받은 부동산에 살고 있는 소유자나 임차인, 기타 점유자 등을 내보내는 행위를 말한다. 일반 부동산 중개업소를 통한 매매에는 이런 절차가 필요 없지만 경매를 통해 부동산을 구입할 경우 거의 대부분 명도 과정을 거쳐야 한다.

사실 명도는 부동산 경매 투자의 고수와 하수를 가르는 가장 핵심적인 기준 중 하나이다. 최대한 적은 돈을 들여, 최대한 빠른 시일 내에, 큰 충돌 없이 점유자를 내보내는 것이 최상의 고수이다.

두려워할 필요는 없다

부동산 경매는 경우에 따라 낙찰 받는 순간 게임이 끝나기도 한다. 반면 명도 단계에서부터 진정한 게임이 시작되는 경우도 있다. 살고 있는 사람을 내보내는 게 쉬운 일이 아니기 때문이다. 전혀 일면식도 없는 낯선 사람, 게다가 결코 호의적이지 않을 것이 분명한 사람을 상대해야 하니 초보자 입장에서는 여간 껄끄러운 게 아니다.

하지만 알고 보면 그다지 심각하거나 두려워할 과정은 아니다. 어차피 모든 과정은 사람이 하는 일이지 않은가? 그리고 정말 난해한 상황에 처한 특수 물건이 아닌 이상, 특별한 노하우나 깊이 있는 지식이 필요한 것도 아니다. 다만 점유하고 있는 사람들보다 관련 지식을 조금 더 많이 갖고 있으면 되고, 차분하게 대화를 나눌 인내심과 배려만 갖추면 된다.

시간이 돈임을 기억하라

명도 과정에서 기억할 것은 하나다. '바로 내가 법적 소유자'라는 사실이다. 결국 명도란 낙찰자가 이길 수밖에 없는 게임이라는 뜻이고, 이는 점유자에게는 치명적인 약점일 수밖에 없다.

물론 낙찰자가 가진 약점도 있다. 바로 시간이 지체될수록 손해가 늘어난다는 것이다. 대개의 경우 낙찰자는 잔금 납부를 위해 경락잔금대출을 받기 때문에 낙찰 후 두 달째부터는 대출 이자를 납부해야 한다. 따라서 하루라도 빨리 명도를 하고 임대를 하여 수익을 실현해야 대출 이자의 압박에서 벗어나고 현금 흐름을 만들 수 있다. 바로 이 지점에서 대부분의 명도 관련 사고가 발생한다.

결국에는 이루어질 명도가 지연되면서 대출 이자가 쌓이고, 시기를 잘못 타서 임대까지 지연되는 연쇄 작용이 일어나면 사고가 커지는 것이다. 때문에 명도에 들어가는 비용을 따지며 점유자와 너무 길게 실랑이를 벌이는 것은 계산 착오이다. 어떤 경우에는 돈을 좀 더 주더라도 빨리 내보내는 것이 나을 수도 있다. 눈앞의 비용보다 명도 이후의 수익을 생각하는 편이 더 낫다는 뜻이다.

명도 고수가 되기 위한 몇 가지 방법

이제 두려움을 거둬내고 명도에 직접 나선다고 생각해보자. 그 시작은 점유자를 만나는 것이다. 점유자와의 첫 대면은 아주 중요하다. 어떤 인상을 주느냐에 따라서 이후 과정이 순탄할 수도 있고 아닐 수도 있다. 핵심은 만만해 보이면 좋지 않다는 것이다.

서류를 적극적으로 사용하라

낙찰자가 여성이거나 대하기 쉬워 보이는 순한 인상을 갖고 있는 사람이라면 일단 내용증명을 통해 포문을 여는 것이 좋다. 구두로 전달하는 것보다 명확하게 의사를 전달할 수 있으며, 점유자가 상황을 파악하기도 훨씬 수월하기 때문이다. 내용증명과 관련된 내용은 뒤에서 좀 더 자세히 살펴보도록 하자.

한편 점유자가 '언제까지 나가겠다'고 말하는 경우에도 언제든 말을 바꿀 수 있다는 것을 염두에 둬야 한다. 사람이 나빠서가 아니라 상황이 사람을 그렇게 만들 수 있기 때문이다. 점유자가 구두로 한 약속만 믿고 안심하고 있지 말고 이행각서, 합의서, 서약서 등을 생활화할 필요가 있다. 점유자의 입장에서도 말로만 내뱉었을 때와 문서에 자신이 직접 서명했을 때의 마음가짐은 다를 수 있기 때문이다. 서명을 날인했을 때에는 인감을 첨부해야 한다. 그렇게 해둬야 점유자가 약속을 지키지 않고 합의가 결렬되었을 때도 보다 유리한 위치에서 법적 대응을 할 수 있다.

낙찰자의 대리인 입장으로 접근하라

점유자와 대화를 할 때 유용한 요령 한 가지는 '내게는 결정권이 없어요' 하는 뉘앙스를 사용하는 것이다. 때로는 낙찰자 본인이 아니라 낙찰자의 대리인 입장으로 접근하는 것도 한 가지 방법이다. 그렇게 하지 않더라도 낙찰자가 마음대로 진행하는 것이 아니라 법적 절차를 따르고 있는 것이라고 밝히면 점유자에게 끌려 다니지 않을 수 있다. 또 실제로 협의 중이더라도 법적 절차는 차근차근 밟아 나가야 한다.

거부할 수 없는 매혹적인 제안을 하라

법과 서류만으로 문제를 모두 해결할 수는 없다. 계속해서 차가운 법이나 서류만 들이대지 말고, 가끔은 거부할 수 없는 매혹적인 제안을 할 필요도 있다. 예를 들어 "언제까지 이사를 가면 이사비 얼마를 준다고 한다. 만약 좀 더 앞당겨서 나간다면 얼마를 더 얹어주도록 낙찰자에게 얘기해보겠다"와 같은 조건을 제시하여 가급적 빠른 시일 안에 큰 충돌 없이 명도가 되도록 유도하는 것이 궁극적으로는 더 큰 이득이 될 수 있다.

이사비는 절대 먼저 제시하지 말라

점유자에게 이사비로 100만 원을 주기로 마음먹었다면, 처음부터 그렇게 이야기하면 안 된다. 그랬다가는 이사비가 100만 원 이하로 결정될 가능성이 1%도 안 된다.

협상은 결국 상대방으로부터 조금이라도 유리한 것을 끌어내기 위한 싸움이다. 그러므로 첫 제안이 한 번에 받아들여질 가능성은 거의 없다. 금액과 조건이 어떤 것이든 협상이 진행되면 그 첫 기준에서 서로 더 깎거나 붙이려는 밀고 당기기가 이루어진다.

이때 기억할 것은 점유자와의 입장 차이가 명확하다는 것이다. 예를 들어 낙찰자가 협상 전에 이사비로 50만 원을 주려고 했다가 점유자의 처지가 안타까워 100만 원을 주기로 마음을 먹고 첫 대면에서 그 금액을 제시했다고 해보자. 낙찰자는 점유자를 위해 내가 그렇게까지 고심했으니 점유자가 감사해하며 순조롭게 협상에 응해줄 것이라 생각한다. 하지만 이는 착각이다.

점유자는 절대 그렇게 생각하지 않는다. 그 말을 듣자마자 "내가 날린 돈이 얼만데, 당신이 이 집을 얼마나 싸게 낙찰 받았는지 알고 있는데 그것밖에 안 주느냐"며 한바탕 욕을 퍼부을지도 모른다. 그리고 그 순간 고심 고심해서 올린 이사비 100만 원은 협상의 최저 기준선이 되고 만다. 자연스레 낙찰자는 그보다 훨씬 더 많은 금액을 주어야 점유자를 내보낼 수 있다. 그나마도 확실한 것이 아니라 어디까지나 가능성이다.

구체적인 금액을 제시하지 말아야 하는 것은 물론이고, 이사비의 '이'자도 꺼내서는 안 된다. 강압적으로 얘기해서는 안 되지만, 법적으로 낙찰자가 이사비를 줄 의무는 없다는 것을 확실히 인지시켜야 한다.

그러면서 이야기가 어느 정도 진행된 후에 조금 빨리 나가주신다면 50만 원 정도는 이사 비용으로 주겠다는 식으로 접근해야 한다. 이때부터가 협상이다. 분명 점유자는 이사비를 조금 더 줄 수 없는지 물어올 것이다. 이때 자신이 생각한 조건을 다시 제시하면 된다. "날짜를 00월 00일까지로 당겨주시면 100만 원까지 드리도록 해보겠습니다"라고 말하는 것이다. 이렇게 해야 점유자는 그 인센티브를 놓치지 않기 위해 약속을 이행해야겠다는 마음을 먹을 수 있다.

이사비는 강제집행 금액 이하로

이사비 산정의 명확한 기준이 없다. 다만 강제집행을 하게 될 경우 들어갈 비용 이하로 잡는 것이 좋다. 강제집행 비용 이상의 금액을 줄 바에야 무엇 하러 사전에 머리 아픈 협상을 하겠는가? 그러니 강제집행까지 갔을 경우의 비용을 상한선으로 잡고 그 안에서 협상을 진행해나가야 한다. 물론 점유자의 사정이 딱하다면 더 많이 동정을 베풀 수도 있고, 반대로 점유자가 너무 무례하다면 다소 공격적으로 나갈 수도 있다. 이 모든 건 낙찰자의 재량이다.

다행히 나는 지금까지 명도 과정에서 점유자와 얼굴을 붉힌 적이 없다. 다들 이해해주어서 쉬웠다는 얘기가 절대 아니다. 거주하던 집이 경매에 넘어갔다는 사실에 크게 걱정하고 있던 점유자들은 새파랗게 어린 녀석이 집주인이라고 나타나니 처음에는 황당해했다. 그러고는 이내 조금이라도 더 돈을 받아내려고 했다. 그럼에도 큰 사건 없이 명도를 해결해나갈 수 있었던 것은 결코 강압적으로 굴지 않았고, 그러면서도 동정을 구하거나 감정에 호소하는 식의 저자세로 접근하지도 않았기 때문이다.

내 경우에는 권한이 없는 것처럼 말한 것이 효과적이었다. 꼼꼼하게 법적 절차를 제시하면서도 약간의 이사비라도 받아갈 수 있도록 가능성을 열어두었기에 큰 무리 없이 명도를 해결할 수 있었다.

명도의 달인이 되기 위해 기억할 것들

- 명도의 기본 원칙

  최소 비용, 최단 시간, 큰 충돌 없이 점유자를 내보내는 것이 최상이다.
- 시간이 돈이라는 것을 기억하자. 눈앞의 비용보다 명도 이후의 수익을 생각하는 편이 더 낫다.
- 명도의 고수가 되려면 다음을 기억하자

  – 서류를 적극적으로 활용하라. (내용증명, 이행각서, 합의서, 서약서 등.)

  – 낙찰자의 대리인 입장으로 접근하라.

  – 거부할 수 없는 매혹적인 제안을 하라.

  – 이사비는 절대 먼저 제시하지 마라.

  – 이사비의 상한선은 강제집행 비용 이하로 잡아라.

명도 상대방에 대한 이해

애초에 낙찰자와 점유자는 가까워지기 어려운 사이라는 현실을 직시하고 출발하는 것이 좋다. 점유자를 만나는 것이 긴장되는 일이긴 하겠지만 상대 역시 잔뜩 긴장해 있을 것이다. 첫 대면은 아주 중요한데, 이때 다양한 유형의 사람들을 만난다.

- 굉장히 예의 바르고 공손하며 협조적인 사람(이런 경우는 아주 드물다)
- 눈물을 뚝뚝 흘리며 자신의 과거에 대한 일장연설을 늘어놓거나 구구절절 하소연하는 사람
- 대놓고 욕설을 하며 무조건 큰소리로 협박하는 사람
- 친절한 태도를 보이다 돌변하는 사람
- 연락도 안 받고 무작정 피하는 사람

이렇게 다양하지만 한 가지 공통점이 있는데, 그것은 낙찰자에게 돈을 요구한다는 것이다. 이는 물론 불합리한 것이지만, 점유자는 그렇게 생각하지 않는다. 그런 점유자를 논리적으로 설득하느라 시간 낭비할 필요가 없다. 점유자의 입장에서 보면 거주지가 부동산 경매로 팔린 상태인데, 이럴 때 이성적인 판단을 하기는 쉽지 않을 것이다.

그렇기 때문에 사람 대 사람의 정이나 예의, 의리 또한 기대하지 않는 것이 좋다. 명도에 대한 답은 사실 아주 간단하다. 점유자가 요구하는 돈을 주면 바로 끝난다. 하지만 그럴 수 없기 때문에 낙찰자와 점유자가 협상을 할 수밖에 없는 것이다. 이렇게 상대의 유형이 다양한 만큼 그에 대한 대응 방법도 다 다르다. 결국 각각의 상황에 따라야 한다. 중요한 것은 점유자에게 끌려다니지 말아야 한다는 점이다.

명도에 사용하는 법적 장치

앞서도 말했듯이 낙찰을 받았다면 '이 부동산의 법적 소유자는 나'라는 사실을 기억해야 한다. 그 사실을 보장 받기 위해 낙찰자가 사용할 수 있는 여러 법적 장치들이 있다. 간단한 것부터 복잡한 것까지 다양한데, 사전에 숙지하고 있으면 명도를 좀 더 현명하게 진행할 수 있다. 정리하면 다음과 같다.

> **명도를 위한 법적 장치**
>
> 명도확인서와 인감증명서, 내용증명, 인도명령과 명도소송,
>
> 점유이전금지가처분, 강제집행

명도확인서와 인감증명서

경매된 부동산을 점유하고 있는 사람은 소유자(채무자)이거나 임차인이다. 임차인 중에는 배당을 받아갈 수 없는 임차인과 배당을 받아갈 수 있는 임차인이 있다. 만약 명도 대상자가 배당을 받아갈 수 있는 임차인이라면 비교적 손쉽게 명도를 해결할 수 있는 무기가 낙찰자에게 주어진다. 바로 명도확인서와 인감증명서이다. 임차인이 배당을 받으려면 낙찰자가 작성해주는 명도확인서와 인감증명서가 반드시 필요하기 때문이다.

가끔 배당을 받아가는 임차인이 실제 명도 전에 명도확인서와 인감증명서를 줄 수 없는지 문의해오는 경우가 있다. 그 서류들을 가지고 배당을 먼저 받아서 그 돈으로 방을 구해서 나가겠다는 것이다. 하지만 낙찰자는 절대 이 요구를 들어주면 안 된다. 명도가 완전히 끝날 때까지는 절대 칼자루를 내줘서는 안 된다는 얘기다. 설령 처음에는 정말 배당을 받고 바로 나가려 했던 임차인이라 해도 무기가 자신의 손으로 넘어오는 순간 마음이 바뀔 수도 있다. 그렇게 되면 손쉽게 끝날 수 있었던 명도가 기나긴 감정 다툼으로 이어질 수도 있다.

임차인이 아무리 사정사정하더라도 명도확인서와 인감증명서를 먼저 내줄 수는 없다고 선을 긋고, 이사 나가는 것을 확인하면 바로 내주겠다고 말하자. 이사 당일, 모든 짐이 빠지고 집에 파손된 부분이 없는지 확인한 다음 최종적으로 건네주어야 한다.

절대 점유자에게 끌려다녀서는 안 된다. 처음부터 명도 과정 전체를 손바닥 들여다보듯이 장악한 상태에서 적절한 법적 절차를 통해 하나하나 단계적으로 해결해나가야 한다.

내용증명

내용증명이란 내용을 증명한다는 의미로 서류상으로 의견을 주고받는 것이다. 공적 기관인 우체국을 거치는 문서라서 후에 일어날 수도 있는 법적 절차에서 증거로 활용할 수 있다는 이점이 있다. 내용증명 자체가 어떤 법적 효력이 있는 것은 아니다. 하지만 점유자가 매우 흥분하거나 낙담해 있어 구두로는 이성적인 대화가 불가능할 것으로 보일 경우 내용증명을 통해 의사를 표시하면 효과적이다.

내용증명은 점유자가 현실을 직시할 수 있도록 해준다. 또한 법적으로 낙찰자의 소유 물건이고 낙찰자가 우위에 있다는 점을 인지시켜준다. 동시에 상황을 잘 받아들이지 못하는 점유자에게 생각할 시간을 주어 이성적인 판단을 하도록 도와준다.

하지만 어설프게 썼다가는 싸움이 더 길어질 수도 있다. 이때에도 나에게는 권한이 없고 법적 절차대로 이루어질 것임을 각인시켜야 한다. 대개 법적으로 첨예한 대립이 벌어지는 특수 물건의 경우가 아니라면 잘 작성된 내용증명 한 통만으로도 순조롭게 명도를 해결할 수 있다.

인도명령과 명도소송

인도명령이라 함은 말 그대로 인도를 명령하는 것이다. 점유자에게는 해당 부동산을 점유하고 있을 권리가 없으므로 이를 낙찰자에게 즉시 인도하라고 법원에서 명령을 내리는 것이다.

인도명령은 잔금 납부 후 6개월이 지나면 신청할 수 없다. 가끔 영악한(?) 점유자들 중에는 이 사실을 알고 차일피일 시간을 끄는 이들이 있다. 따라서 낙찰자는 잔금을 납부하면서 동시에 인도명령을 신청해두는 것이 좋다. 그래야 추후에 발생할 만일의 사태를 예방할 수 있기 때문이다.

대화나 내용증명만으로는 협상이 잘 이루어지지 않던 점유자도 인도명령 신청이 법원에 받아들여지면 상황이 완전히 달라졌다는 사실을 인지하고 적극적으로 연락을 취해오는 경향이 있다. 인도명령이 받아들여졌다는 것은 이후에 바로 강제집행으로까지 이어질 수 있다는 것을 의미하기 때문이다.

인도명령에 대비되는 개념으로 명도소송이 있다. 둘 다 점유자를 내보내기 위한 절차라는 점에서는 동일하지만 그 절차나 기간에 있어서는 차이가 많이 난다. 일단 소송에 들어가면 시간이 오래 걸릴 것을 예상해야 한다. 때문에 설령 이기더라도 그 긴 시간 쓰는 돈이나 시간, 에너지 등을 생각해본다면 결코 이득이 아니다. 앞에서 최상의 명도는 최대한 빠르게, 최소한의 비용이라고 했던 것을 기억하자. 명도를 할 때에는 절대 명도소송까지는 가지 않겠다는 원칙을 마음속에 확실하게 새겨두자.

점유이전금지가처분

점유이전금지가처분이란 해당 부동산에 살고 있는 점유자의 이전을 금지하기 위해 국가의 힘을 빌려서 임시로 처분해놓는 것이다.

법적 절차를 진행시키기 위해서는 반드시 송달 과정이 필요하다. 앞으로 어떠어떠한 법적 절차가 진행될 것이라는 것을 상대방에게 문서로 사전에 미리 알려야 한다는 뜻이다. 그런데 송달은 이루어졌는데, 서류에 기재된 사람과 실제 점유하고 있는 사람이 일치하지 않는다면 송달은 계속 이루어지지 않는다. 자연히 해당 법적 절차는 한없이 지연된다. 실제로 이를 악용하여 낙찰자나 원고를 괴롭히는 사람들도 있다.

이럴 때 활용하는 것이 바로 점유이전금지가처분이다. 현재 점유자의 이전을 금지하도록 가처분을 받아놓으면 설령 점유자가 다른 이로 되어 있더라도 그 효력이 미치기 때문에 추후에 강제집행과 같은 절차를 진행하는 데 문제가 되지 않는다.

굳이 강제집행까지 가지 않더라도 효과는 볼 수 있다. 점유이전금지가처분을 신청하면 집행관과 함께 점유자가 살고 있는 해당 부동산의 내부에 들어가 집행문을 붙여놓는데, 이는 점유자에게 큰 심리적 압박이 된다.

강제집행

강제집행이란 말 그대로 강제로 집행한다는 것이다. 도저히 협의가 되지 않고 내용증명, 점유이전금지가처분, 인도명령 등의 법적 절차를 계속 밟았음에도 임차인이 묵묵부답이라면 결국 강제집행까지 가는 수밖에 없다.

하지만 대부분 부동산 경매 투자를 하면서 이 단계까지 가는 경우는 거의 없다. 법적으로 한 판 붙어보자는 식으로 나오는 유치권자와 상대하는 경우가 아닌 이상, 일반적인 부동산 경매 투자 물건에서 강제집행까지 가는 경우는 드물다.

강제집행은 인도명령결정문과 송달증명원을 가지고 법원 집행관실에서 신청하면 된다. 이후 진행 비용을 예납하고, 집행관과 함께 점유자를 찾아가 집행을 계고한 뒤 강제집행이 실시된다.

강제집행 절차

강제집행 신청(송달증명원, 인도명령결정문 필요) → 집행 비용 예납 →

집행 계고 → 강제집행 실시

이때 필요한 것은 집행관 등 법원 관계자들과 원만히 대화하면서 일을 잘 진행시켜 나가는 것이다. 집행을 준비하는 과정에서 자신의 생각보다 일이 지연될 수도 있고 관계자들이 그다지 협조적으로 하지 않는다는 느낌이 들 수도 있다. 그렇더라도 법원 관계자들과의 관계를 날카롭게 만들어서 좋을 것은 없으니 중심을 잘 잡고 융통성을 발휘해야 한다.

무엇보다 강제집행까지 가지 않는 것이 가장 좋다. 강제집행은 투자자에게도 좋을 것이 없다. 돈은 돈대로 나가고 시간 또한 많이 지연된다. 앞서 계속 강조한 것처럼 시간의 지연은 비용의 추가로 이어진다는 것을 기억하고 가급적 강제집행 이전에 명도를 끝내는 것이 좋다.

명도를 위해 알아둬야 할 법적 장치들

- **명도확인서와 인감증명서** : 임차인이 배당을 받기 위해서는 반드시 필요한 서류. 임차인이 사정을 하더라도 절대 이사 전에 넘겨줘서는 안 된다.
- **내용증명** : 점유자에게 낙찰자의 법적 지위를 인지시키고, 상황을 파악할 수 있게 해준다. 공적 기관인 우체국을 통하는 문서이기 때문에 이후 법적 절차에서 증거로 활용 가능하다.
- **인도명령** : 낙찰자에게 즉시 해당 부동산을 인도하라고 명령을 내리는 것. 잔금 납부 후 6개월이 경과하면 신청할 수 없으므로 잔금 납부와 동시에 신청해놓는 것이 좋다.
- **점유이전금지가처분** : 해당 부동산에 살고 있는 점유자의 이전을 금지하기 위한 임시 처분이다. 강제집행 전에 활용할 수 있다.
- **강제집행** : 도저히 협의가 안 될 때 최종적으로 공권력을 이용해 점유자를 내보내는 것. 송달증명원과 인도명령결정문을 준비해 법원 집행관실에서 신청한다.

내용증명 작성법

내용증명은 공인된 법적 절차가 아니기 때문에 정해진 형식은 없다. 내용증명의 목적이 점유자에게 현재 처한 상황과 앞으로 진행될 절차를 확실히 인지시키는 것인 만큼 그에 충실하면 된다.
몇 가지 반드시 명시되어야 할 것들만 정리해보면 다음과 같다.

- 점유자에게 법적 권리가 없다는 것.
- 적법한 절차에 따라서 강제집행이 진행될 것이라는 점. 즉 결국 집을 비워줘야 하는 입장이라는 것을 명시한다.
- 시간을 끌수록 불리해진다는 점. 임차료, 강제집행 비용 등이 청구될 수 있다는 것을 명시한다.

- 내용증명 예시

내용증명

발 신 : 서울시 ** (낙찰자 주소)
발신인 : ○○○ (낙찰자)

수 신 : 서울시 ## (점유자 주소)
수신인 : ○○○ (점유자)

본인은 서울시 ## 물건을 2014년 1월 3일에 낙찰 받고, 2014년 3월 16일에 잔금을 납부한 소유자입니다.

본인은 낙찰 후 수차례에 걸쳐 상기 부동산에 거주하고 있는 점유자 홍길동에게 부동산의 인도를 요구하였으나 계속해서 무리한 이사비를 요구하며 협의를 지연하고 있어 법적 절차를 준비하려

합니다. 부득이 아래와 같이 최종 통보하오니 신중히 판단하시어 결정하시길 바랍니다.

- 아 래 -

1. 귀하의 무궁한 발전을 기원합니다.

2. 본인은 상기 부동산을 ○○지방법원에서 낙찰 받고 잔금을 납부한 적법한 소유자로서 귀하에게 수차례 연락을 시도하며 인도를 요구하였습니다.

3. 그러나 귀하는 계속해서 본인의 연락을 거부였으며 동시에 터무니없는 이사비를 요구하면서 협의를 무한정 지연시키고 있습니다. 때문에 본인은 어쩔 수 없이 강제집행을 신청하려 합니다. 결정이 나오는 즉시 귀하는 적법한 국가의 강제력에 의해서 상기 부동산에서 끌려나오는 처지가 됩니다.

4. 그간 귀하가 무단으로 사용한 기간에 대한 임차료와 강제집행 비용에 대한 청구도 있을 것입니다.

5. 그 이전에 원만한 협의가 이루어지길 바랍니다. 무엇이 귀하에게 이득인지 차분히 생각해보셨으면 좋겠습니다.

6. 너무도 많은 시간이 지체되었습니다. 현명히 판단하시고 하루빨리 원활한 협의가 이루어지기를 바랍니다.

○○○○년 ○월 ○일
발신인 : ○○○ (인)

이는 아주 간략하게 작성한 내용증명 양식이다. 각자의 경우에 맞게 내용을 덧붙이거나 지우고 쓰면 될 것이다. 또한 내용증명은 우체국을 통해 발송한다.
(본인 보관용, 우체국 보관용, 상대방 보관용 각 1부).

인도명령 신청 절차

1. 잔금 납부와 동시에 신청
   • 법무사를 통하면 아주 간편하게 할 수 있다. 법무사 사무실에서 등기 이전을 할 때 추가로 해주는 경우가 많으니 절대 빠트리지 말고 신청하자.
2. 인용 vs 심리 혹은 심문
   • 특별한 경우가 아니면 심리 또는 심문 절차 없이 인용된다.
   • 인용 여부는 대법원 경매 사이트 문건 접수 내역에서 확인 가능하다.
3. 인도명령결정문 송달
4. 인도 혹은 강제집행 신청
   • 점유자가 인도하지 않을 경우 인도명령결정문과 송달증명원을 가지고 강제집행 신청을 한다.

보통 인도명령 신청은 특별한 심리 또는 심문 절차 없이 인용되지만 유치권자나 선순위 임차인을 대상으로 하는 인도명령 신청은 법무사를 통한 단순 인도명령신청서로는 절대 인용되지 않는다. 따라서 법률적으로 첨예하게 다툴 여지가 있는 경우에는 인도명령신청서에 여러 증거를 꼼꼼히 첨부하여 해당 점유자가 허위의 권리자라는 것을 밝혀야 한다.

6단계

화장하기,
물건의 투자 가치를 높여라

셀프 인테리어로
단장하기

바야흐로 셀프 인테리어의 시대다. 한동안 '쿡방'이 대세더니 최근
에는 '집방'이 그 자리를 대신하고 있다. 많은 사람들이 내 집을 직
접 꾸미고 싶다는 욕구를 가지고 있다. 하지만 어려워 보이기도 하
고, 시간이 많이 들기도 해서 대부분 업체에 맡기게 된다. 그런데
최근 적은 금액으로 쉽게 집을 고치는 노하우를 공유하는 파워블
로거들이 주목을 받으면서 많은 이들이 셀프 인테리어에 도전하고
있다. 실제로 인테리어 관련 서적이나 공구 등도 다양해 누구나 마
음먹으면 큰 비용을 들이지 않고도 내 집을 직접 꾸밀 수 있게 되
었다.

이런 흐름은 부동산 투자에서도 그대로 반영되어 다양한 정보를 잘 활용해 물건의 가치를 스스로 높이는 이들도 많아지고 있다. 입지는 매우 훌륭하지만 상대적으로 낡거나 시설이 낙후된 물건을 싼값에 매수한 뒤, 예쁘게 꾸며서 물건의 가치를 올리는 것이다. 나는 이 단계를 '화장하기'로 칭하는데, 손재주가 있거나 평소에 집 꾸미기에 대해 많은 관심과 흥미를 갖고 이던 이들이라면 셀프 인테리어도 시도해볼 만하다.

부동산 투자용 인테리어는 목적이 다르다

하지만 부동산(경매) 투자에서의 화장하기는 내가 살 집의 셀프 인테리어와는 확실히 다르다는 것을 기억해야 한다. 내 손으로 직접 나만의 공간을 만들겠다는 것과 돈을 벌기 위해 치장하는 것은 엄연히 다른 일이라는 뜻이다.

더구나 '화장하기'는 내 노동력과 시간이 들어가는 일이다. 첫 낙찰(매입)이라면 직접 해보는 것도 괜찮다. 방산시장에 가서 각종 타일 및 조명 등을 발품 팔아 구입하고, 도배 및 페인트, 몰딩도 지인까지 동원해 직접 시공해보는 것이다. 낡은 싱크대에 예쁜 시트지를 붙이고 군데군데 포인트를 주면서 집주인이 된 기쁨을 누려보는 것도 좋다. 그런데 그 과정이 뿌듯하기만 한 것은 절대 아니다.

돈을 절약한답시고 주말을 반납한 채 각종 수리 작업을 혼자 하다 보면 별 생각이 다 들게 마련이다. '내가 무슨 부귀영화를 누리겠다고 주말에 쉬지도 못하고 이러고 있는가'라는 자기 연민에 빠지기 십상이다.

화장하기는 최소화하는 게 가장 좋다

사실 부동산 (경매) 투자에서 화장하기 단계는 안 할 수 있으면 안 하는 게 가장 좋다. 결국은 모든 게 돈과 시간을 투자하는 일이기 때문이다. 현재 살고 있는 임차인과 재계약하는 낙찰자가 경매 투자에서는 승자 중의 승자다. 시간 절약은 물론이고, 명도비, 수리비, 중개수수료, 대출 이자 등 금전적으로 혜택을 볼 수 있는 것들이 어마어마하기 때문이다. 그러므로 조금이라도 재계약의 가능성이 있다면 시도하고 또 시도하자.

개인적으로는 화장하기를 직접 실행하는 것에 대해서는 만류하고 싶다. 나 또한 초보 투자자 시절, 수리비를 아껴보겠다고 직접 시도했다가 큰 회의감을 느끼곤 했다. 손재주가 없기도 했고, 평소에 집수리에 관해 큰 관심이 없었기에 모든 것이 스트레스였다. 그래서 그 후부터는 조금 돈을 들이더라도 전문가에게 맡기기 시작하였고, 그렇게 절약한 시간과 에너지를 다른 단계들에 더 집중하여 결과적으로는 더 유용한 사례들을 만들어갈 수 있었다. 내게는 그렇게 하는 것이 롱런할 수 있는 밑바탕이 되었다.

그러니 기억할 것은 딱 2가지다. '인테리어의 목적은 투자 가치 상승', '화장하기는 최소화할수록 좋다!'

셀프 인테리어, 시간과 내 노동력도 비용

- 낙찰이나 급매 등으로 매입한 부동산을 인테리어 하는 목적은 투자 가치의 상승이다. 내가 살 집을 내 취향에 맞게 고치는 것과는 근본적으로 다르다.
- 인테리어 역시 돈과 시간이 들어가는 일이기 때문에 가급적 최소화하는 게 수익면에서는 더 좋다.
- 간단한 시공이 아니라면 전문가의 손을 빌려라. 자신의 시간과 에너지도 비용임을 기억하자.

화장하기에 관한
최소한의 지식은 갖추자

• •

아무리 화장하기를 최소화하는 게 좋다고 해도 매번 피해갈 수는 없다. 전문가에게 맡긴다고 해도 기본적인 지식은 갖추고 있어야 좀 더 용의주도하게 일을 진행할 수 있다. 전문가라고 해서 모든 것을 맡겨두었다가는 자칫 낭패를 볼 수도 있다. 어떤 과정을 거치는지, 어떤 자재를 써야 하는지, 또한 공사 기간은 어떻게 잡는 게 좋을지 등에 대해서는 대강이라도 알고 있어야 주도권을 놓치지 않을 수 있다.

우선 인테리어 공사를 맡길 때 견적의 기본 구조는 자재비와 인건비이다. 이때 인건비를 줄이면 전체 비용이 현저히 줄어들기 때문에 많은 이들이 셀프 인테리어를 하려고 하는 것이다. 또한 자재비도 어떤 자재를 쓰느냐에 따라 천차만별이다. 따라서 투자자에게 있어 집수리의 핵심은 주변에 '좋은' 시공업자 또는 인테리어업자와 거래를 터서 평균 이하로 인건비를 절약하는 것과 싸지만 질 좋은 자재를 볼 줄 아는 눈을 갖는 것이다. 여기서 '좋은'이란 싼 값에 공사를 깔끔하게 끝내주는 것을 말한다. 럭셔리한 인테리어를 해주는 디자이너를 가리키는 것이 아니라는 얘기다.

좋은 자재를 고르는 눈

싸고 질 좋은 자재는 직접 볼 줄 알아야 한다. 자재에 대해 아무것도 모르면 원하는 것이 있어도 공사업체에 제대로 전달하기 어렵다. 시간을 내어 방산시장 같은 곳을 돌면서 자재를 둘러보며 전반적인 가격이나 트렌드를 알아보도록 하자.

도배는 소모성이다

도배를 직접 하는 것은 권하고 싶지 않다. 그냥 보는 것보다 훨씬 더 숙련된 기술을 요하기 때문이다.

도배지에는 합지와 실크지가 있다. 합지는 폭에 따라 소폭합지, 광폭합지로 나뉜다. 내 집을 마련하여 예쁘게 꾸미는 것이라면 당연히 실크지를 추천한다. 때도 잘 안 묻고, 얼룩이 생겨도 아주 잘

닭이기 때문이다. 하지만 임대용 물건이라면 깔끔한 합지를 추천한다. 어차피 임차인은 1~2년 뒤에는 나갈 것인데, 그때 웬만하면 다시 해줘야 하기 때문이다. 실크지의 경우 2년 이상 충분히 버티긴 하지만, 자기 집이 아닌데 임차인이 그만큼 깔끔하게 아끼면서 쓴다는 보장이 없다.

도배지의 디자인도 중요한데 꽃무늬나 물방울무늬 같이 유별나게 튀는 것은 피하는 게 좋다. 자신의 취향을 담지 말자. 흰색이나 밝은 베이지색 같은 계통이 제일 무난하고 좋다. 약간의 포인트 정도만 있으면 금상첨화다.

가격은 보통 84제곱미터(32평형 아파트) 기준으로 소폭합지는 15만 원 이상, 광폭합지는 20만 원 이상, 실크지는 50만 원 이상이다.

장판은 내구성을 살펴라

장판 역시 무조건 깔끔한 게 최고다. 절대 피해야 할 것은 예전에 많이 쓰던 누르스름한 장판이다. 똑같아 보이는 장판들도 나름 차별점들이 있다. 보통 모노륨, 데코타일, 마루 등으로 나뉜다. 장판은 도배와 달리 한 번 할 때 제대로 해놓으면 임차인이 바뀌더라도 새로 할 필요가 없다. 때문에 내구성도 중요하다. 일반적으로 깔끔하고 튼튼한 데코타일이 적합하고 효율적이다.

장판의 가격은 84제곱미터 기준으로 보통 모노륨 35만 원 이상, 데코타일 40만 원 이상, 마루는 100만 원을 훌쩍 넘는다. 그러니 마루는 부동산 투자용 인테리어에는 적합하지 않다.

조명은 방 크기에 적합한 걸 골라라

여배우들이 집착하는 것 중 하나가 바로 조명이라고 한다. 예쁘게 메이크업하고 헤어도 하고 화려한 드레스를 입어도 마지막에 조명이 없으면 소위 말해 '앙꼬 없는 찐빵'이나 다름없다고 한다. 인테리어에서도 마찬가지이다. 조명 하나로 완전히 다른 분위기가 날 수 있다.

화장하기의 다른 과정을 진행할 때도 그렇지만, 특히 조명을 바꿀 때는 꼭 한 번 실제 매장에 방문해볼 필요가 있다. 정말 휘황찬란하고 다양한 디자인의 등을 보고 깜짝 놀라게 될 것이다. 조명은 가격 차이가 상당한 자재이기도 하다. 그러니 고르기 나름이다.

조명 역시 싸고 깔끔한 게 가장 좋다. 너무 요란하거나 특이한 것은 가격이 싸도 효과적이지 못하다. 가장 중요한 것은 방의 크기에 맞는 조명을 고르는 것이다. 실제로 초보 시절에 조명의 디자인과 가격에만 집착하다가 막상 설치해보니 방 사이즈에 비해 조명이 너무 작아 오히려 전보다 더 어두침침해졌던 적이 있다.

조명은 램프의 수에 따라 2등, 3등, 4등으로 구분되는데 대개 거실에는 3등 이상, 평균적인 크기의 방에는 2등을 쓴다. 이왕이면 평균보다 약간 큰 사이즈를 구입하는 것이 훨씬 밝은 효과를 낸다.

가격은 앞서 말했듯 천차만별이다. 싼 것은 5만 원 이하에서부터 비싼 건 수십만 원을 훌쩍 넘는 것까지 있다. 관건은 켰을 때 얼마나 환하고 산뜻한 기분을 내느냐이다. 쓸데없이 무리하게 돈 쓰지 말고 늘 효율을 생각하자.

싱크대

싱크대는 부동산 투자용 인테리어의 핵심이다. 남자 혼자 사는 원룸을 구하는 게 아닌 이상, 결국 모든 집의 최종 선택권은 여자에게 있다. 내가 갖고 있는 금액으로 들어갈 수 있는 집이 비슷비슷할 때, 큰 차별점을 만들어낼 수 있는 곳은 바로 주방이다. 임차인이나 매수인이 집을 보러 왔을 때 초반에 싱크대로 눈길을 사로잡고, 방을 다 둘러본 후 다시 최종적으로 한 번 더 인상을 남기면 계약으로 연결되는 경우가 많다. 엄청난 효과를 내는 만큼 신경을 많이 쓸 필요가 있다.

너무 낡았다면 어설프게 고쳐볼 생각 말고 새것으로 교체하는 편이 낫다. 싱크대에는 돈을 아끼지 말라. 남자들은 이해 못할 수도 있겠지만 싱크대는 상상 이상으로 중요하다. 다른 곳에 들어갈 비용을 줄여서라도 이것만큼은 반드시 예쁘게 해놓아야 한다.

그렇다고 유명 브랜드로 풀세팅하라는 것은 아니다. 다시 한 번 강조하건대 투자용 물건이다. 내가 직접 거주할 집이 아닌 이상, 그렇게 할 필요는 없다. 150만 원에서 200만 원 정도 들이면 아주 깔끔한 싱크대를 새로 얻을 수 있다. 단, 매도용이거나 중대형 이상의 아파트일 경우에는 어느 정도 소득 수준이 되는 이들이 구매, 또는 거주하기 때문에 1,000만 원 가까이 투자하는 것도 괜찮다. 장담컨대 투자 금액 이상으로 매도 가격을 올릴 수 있을 것이다.

그 외에 전체를 교체하지 않고, 문짝만 교체하거나 시트지를 붙이는 법, 타일만 교체하는 법, 손잡이만 바꾸는 법 등도 고려해볼 수 있다. 결국 투자 대비 효용성을 따져보고 결정하면 된다. 예컨대 문짝은 손 봐야 할 문짝이 한두 개라면 수리해도 괜찮지만 그 이상이라면 그냥 새로 교체하는 게 낫다. 고치는 것이나 새로 사는 것이나 가격이 비슷해지기 때문이다. 한편 의외로 효과가 있는 것이 손잡이다. 손잡이만 독특하고 고급스런 디자인의 제품으로 교체해줘도 집의 전반적인 분위기가 확 살아나기도 한다.

투자용 물건의 기본적인 인테리어 요소

- 자재를 고를 때는 취향보다는 효율성을 따져라.
- **도배** : 종류는 합지가 효율적이다. 꽃무늬나 물방울무늬처럼 튀는 것은 피해라.
- **장판** : 깔끔하고 튼튼한 데코타일이 적합하고 효율적이다. 절대 노란색 장판은 피해라.
- **조명** : 방 크기에 맞는 조명을 골라라. 평균적인 크기의 방은 2등, 거실에는 3등 이상이 적합하다.
- **싱크대** : 핵심 중 핵심. 다른 비용 줄이더라도 싱크대만큼은 제대로 예쁘게 해놓아라. 너무 낡았다면 어설프게 고치지 말고 새것으로 교체하는 것이 효율적이다. 전체를 교체하지 않는 경우, 시트지, 타일, 손잡이 등을 바꾸는 것으로 분위기를 바꿀 수 있다. 특히 유니크한 손잡이는 효과가 높다.

셀프 집수리를 위해 구비할 것들

- **전동 드릴**

  전동 드릴은 한 번 장만해두면 오래 쓸 수 있다. 사소하게는 못을 박을 때를 비롯해 전등을 교체할 때, 커튼이나 블라인드를 설치할 때에 일을 쉽게 할 수 있도록 해준다. 굳이 너무 좋은 전문가용을 살 필요는 없지만 무조건 싼 것만 보고 사서도 안 되는 공구이다. 제대로 된 것 하나 사두면 두고두고 쓰니 투자해도 좋다.

- **번호키 박스**

  구옥 빌라나 낙후 지역에는 여전히 열쇠를 사용하는 집들이 많다. 이런 곳에 투자했다면 번호키는 꼭 달아주자. 가능하면 고급스런 제품을 구입하자. 모든 것은 첫인상이 좌우하는 법이다. 고급스러운 디자인의 번호키 하나가 임대에 지대한 영향을 미친다는 말이 결코 과장이 아니다. 촌스러운 자조색의 번호키는 제발 좀 피하자. 번호키는 한 번에 한두 개 정도 사두는 것도 좋다.

- **실리콘 총**

  화장실, 주방 등 물 사용이 잦은 곳을 오래 사용하다 보면 곳곳에 닦이지 않는 물때가 끼게 마련이다. 깨진 타일도 없고 전반적으로 양호해서 수리하기는 아까운데, 그냥 두자니 찜찜하다면 실리콘 작업 정도만 손수 해주면 된다.

- **각종 청소 도구**

  웬만하면 입주 청소는 해주는 게 좋다. 하지만 역시나 문제는 늘 애매한 물건들이 있다는 것이다. 원룸이 아닌 이상 입주 청소를 업체에 맡기면 순식간에 수십만 원이 나간다. 그러니 가급적 직접 하는 게 좋다. 밀대 걸레, 손걸레, 수세미, 세제 등은 차 트렁크에 넣고 다니는 것도 좋다.

7단계

마지막 열매 따기,
수익 실현

수익 실현 목표는
사전에 결정하라

● ●

자, 이제 최종 관문인 수익 실현이 남았다. 부동산 경매 7단계의 종착역이다. 사실 수익 실현 목표는 1단계(물건 검색 및 권리 분석)에서 반드시 확정해야 한다. 애초에 단기 매도를 염두에 두었다면 수익 실현 또한 매매로 끝내야 하고, 임대를 목적으로 했다면 임대로 마무리 지어야 한다. 어떤 목적으로 부동산 투자를 시작했는가에 따라 7단계에 임하는 전략 자체가 달라지기 때문이다.

예컨대 단기 매도를 목적으로 낙찰 받은 것이라면 6단계(화장하기)에서 신경을 많이 써야 한다. 무조건 수리비를 아끼기보다 쓸 데는 확실히 쓰며 그 집만의 매력 포인트를 만들어줘야 한다. 1,000

만 원을 더 들여서 1,500만 원을 더 받겠다는 전략이 필요한 것이다. 반면 임대가 목적이라면 무조건 최소한의 비용을 투입해 최대의 효과를 내는 데 초점을 맞춰야 한다.

수익 실현의 3가지 방법

수익 실현 방법은 크게 3가지로 구분할 수 있다. 실 거주, 매매, 임대이다. 임대는 다시 월세와 전세로 구분된다. 실거주할 거라면 내가 현재 살고 있는 집에서 나오는 날짜와 새로 낙찰(투자) 받은 집에 입주하는 날짜를 잘 맞춰야 한다. 예를 들어 현재 살고 있는 전셋집의 만기에 맞춰 새 집을 낙찰 받았는데 명도가 지연되어 입주를 못하는 경우가 생길 수도 있다. 전세 계약 만기 전에 충분히 여유를 두고 입찰을 시작하여 혹시나 지연될 낙찰 이후 과정의 절차를 대비해야 한다.

수익 실현 목표에 따라 투자 방식은 달라진다

• 수익 실현 목표는 1단계 물건 검색 및 권리 분석에서 확정해야 한다.
• 수익 실현의 목표는 크게 실거주, 매매, 임대로 구분할 수 있다. 어떤 것에 초점을 맞추느냐에 따라 신경 써야 할 부분이 달라진다.

매매와 임대하기,
상대방을 고려하라

· ·

부동산 투자에서 실 거주를 제외하면 매매와 임대를 통해 수익을
실현하게 된다. 매매는 말 그대로 시세 차익을 통해 수익을 실현하
는 것이고, 임대는 다달이 월세를 받거나 전세 보증금을 재투자하
여 수익을 실현하는 것이다. 각각의 수익 실현에서 중요한 것은 결
국 내가 아니라 상대방의 입장을 고려하는 것이다. 매매의 경우 매
수자의 입장을, 임대의 경우 임차인의 입장을 고려했을 때 수익 실
현이 한결 원활하게 진행된다.

매매는 심리전이다

직접 부동산 투자를 해보면 알게 된다. 집을 사는 것은 순간이지만, 파는 것은 정말 힘들다. 몇 배의 노력이 필요하다. 매매는 최종 수익 실현(EXIT) 과정이기에 언제, 얼마에 빠져나오는지는 상당히 중요하다. 내가 나오고 싶을 때, 내가 원하는 가격으로 빠져나올 수 있어야 한다.

결국 시장의 흐름을 잘 읽고, 매수자의 입장과 심리를 잘 읽어야 성공률을 높일 수 있다.

처음 제시한 가격보다 깎아줘야 계약이 성사된다

급매 투자를 할 때마다 느끼는 것인데 매수자는 원래 가격에서 조금이라도 더 깎을 때, 자신이 잘 샀다고 만족해한다. 매매를 진행하다 보면 100~200만 원 때문에 계약을 목전에 두고 어그러지기도 하고, 반면에 100~200만 원을 깎아줘서 매매 계약이 체결되기도 한다. 그러니 물건을 시장에 내놓을 때는 '내가 책정한 매도 가격에서 조금은 빼줘야 한다'는 각오를 해야 한다. 다시 말해 깎아줄 금액을 감안해 매도가를 높여 내놓아야 한다는 뜻이다. 단, 너무 무리한 가격을 붙여 놓으면 매수자가 애당초 집을 보러오지 않게 되니 주의해야 한다. 결국 가격은 시세를 감안하여 심리적 저항감이 없는 선에서 결정해야 한다.

정성들인 만큼 결과에서 차이가 난다

부동산 투자자들 사이에서 농담 삼아 하는 이야기가 있다.

"딱 한 놈만 찾으면 돼!"

맞는 말이다. 매수자는 딱 한 사람이기 때문이다. 매도는 집을 여러 부동산중개사무소에 쫙 뿌려놓고 기다리기만 하는 임대와는 성격이 조금 다르다. 내 집을 사고 싶어 하는 한 명을 찾아야 하고, 그 한 명에게 정성을 쏟아야 한다. 때로는 서비스업자의 마인드를 가지고 중개업자와 연대하는 것도 필요하다. 내 부동산에 대한 홍보용 팸플릿을 만드는 것도 좋은 방법이다. 아파트라면 큰 필요를 못 느끼겠지만, 상가주택이나 근린상가 같은 경우에는 그 효과를 톡톡히 볼 수 있을 것이다.

임대는 가능성의 싸움

월세든 전세든 임대는 결국 가능성의 싸움이다. 최대한 많이, 여러 곳에 내 물건을 노출시켜 하루라도 빨리 임대를 놓을 수 있도록 해야 한다. 월세와 전세는 둘 다 중개 방식이지만, 임대를 놓을 때 신경 써야 하는 부분은 조금 다르다. 먼저 월세의 경우에는 최근 '직방'이나 '다방'과 같은 부동산 중개 애플리케이션을 통한 거래가 대세다. 서울은 말할 것도 없고, 수도권까지는 역시 애플리케이션의 효과가 좋다. 그만큼 젊은 층들이 많이 활용하기 때문이다. 그밖에

'피터팬의 좋은 방 구하기'를 비롯한 인터넷 커뮤니티도 적극적으로 활용하자. 대학가의 원룸이나 오피스텔이라면 해당 학교의 홈페이지에 올리는 것도 좋은 방법이다.

반면 전세라면 사전에 인테리어를 너무 완벽하게 해놓지 않는 것도 하나의 방법이다. 대신 중개업자를 통해 세입자가 원하는 도배나 장판으로 교체하도록 금액을 지원해주는 방식을 제안하는 것도 메리트로 작용한다. 전세 세입자들은 확실히 월세 세입자보다 인테리어에 대한 욕구가 더 크고, 집에 애착을 갖고 좀 더 깨끗이 쓰는 경향이 있기 때문이다.

수익 실현을 위한 거래, 상대의 입장을 고려하라

- 매수자나 임차인의 입장을 고려해야 수익 실현이 원활해진다.
- 매매
  - 심리전이다. 제시 가격보다 100~200만 원 정도 깎아줘야 계약이 성사된다. 그러니 과도하지 않은 선에서 가격을 올려 내놓아라.
  - 상가 주택, 근린상가 등은 홍보 자료를 적극적으로 활용하라.
- 임대
  - 월세는 중개 애플리케이션(직방, 다방 등)이나 인터넷 카페(피터팬의 좋은 방 구하기) 등을 적극적으로 활용하라.
  - 전세는 거래를 진행하면서 인테리어를 옵션으로 제시하면 효과적이다.

수익률 계산법

부동산 투자에서 가장 중요한 것은 결국 수익을 얼마나 낼 수 있느냐이다. 이를 위해 기본적인 수익률 공식을 이해하고, 엑셀이나 컴퓨터 프로그램을 활용해 수익률을 산출을 습관화하자.

기본적인 수익률 공식은 다음과 같다.

$$수익률 = \frac{연\ 순수익}{실투자금} \times 100$$

여기서 실투자금을 계산하는 식은 다음과 같다.

실투자금 = 낙찰가(또는 매입가) + 매입 비용(취득세, 명도비, 수리비)
– 대출금 – 임대 보증금

낙찰가(또는 매입가)에 매입 비용을 추가한 금액은 '총 매입액'이 된다. 거기서 '대출금'을 뺀 금액이 '투자금'이 되고, 여기서 '보증금'을 빼면 실제로 낙찰자가 지불하는 '실투자금'이 나온다. 그렇다면 연 순수익은 어떻게 구하면 될까?

연 순수익 = 연 임대수익(월세 × 12) – 연 이자(대출금 × 금리)

예를 들어 낙찰가가 3,500만 원이고 취득세는 35만 원, 명도 및 수리비는 100만 원, 대출은 2,800만 원을 금리 4%에 받았다. 이 물건을 보증금 500만 원에 월세 30만원으로 임대를 주었다면 수익률은 어떻게 될까? 계산해 보면 다음과 같다

실투자금 = 3,500 + 135(35 + 100) − 2,800 − 500 = 335만 원

연 순수익 = 360(30 × 12) − 112(2,800 × 0.04) = 248만 원

수익률 = $\dfrac{248}{335}$ × 100 = 74%

이것을 표로 정리하면 대략 다음과 같다.

(단위 : 만 원)

낙찰가 (1)	3,500	보증금 (4)	500
매입 경비 (2)	135	월세	30
총 매입액 (1) + (2)	3,635	월 이자	9.5
대출금	2,800	월 순익	20.5
투자금 (3)	835	연 순수익	248
실투자금 (3) − (4)	**335**	**연 수익률**	**74%**

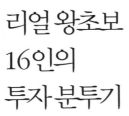

리얼 왕초보
16인의
투자 분투기

부동산 투자,
이렇게
쉬운 거였나

당신도 충분히 할 수 있다!

시작이 어려울 뿐
누구나 할 수 있다

· 정연씨 ·

//

직장 생활 9년 차, 언제부터 내 일을 궁금해하지 않게 되었을까? 어제도 그랬고 지난 달에도 그랬고 작년에도 그랬던 것 같다. 이렇게 살아서 난 이 다음에 뭐가 되는 거지? 물론 면접 보기를 밥 먹듯 하던 시절에 비하면 이런 현실도 감지덕지해야 하겠지만, 어쨌든 나는 행복하지 않았다. 행복은커녕 오늘도 어제처럼 살 거면 살아서 뭐하나 하는 생각마저 들었다. 문득 나만 이렇게 힘겨운 건가, 다른 사람들은 어떻게 사나 궁금해졌다. 그래서 종일 모니터에 붙박혀 있던 시선을 돌려 주위를 둘러보고 회사 밖 사람들은 어떻게 사는지 찾아보기 시작했다.

처음에는 책에서 지난 날의 문제점과 해결의 실마리를 찾아보았다. 성담 스님은 《부자연습》에서, '누구나 하는 것을 해서는 잘해야 먹고 사는 정도'일 거라고 말씀하셨다. 가슴이 꽉 막혀왔다. 열심히 살고 있다고 자부했는데, 누구나 할 수 있는 일을 선택한 나는 잘하고도 겨우 먹고 사는 정도를 면치 못하고 있었던 것이다. 갖고 싶은 것을 갖고, 하고 싶은 것을 하며 살기에는 가난했다. 더 큰 문제는 이대로 살아간다면 앞으로도 가난할 게 뻔하다는 것이었다. 그런데 알고 보니 세상에는 하기 싫은 일 안 하고도 풍족한 삶을 사는 사람들이 많았다. 《창작 면허 프로젝트》의 작가 대니 그레고리는 그 비결로 '남과 다를 것', 그리고 '내 것을 창조할 것'을 들었다. '그래 난 지금까지 충분히 남들처럼 살아봤어. 그러니 앞으로는 남다르게 살아보는 것도 괜찮을 거야. 그리고 내 것을 만들어내면 나도 잘살 수 있을 거야.'

그래서 안 하던 일들을 해보기 시작했다. 일상을 그림으로 남겨 SNS에 올려보기도 하고, 시간을 내어 남다르게 사는 사람들의 모임에도 나가봤다. 그러다 모임에서 만난 작가님으로부터 유명 포털 사이트에 연재될 글의 삽화를 그려달라는 제안을 받게 되었다. 오랜만에 가슴이 뛰었다. 새로운 것을 시작하기에는 너무 늦어버린 게 아닐까 걱정했는데, 내게 찾아온 기회는 그렇지 않다고 말해주었다. '그림 그리는 나, 창조적으로 내 것을 만들어가는 나는 어떨까?' 그렇게 나는 다시 나를 궁금해하기 시작했다.

돈 때문에 꿈꾸지 못하는가

새로운 꿈을 만나 처음 접하는 것들로 주말을 채워가니 하루하루가 재미있어졌다. 그렇게 꼬박 1년을 원 없이 그림도 그리고 옷 만드는 법도 배워서 SNS에 공유하며 보냈다. 꽉 막혀 있던 숨통이 트이는 것 같았다. 그러나 교육비와 재료비, 그리고 작업 공간 및 시간 확보를 위해 사무실 근처에 얻은 오피스텔에 그간 모아두었던 돈과 매달 버는 돈이 쏟아져 들어갔다.

매일 똑같은 일상을 살 때는 꿈이 생기면 행복할 줄 알았는데, 다 커서 꾸는 꿈은 마냥 행복한 게 아니었다. 더 이상 학생이 아닌 나는 꿈에 마냥 시간을 쏟아부을 수도 없었고, 부모님의 경제적 지원을 기대할 수도 없었다. 여전히 녹록하지 않은 밥벌이를 하면서 천근만근이 된 몸으로 작업대를 마주하고 앉아 생각한다. '아! 돈만 있으면 6개월, 아니 3개월만이라도 꿈에 도전해볼 텐데…….'

돈에 대한 갈증이 점점 커져가던 그때 내가 활동하던 모임에 부동산 경매 관련 서적 저자가 와서 강연을 한다는 소식을 들었다. '부동산 경매까지 알아야 하는 건가?' 하는 생각도 들었지만 기왕 시간 내어 나가는 모임이니 책은 읽고 가보자는 생각에 소파에 누워 한 장 한 장 넘기기 시작했다. 그런데 직장 생활을 안 해봤다는 저자가 꿰뚫어본 월급쟁이의 현실에 대해 읽다 보니 기가 막혔다. 그가 말하는 월급쟁이의 미래에 대해 아무 반박도 할 수 없었다.

벌떡 일어나 자세를 고쳐 잡고 밑줄을 그어가며 단숨에 읽었다.

일단 부자가 되고 싶었다고 솔직히 말하는 것이 놀라웠다. 게다가 치열하게 모은 종잣돈으로 부동산을 소유하고 임대 수입을 통해 일하지 않고도 돈을 버는 시스템을 만들었다니, 이건 하고 싶은 일을 찾고도 돈을 벌기 위해 월급쟁이 생활을 기약 없이 이어가고 있는 나와 정 반대되는 것 아닌가? 꿈을 이루기 위해 지금 내게 필요한 건 경제적 자유였다. 이 경제적 자유를 먼저 이뤄낸 젊은 부자를 꼭 만나보고 싶었다.

그의 강연은 책만큼이나 충격적이었다. 나는 그동안 내가 자본주의 시장의 게임 룰을 잘못 이해하고 있었다는 걸 인정할 수밖에 없었다. 그리고 그의 마지막 당부는 내가 부동산 경매를 공부하는 데 계기가 되었다. "비록 지금은 월세 내는 삶을 살고 있더라도, 앞으로는 월세 받는 삶을 살겠다는 마음을 먹고 당장 시작해보세요."

꿈을 이루려면 어떻게든 돈이 발목을 잡는 지금의 상황을 반전시켜야 했다. 부동산에 관해 알고 있는 거라곤 작업실로 쓰는 오피스텔 월세에 대한 것밖에 없고, 시간 내기도 어려웠지만 곧바로 강사가 운영하는 카페에 가입하고 거기서 진행하는 경매 스터디에 참여했다. 부동산 경매라는 것이 4주 배워서 할 수 있는 건가 싶기도 했지만, '일단 나가보고 아니다 싶으면 바로 그만두자'는 생각으로 참여했다.

미리 교재를 봐둘까도 했지만 읽어보니 분명 한국말인데도 알아들을 수가 없어 차라리 마음을 비우고 출석하기로 했다. 그런데 그저 수업 내용만 따라갔을 뿐인데 두 번째 시간이 끝날 때쯤 권리 분석을 하고 있는 나를 보니 무척 신기했다. 그 다음 주에는 미지의 세계이자 두려움의 대상이었던 현장 답사도 팀을 이루어 해치웠고, 지금 생각하면 한참이나 모자라지만 사례 발표까지 하며 짧고 알차게 스터디를 마쳤다. 기왕 배운 경매, 꼭 써먹으라고 당부하는 강사의 말을 수첩에 눌러 썼다.

안 될 이유보다 해야 할 이유에 집중하라

다시 일상으로 돌아온 나는 새벽마다 경제신문을 보며 물건 검색을 했다. 하지만 관심 지역도 없고 자금 여력도 없었기에 전국에서 중구난방으로 검색되는 물건 중 어떤 것을 보아야 할지 도무지 감을 잡을 수가 없었다. 그러던 중 카페에서 경매 실전반 모집 공고를 보고는 '뭐든 혼자 하는 것보다는 나을 테니 무조건 따라가보자'는 생각으로 신청을 했다. 그리고 첫날 강사가 권리 분석까지 해준 물건 번호를 뽑아 들고 돌아왔다. 그때부터 단체 현장 답사가 예정된 날까지 일주일 동안 매일 1시간 이상 경매 관련 사이트에 접속하여 물건 정보를 눈에 익히고, 임차 정보가 나와 있는 물건은 스터디에서 배운 대로 수익률을 계산해놓으며 준비했다. 그런데도 막상 현장에 나가려니 갑자기 현장에서 벌어질 상황에 대한 두려움이 몰려왔다. 하지만 딱 한 번만이라도 나가보자고 마음을 다잡고 단체 현장 답사에 참가했다.

괜한 걱정이었던 걸까? 첫 현장 답사 지역인 안산에서 첫 번째 답사한 물건은 결국 내 첫 번째 낙찰 물건이 되었다. 사실 임차인과의 만남은 함께 현장 답사한 사람들에게 떠밀려 시작된 것이었다. 초인종을 누르고 '집을 좀 보여주십사' 정중하게 부탁을 하고 들어가 짧게 인터뷰를 하고 왔는데, 이 집이 결국 내 인생 첫 집이 되었다.

이 물건은 한꺼번에 여러 세대가 경매에 나온 다세대주택의 반지하 물건으로, 시세 조사를 할 때 부동산 중개업소의 반응이 시큰둥했던 물건이었다. 그런데 현장을 이끌던 강사는 다른 반응을 보였다. "이 정도면 괜찮죠." 대체 뭘 보고 괜찮다고 하는 걸까 궁금해서 집에 돌아와 현장에서 파악해온 시세를 넣고 물건별 수익률 표를 완성해보니, 그 반지하 물건의 수익률은 30%에 가까웠다. 함께 나온 다세대 건물의 다른 물건들에 비해 월등히 높았다.

입찰해야 할 이유와 입찰하지 말아야 할 이유 중 나는 입찰해야 할 이유에 집중하기로 했다. 직접 들어가본 집의 내부는 관리가 잘되어 있었으며 반지하인데도 채광이 좋았다. 따로 혼자 방문해 누수 및 침수가 없다는 것까지 확인하고 나니 입찰을 안 할 이유가 없어 보였다.

그렇게 하여 처음으로 안산 법원으로 입찰을 나섰고, 배운 대로 차근차근 입찰표를 작성하고 제출했다. 결과는 첫 입찰에 첫 낙찰이었다. 경락잔금대출을 신청하면서도 내가 큰일을 저지르고 있는 건 아닐까 하는 걱정이 들기도 했지만 결과적으로는 잘한 일이었다. 경매를 배우기로 마음먹은 지 2개월 만에 낙찰까지 받으면서

현장 답사 시 투자자의 눈으로 물건을 보자!

소자본으로 경매에 도전하기로 마음 먹고 현장에 갔더니, 물건이 마음에 안
들 때가 있다. 그럴 땐 내가 거주자가 아니라 투자자라는 것을 기억하자.
• 수요를 보고 수익률에 집중하자.
• 물건의 장점에 집중해서 보자.

부동산 경매의 7단계를 빠르게 익힐 수 있었다. 현장 답사 다음으
로 걱정하던 문제가 명도였는데, 낙찰 받은 후 다시 만난 임차인은
그 집에 애착이 많아 재계약을 원했다. 덕분에 명도 과정에서 빚어
지는 갈등이라든가 수리비, 그리고 공실 등의 문제가 모두 해결되
었다.

다만 시세보다 낮은 임차료는 조정해야 했다. 임차인에게 전화하
여 현재 거주하고 있는 주택의 임차료가 저평가되었다고 말하고 몇
가지 보증금과 월세 조건을 얘기했다. 임차인은 보증금을 2,000만
원으로 올리고 월세를 30만 원 내는 조건을 택했다.

보고도 이해 못한 플러스피 투자 수익률

수익률표를 마무리 짓기 위해 최종 임차 내역을 입력해보니 수익
률에 이상한 숫자가 나왔다. '수식이 잘못 들어갔나? 왜 수익이 마
이너스지?' 수익률이 마이너스란, 투입된 자금이 0보다 적다는 뜻

이다. 즉 투자금이 제로인 무피 투자를 넘어 오히려 자금이 늘어난 플러스피 투자를 뜻하는 것이다. 나는 투자금보다 450만 원이나 더 생긴 케이스를 만들고도 내가 무엇을 한 것인지 알아보지 못했던 것이다. 이것이 책 한 권 읽고, 필요한 이론을 배운 후, 현장에서 도전해야 할 이유를 찾아 실행에 옮긴 결과였다.

안산 다세대주택 투자 내역

(단위 : 만 원)

낙찰가 (1)	7,000	보증금 (4)	2,000
매입 경비 (2)	150	월세	30
총 매입액 (1) + (2)	7,150	월 이자	14
대출금	5,600	월 순익	16
투자금 (3)	1,400	연 순수익	192
실투자금 (3) − (4)	−450 (플러스피 투자)	연 수익률	해당 사항 없음

시간도 돈이다, 기회 비용이 좋은 신규 분양 투자

첫 낙찰로 경매에 대한 편견과 두려움을 날린 나는 하루 빨리 두 번째 낙찰을 받기 원했다. 문제는 현장 답사에 소요되는 시간과 평일 입찰이라 높은 장벽이었다. 다행히 현장을 함께 다닌 의리로 선뜻 대리 입찰에 나서준 경매 실전반 동료들 덕분에 3주 연속 관심 물건에 입찰할 수 있었다. 하지만 공교롭게도 부동산 시장이 오랜 침체기를 벗어나면서 경매 법원에서는 연일 높은 낙찰률이 이슈가 되고 있었다. 처음과는 달리 내게도 패찰의 경험이 쌓여갔다.

한 달 남짓의 현장 답사가 끝날 무렵 단체 카톡방에 인천 구월동의 소형 아파트 신규 분양 정보가 올라왔다. 분양가와 함께 제시된 임차 조건은 보증금 2,000만 원에 월세 50만 원. 누군가 계약했던 물건인데 대출 진행이 안 되어 다시 나왔다고 했다. 사실 이제 겨우 경매를 배운 입장에서 경매 외의 다른 방법으로 집을 사는 것이 조심스럽기는 했다.

그런데 일주일 전에 입찰했던 인천 주안역 물건이 떠올랐다. 18명이나 응찰해 결국 500만 원 차이로 패찰했는데, 당시 현장 답사 보고서와 수익률표에 최종 낙찰가를 기록해두었던 것이 기억났다. 그것을 꺼내어 낙찰가 대신 분양가를 입력하고 임차료를 대입해보았더니 패찰한 물건 못지 않은 수익률이 나왔다.

경매는 여전히 내가 선호하는 부동산 매입 방법이다. 그러나 내가 감당할 수 있는 금액으로 같은 수익을 얻을 수 있다면 신규 분양 투자를 굳이 마다할 이유가 없다. 또한 여름 내내 도전하면서 낙찰이 쉽지 않다는 것을 체험한 나는 수익 실현을 미루기보다는 시간을 버는 편이 낫다고 생각했다. 임대 수요를 직접 확인해보기 위해 현장 답사 나서는 기분으로 물건을 보러 갔다.

투자 수익률을 기준으로 결정하라

구월동 물건지가 있는 지하철역에서 나와 팀원들과 현장 답사한 경험을 떠올리며 주변을 살펴봤다. 역에서부터 경찰청, 백화점, 사무 시설 등이 펼쳐졌다. 역에서 물건지까지 실제로 걸어서 3분 거

리였고 바로 건너편에 학교가 있는 것도 장점이었다. 근처 부동산에 들러 시세 조사를 한 후 분양사무실에 들어갔다. 경매 법원과는 비교도 안 되게 화기애애한 분위기 속에서 이 물건의 장점과 주변 지역 개발 호재 등에 대해 일목요연하게 정리된 브리핑을 들었다. 그런 다음 분양 받을 가구로 이동을 했는데, 아뿔싸! 이 건물은 앞 건물과의 간격이 좁아 낮에도 어두운 집이었다.

생각지 못했던 문제에 당황하고 망설여졌다. 하지만 물건을 대할 때 투자 수익률에 중점을 두고 접근하는 연습을 해왔기에 이 집의 단점과 장점, 그리고 무엇보다 수익을 실현시켜줄 실제 입주자를 떠올려보았다. 출퇴근 시간을 아낄 요량으로 회사 주변에 작업실을 구했을 때 일조량은 걸림돌이 되지 않았던 개인적인 경험도 비추어보았다. 단점이 있긴 하지만 세입자 입장에서 매력적인 입지와 적정 임대 가격을 갖춘 물건이었다. 또 내 입장에서 볼 때 매입 가격을 보아도 수익이 실현된다면 문제될 게 없는 가격으로 판단되었다. 세입자를 구하지 못하고 대출 이자가 발생하는 만일의

경우에는 분양 계약이 파기된다는 조항까지 있어 계약서에 사인을
했다.

그 후 한 달도 지나지 않아 분양사무실에서 임대차계약서를 작
성하러 방문해달라는 연락이 왔다. 보증금 2,000만 원에 월세 50만
원의 조건으로 계약일이 잡혔다고 했다. 그 다음부터는 일사천리였
다. 경매 때와 달리 분양사무실에서 소개시켜준 은행 대출상담사를
만나 자필 서명을 하고 잔금을 치렀다.

얼마 후 임차인과의 계약을 위해 다시 인천 구월동을 찾았다. 임
차인은 근처에 직장이 있는 신혼부부로, 남편이 늦게 출근하여 한
밤중에 퇴근하는 상황이라 오히려 낮에 어두운 집을 선호하는 경우
였다. 투자 수익률을 기준으로 한 판단이 구체적인 예로 실현되어
무척 기뻤다.

인천 구월동 도시형 생활주택 투자 내역

(단위 : 만 원)

매입가 (1)	12,900	보증금 (4)	2,000
매입 경비 (2)	250	월세	50
총 매입액 (1) + (2)	13,150	월 이자	33
대출금	10,600	월 순익	17
투자금 (3)	2,550	연 순수익	204
실투자금 (3) − (4)	550	연 수익률	37%

도시형 생활주택을 분양 받을 때 기억할 원칙

역세권 입지, 감각적인 인테리어와 엘리베이터, CCTV, 무인 택배 보관 등 다양한 편의시설을 갖춘 도시형 생활주택은 분양이 빠르게 완료된다. 그래서 투자자도 빠른 시간 안에 의사결정을 해야 한다. 아래 사항을 미리 떠올려보고 현장에 나선다면 도움이 될 것이다.

• 사전에 임대 조건을 확인하고 수익률을 계산하여 선택의 기준으로 삼자.

같은 건물이더라도 물건에 따라 적게는 100만 원에서부터 많게는 1,000만 원 단위까지 분양가 차이가 있다. 조금 더 비싸도 괜찮지 않을까 생각하겠지만 내 경우 그 자리에서 다시 수익률을 계산해보니 예상 수익률이 10% 가까이 떨어졌다. 자칫 분양 현장의 분위기에 휩쓸리면 계획보다 큰 지출을 하고 수익률이 낮아져 후회할 수 있다.

• 분양가가 같은 여러 물건이 있다면, 셀링 포인트가 명확한 물건을 고르자.

조망이 좋은 집, 구조가 잘 나온 집 등 임차인에게 매력적으로 다가갈 포인트가 있는 집을 선택하자.

• 대출 금액, 거치 기간 등 대출 조건을 계약서에 기록하자.

준공을 거쳐 임차인을 구할 때까지 시간이 지나다 보면 대출 조건이 처음과 다르게 진행되는 경우가 있다. 계획과 다른 조건의 대출이 진행될 경우 계약이 파기될 수 있음을 계약서에 명시하자.

좋잣돈이 부족하다면 전세 투자를 노려라

3개월 사이에 경매와 신규 분양을 통해 2채나 집을 매입한 나는 이제 누가 시키지 않아도 물건을 검색하고, 주말에는 혼자서도 현장 답사를 나설 정도로 변해 있었다. 그 사이 관심 지역도 생겼다. 노력에 따라 실투자금 2,000만 원 정도로 투자가 가능한 서울의 강서구였다. 두 번째 투자 물건의 수익 실현이 이루어지기 전까지는 투자금이 묶여 있기 때문에 관심 물건의 수익률만 계산해두고, 입찰일에는 혼자 모의 입찰을 하며 지역의 시세를 익혔다.

그러던 중 지난 번 물건을 소개시켜준 부동산중개소 실장님으로부터 신규 분양 정보를 전해 들었다. '까치산역 도보 5분 거리, 방 2개의 소형 아파트. 분양가는 1억 5,000만 원 내외. 임대 조건은 보증금 2,000만 원에 월세 70만 원 정도.' 매우 매력적인 조건이었다. 직접 가봐야 하겠지만 여러 차례 현장 답사를 통해 알고 있던 지역이라 임대 수요는 풍부할 것이라 예상됐다. 그런데 3,000만 원 가까운 투자금이 필요하다는 게 마음에 걸렸다. 만약 이곳에 투자하게 된다면 한동안 다른 투자는 못 한다는 얘기가 되기 때문이다. 고민하고 있는 내게 한 동료가 전세 투자를 제안했다.

월세 통장을 늘려가고 싶은 마음도 있었지만 좋은 입지의 물건을 잡고 싶은 마음과 경매 투자를 이어가고 싶다는 생각에 전세 투자를 해보기로 결정했다. 알고 보니 내가 은행에서 돈을 빌려 집을 산 것처럼, 많은 투자자들이 세입자의 전세금을 레버리지로 활용하여 부동산을 구입하고 있었다. 투자를 할수록 사용 횟수에 제약이 있는 MCI나 MCG등의 대출이 부담으로 다가왔는데, 대출 규제에 영향을 받지 않는 투자가 있었던 것이다.

퇴근 후 길 찾기 어플을 보며 찾아가려고 까치산역에 도착해 휴대전화를 꺼내어 주변을 둘러보는데 자연스럽게 물건이 눈에 들어왔다. 초역세권이라더니 역에서 도보 3분 거리에 위치한 소형 아파트였다. 최근 둘러본 신축 건물의 모델 하우스와 마찬가지로 직접 살고 싶을 정도로 마음에 드는 구조였다. 싱글, 혹은 신혼부부가 살기에 좋은 물건이었다. 분양 초기에 방문해서인지 시원하게 대로변으로 창문이 나 있는 집을 분양 받을 수 있었다.

새 집은 하자 보수까지 확인하라

그리고 두 달 후 세입자를 구했다는 연락을 받았다. 전세가는 1억 5,000만 원이 될 거라고 했다. 그렇게 하여 역세권 아파트를 당초 계획보다 적은 금액에 매입할 수 있었다. 그런데 집 사는 게 이렇게 쉬워도 되는 걸까? 직접 겪어보니 신규 분양에 장점만 있는 건 아니었다. 신규 분양 투자는 물건 정보 입수에서 분양 계약까지의 과정이 부동산 경매에 비해 무서울 정도로 빠르게 진행됐다. 세입자까지도 사무실에서 알아서 소개시켜주기 때문에 잘만 활용하면 시간 없는 직장인에게는 좋은 투자 방법이 될 수 있다. 하지만 이 투자를 통해 쉽다고 방심하면 안 된다는 것도 배웠다.

처음 신규 분양을 접했을 때는 빠른 진행 속도에 현기증이 나기도 했지만 한 달 만에 세입자를 구했고, 두 번째에도 예상보다 높은 금액에 전세 세입자를 구하게 되니 지나치게 방심해버린 것이 화근이었다. 임대차계약서를 작성하기 위해 연휴 전날 만난 세입자 부부는 계약서에 사인을 하기 전에 집안 내부 사진을 내밀었다. 분명 내가 들어가 살고 싶을 만큼 인테리어가 예쁜 집이었는데, 집의 내부 사진을 보니 기가 막혔다. 벽지는 들떠 있었고 신발장 선반과 욕실 세면대 마개는 어디론가 도망가버린 상태였다. 그 외에도 손볼 곳이 많다며 하나하나 사진을 보여주는데 얼굴이 붉어졌다. 아무리 새 집이라 해도 공사가 마무리되고 세입자가 입주하기 전에 한 번 들러 확인을 했어야 했다. 지금이라도 집주인답게 마무리를 해줘야겠다는 생각에 세입자 앞에서 분양사무실에 연락을 했다. 사진과 수리 목록을 보내고 보수 일정을 잡아달라고 요청했다.

하지만 얼마 후 세입자는 바로 연락을 준다던 보수팀에게서 아무 연락도 없다고 알려왔다. 다시 분양사무실에 전화하여 보수팀 측에서 연락을 드렸는가 확인하니, 바빠서 못했다는 답변이 돌아왔다.

화곡동 도시형 생활주택 투자 내역

(단위 : 만 원)

매입가 (1)	15,100	보증금 (4)	15,000
매입 경비 (2)	110	월세	0
총 매입액 (1) + (2)	15,210	월 이자	0
대출금	0	월 순익	0
투자금 (3)	15,210	연 순수익	해당 사항 없음
실투자금 (3) − (4)	210	연 수익률	해당 사항 없음

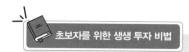

전문가에게 모든 것을 맡기는 것은 금물!

주택 구매의 모든 과정을 혼자 처리할 수는 없다. 따라서 법무사, 부동산중개사, 인테리어 업체 등 각 분야별 전문가들에게 일을 의뢰하게 되는데, 전문가니까 알아서 해줄 것이라고 믿고 있다가는 아찔한 순간들을 맞게 되기 십상이다. 결국 내 소유의 집이기 때문에 일 처리가 잘못되면 그 결과는 내가 책임져야 한다. 이 점을 잊지 말고, 전문가와 함께 일한다는 생각으로 확인하며 진행하자.

• 분야별 전문가들과 일할 때 주의할 포인트

법무사 : 법무사가 관련 법을 모두 알고 있을 것이라고 생각하지 말고 평소 관련 법규 변화 등에 대해 주의 깊게 살펴두자.

주택임대사업자가 신규 주택을 분양받은 경우 취득세를 감면해주는 제도가 있다. 법무사가 이를 당연히 알고 있을 것으로 믿고 주택임대사업자 증빙 서류를 넣어주었는데 취·등록세 감면 신청은 하지 않고 모든 세금이 고스란히 청구된 법무비 내역서를 보내온 적이 있었다. 법무사에게 거꾸로 제도를 알려준 후 세금 감면을 받을 수 있었다.

부동산중개사 : 주택임대사업자는 관할 구청에 임대 조건 신고를 해야 하는데, 이 때 반드시 표준임대차계약서 서식을 사용해야 한다. 당연한 것 같지만 부동산중개사들 중에는 자기 양식을 쓰는 경우가 많으니 꼭 확인하자.

계약자 인적 정보, 주소를 잘못 기입하는 사소한 실수도 있으니 계약서를 직접 작성한다 생각하고 모든 항목을 꼼꼼히 살펴보자.

건설주 : 하자 보수 등을 위한 근거 자료를 확보해두자.

신축 주택의 욕실 타일과 벽지 마감의 하자를 세입자를 들인 후에야 알게 되었다. 즉시 하자 부분을 촬영하고 보수를 요구하여 해결되었으나, 이런 경우 내용증명을 발송하여 근거 자료를 만들어놓는 것이 좋다.

혹시나 하는 마음에 하자 목록을 내용증명으로 발송하겠다고 하자 그제서야 바로 보수팀을 해당 가구에 보내겠다는 답을 들을 수 있었다. 몇 시간 후 세입자로부터 간단한 하자는 바로 처리가 되었고 타일 교체와 도배는 일정을 잡았다는 소식을 들을 수 있었다.

이 물건을 매입하면서 대출 규제의 영향을 받지 않고 전세금을 레버리지로 활용하는 투자 방법을 익힐 수 있었다. 반면 신축 분양 시 주의해야 할 점과 내가 모든 걸 알아서 할 필요는 없지만 또 그들이 전문가라고 해서 무조건 맡겨두어서는 안 된다는 점도 배웠다.

명도, 절대 서두르지 마라

한 해 동안 경매 공부에 매진해보기로 했던 나는 계속 스터디에 참여하면서 실전반까지 함께했다. 특히 실전반 동료들과 함께한 현장 답사는 압권이었다. 인천 서구에서부터 남동구로 넘어가며 이제는 팀워크가 다져진 동료들과 집 내·외부를 살펴보고 주변 부동산에 들러 시세 조사를 하고 모여서 리뷰를 했다.

그러다 내 관심 물건이 있는 만수동에 도착했다. 이 물건은 오래된 빌라였지만 대로변에 접해 있었고 주변에 시장과 버스정류장 등이 있었다. 초인종을 눌러 세입자와 대화를 나누고 집 안을 살펴보았다. 대항력을 갖고 있던 세입자는 전세 계약이 완료되기 전에 집이 경매에 나와 매우 난감해하고 있었다. 집 안을 둘러보며 불편한 점은 없는지, 이사 계획은 있는지 물었다. 오래된 집이긴 했지만 관리만 잘 하고 지내면 큰 불편함이 없다며 이사 여부는 아직 결정하지 못했다고 했다.

모든 일정을 마치고 동료들과 입찰 들어갈 물건을 정할 때에는 다른 물건을 정하고 집에 돌아왔는데, 왠지 만수동 물건에 관심이 갔다. 큰마음 먹고 2건에 입찰했고, 그 결과 만수동 빌라를 낙찰 받았다.

첫 낙찰 물건의 명도를 재계약으로 수월하게 마무리 지었던 나는 이번에도 재계약으로 마무리 짓고 싶었다. 전세로 살고 있던 임차인이 월세로 전환하게 될 때 늘어날 부담을 줄여주기 위해 소액임차보증금 제도를 활용하도록 하고 월세도 10만 원 내외로 제안해 협상할 계획이었다.

하지만 임차인은 일부러 근저당이 없는 집을 골라 전세 계약을 했을 정도로 빚 있는 집에 대한 거부감이 컸고, 월세도 원하지 않았다. 새로운 집 주인이 큰 빚을 얻어 집을 사는 것을 불안해하더니 결국 이사를 나가기로 했다고 연락이 왔다. 그런데 본인을 믿고 배당기일에 명도확인서와 인감증명서를 주면 배당금을 받아 그 돈으로 집을 구해 나가겠다고 요구해왔다.

이런 사례는 그동안 수도 없이 들어왔다. 두 번째 낙찰에서 명도 단계를 제대로 경험해보게 되었구나 직감했다. 아쉬웠지만 최대한 침착하게 말했다. "명도확인서와 인감은 제 마음대로 내드릴 수 있는 게 아닙니다. 저도 실제 이사 나가신 사실을 회사에 보고 드린

후에야 받아올 수 있습니다."

"배당금 받으면 바로 나간다니까요."

"죄송하지만 제 능력 밖의 일입니다."

"다들 그렇게 해준다는데 왜 안 된다는 거예요?"

"명도확인서는 말 그대로 이사 나간 것을 확인하는 문서이기 때문에 사실 확인 없이 발급이 어렵습니다."

"그럼 배당기일 날 아침에 서류 다 챙겨 오세요. 그때 짐을 다 뺄 테니!"

그렇게 전화를 끊고 얼마 지나지 않아 잔금을 치른 후 배당기일이 정해졌다. 내용증명을 발송했지만 반송되어 문자로 연락을 했다. 배당기일에 이사하겠다는 회신이 돌아왔지만 왠지 불안했다. '서두르지 말자.' 잔금을 냈으니 이제 내 소유의 집이라는 점을 떠올렸다. 결국 배당기일 오전에 임차인을 만나 깨끗하게 빈 집과 가스비, 수도, 전기세, 등 영수증을 확인했다. 나는 명도확인서와 인감증명서, 그리고 소정의 이사비를 주었고, 두 모녀는 이 집에서 좋은 일 많이 생기기를 바란다며 떠났다.

인천 만수동 빌라 투자 내역

(단위 : 만 원)

매입가 (1)	6,864	보증금 (4)	1,000
매입 경비 (2)	474	월세	30
총 매입액 (1) + (2)	7,338	월 이자	12
대출금	4,900	월 순익	18
투자금 (3)	2,438	연 순수익	216
실투자금 (3) – (4)	1,438	연 수익률	15%

임차인이 떠난 후 집을 찬찬히 둘러본 뒤 일단 집을 내놓기 위해 몇 군데 부동산을 방문했다. 위치와 담보대출 금액, 그리고 집의 상태와 수리 계획에 대해 얘기하던 중 내 이야기를 관심 있게 들어주는 중개인을 만나 집수리에 대한 의견을 물었다. 함께 집을 살펴본 후 임대 계획에 맞추어 선택과 집중을 하기로 했다. 전체적인 도배, 장판 그리고 현관문을 열고 들어오면 제일 먼저 시야에 들어오는, 이 집의 첫인상을 결정하는 싱크대를 교체했다. 전체적으로 어둡고 낡은 느낌이 들었던 화장실은 세면대와 오래된 장식장 교체만으로도 몰라보게 밝아졌다.

누구에게나 기회는 열려 있다

첫 낙찰 후에 카페에서 운영하는 프로그램에 꾸준히 참여하며 경매를 배우고 있다. 처음 경매를 시작하며 시간이 없다는 핑계, 돈이 없다는 핑계로 그만두지 않겠다고 스스로 했던 다짐 역시 잘 지키고 있다. 덕분에 이제는 지금까지와는 다른 관점으로 지역과 물건을 보는 훈련을 할 수 있다. 또 한 달에 한 번 이상 꾸준히 입찰하며 현장 경험과 데이터도 쌓아가고 있다. 매번 낙찰로 이어지지는 않지만 이 데이터들은 다음 입찰이나 신규 분양 투자를 결정할 때 유용하게 쓰였다.

돌이켜보면 뭐든지 처음이 어렵다. 외국어를 익힐 때도, 직장 생활에 적응할 때도 처음 몇 년은 정말 더디게 흘러갔고 실력도 더디게 붙어갔던 기억이 난다. 부에 대해 솔직해지기로 마음먹고 경제적 자유를 위해 부동산 투자를 시작한 지 1년이 채 안 되었다. 아직은 새롭게 경험하는 모든 것이 어려울 때이다. 시세 차익을 목적으로 매입한 부동산을 제외하고, 경매와 신규 분양으로 매입한 2건의 부동산은 매달 약 35만 원의 현금 흐름을 만들어주었다. 현재 진행 중인 물건까지 수익 실현 단계에 이르면 약 50만 원의 현금 흐름이 만들어질 것이다. 극적인 경제적 자유를 이루기에는 아직 모자라지만 지금까지 배워온 어떤 것보다 짧은 배움의 기간 안에 만들어낸 일정한 현금 흐름이라는 점을 감안해보면 꽤 큰돈임이 틀림없다. 꾸준히만 한다면 지금의 소소한 경험이 앞으로 하는 투자의 기준이 되고, 또 내 꿈을 위한 조력자가 될 것임을 믿고 즐겁게 투자를 이어갈 것이다.

부자가 되고 싶다는 것을 처음 인식한 순간 나에게 새로운 길이 시작되었듯 누구에게나 그 기회는 열려 있다. 그러니 월급쟁이, 그대도 충분히 할 수 있다.

마법의 수익률, 빌라 투자

흔히 '빌라 가격은 오르지 않는다'고 한다. 실제로 빌라의 가격은 큰 폭의 상승을 보이지 않는다. 1억 원에 산 빌라가 1~2년 만에 갑자기 2억 원으로 뛰는 일은 거의 벌어지지 않는다(같은 사례가 아파트로는 드물지 않게 일어난다). 뉴타운 열풍이 불었던 MB정권 때에는 빌라 광풍이 불기도 하였으나 지금은 그렇지 않다. 물론 관련 트렌드가 또 언제 다시 휘몰아칠지는 모르는 일이다.

아무튼 빌라 투자가 예전만 못한 것은 분명 사실이다. 그럼에도 초보 투자자라면 빌라로 부동산 투자를 시작하기를 권한다.

빌라 투자에서는 가끔 마법이 일어난다. 내 돈을 하나도 들이지 않고 집을 사게 되는 경우도 생기고, 연 수익률 30~40%는 심심치 않게 나기도 한다. 레버리지의 적극적 활용이 가능한 데 비해, 사람들은 많이 꺼려하여 상대적으로 기회가 많기 때문이다. 상가처럼 엄청난 고수익이 나지는 않지만, 그 대신 크게 실패할 가능성은 적다. 주거용 물건의 임대란 것은 결국 가격을 싸게 내놓으면 해결되기 때문이다.

성공적인 소형 빌라 투자를 위한 몇 가지 조건

- 가급적 저평가된 지역에서 고르는 게 유리하다.
- 지하철 역세권, 생활 편의시설과 가까운 곳이나 빌라 단지 등이 좋다.
- 반지하 빌라도 눈여겨볼 만하다. 최근 지어진 반지하 빌라는 절반 이상이 지상으로 노출돼 있어 채광 등에 큰 문제가 없다.
- 준공 후 10년 이상 된 노후 주택은 현장 답사시 누수 등의 문제를 꼼꼼하게 확인하자.

쉽게 포기하지 말라,
부동산 투자는 장기전이다

· 만자 ·

학창 시절 비디오 게임을 좋아했던 나는 용돈을 모아서 고가의 비디오 게임을 즐기곤 했다. 먹고 싶은 것, 하고 싶은 것을 참아낸 뒤 원하는 것을 손에 넣을 때면 희열과 만족감을 느꼈다. 돌이켜보면 그때부터 목적이 있는 저축 습관의 기본기를 다졌던 것 같다.

대학 시절에는 부자가 되겠다는 목표로 종잣돈을 모으기 시작했다. 아르바이트와 과외를 병행해 버는 돈으로 예금이나 적금보다 수익률이 높다는 펀드를 시작했다. 그렇게 1년이 지났을 무렵, 투자한 펀드는 마이너스 수익률을 기록했다. 그리고 나의 인생에도 마이너스의 그림자가 드리우고 있었다. 아버지의 사업 실패는 학생 신분으로 안정적인 생활을 누려오던 내게 엄청난 충격이 되었다. 생활을 이어가기 위해 납입해오던 펀드를 해지해야 했고, 그렇게 나의 첫 재테크는 마이너스 수익률로 종지부를 찍었다. 얼마 후 집안 곳곳에 빨간 딱지가 붙었고, 가족의 보금자리는 경매로 넘어갔다. 그것이 내가 처음 접한 부동산 경매의 세계였다. 그것은 너무나 가혹한 것이었다. 조폭같이 덩치 큰 사람들이 와서 위협하는 것을 보고 경매에 대해 부정적인 인식을 갖게 되었다.

좌절하고 실망하는 시간조차 나에겐 사치였다. 모든 것을 잃은 부모님을 대신해 가장 역할을 하며 돈을 벌어야 했기 때문이었다. 치열하게 일하면서 집안을 다시 일으켜 세우기 위해 달렸다. 현실은 나를 더 독하고 강하게 만들었다. 악착같이 벌고 또 벌어야겠다고 다짐했다.

준비 없는 투자는 실패한다

대학을 졸업하고 군대를 제대한 뒤 바로 회사에 입사하여 정신없이 돈을 모아 1,000만 원 정도의 종잣돈을 만들었다. 이 돈을 어떻게 굴려야 할까 고민하던 중 직장 동료들의 추천으로 주식에 발을 들여놓았다. 힘들게 모은 종잣돈을 투자하고는 이제 기다리기만 하면 된다는 동료의 말만 철석같이 믿었다. 하지만 나는 그때 고수익은 그만큼 큰 위험이 따른다는 것을 미처 알지 못했다.

내가 매수한 주식 종목은 처음에는 상승곡선을 그렸지만 시간이 흐를수록 마이너스를 기록해갔다. 악재가 이어지면서 연일 주가가 하락해 매도할 기회조차 잡을 수 없었다. 시간이 답이라는 말에 꾹 참고 기다렸지만 주식 수익률은 마이너스 50%를 넘어가더니 주가는 점점 더 내려가 마침내 상장 폐지되어버렸다. 내 돈은 휴지 조각으로 변하고 말았다. 그때에야 내가 했던 투자가 묻지마 투자였으며, 투자에 대해 아무런 준비와 노력 없이 보상을 바라면 어떤 결과가 초래되는지 깨달았다.

반성의 시간을 지난 후 '1만 시간을 투자해야 자기 분야의 전문가가 될 수 있다'는 어느 전문가의 말을 따라 공부를 시작했다. 재테크의 전문가가 되어보려는 생각으로 꾸준히 경제, 경영 분야의 다양한 도서를 섭렵하기 시작했다. 그러던 중 한 친구로부터 부동산 경매 투자를 추천받았다. 이것이 부동산 경매와의 두 번째 스침이었다. 하지만 부동산 투자 관련 서적을 아직 접하지 못해 생소하게 느껴진 데다 경매에 대한 안 좋은 기억과 부동산 투자에는 큰돈이 든다는 선입견 때문에 뛰어들지 못했다.

차이를 만드는 관건은 실행력

부동산 경매를 다시 접한 건 직장 생활 5년째에 접어들 즈음이었다. 한 권의 책을 만났는데 저자는 월세로 수천만 원을 모은다고 했다. 내 또래인 그의 이야기가 한편으로는 궁금했고, 한편으로는 의심스러웠다. 하지만 책을 읽어가면서 나도 모르게 점점 빠져들기 시작했다. 경제적으로 힘든 시기를 보냈다는 것은 나와 비슷했지만, 그 다음부터는 풀어나가는 방향이 나와 달랐다. 나는 생계를 유지하기 위해 노력하며 아픈 시절을 이겨내는 데 급급했는데, 그는 과감한 투자와 경제의 흐름에 대한 빠른 파악으로 부를 축적했다. 책을 두 번 완독한 후 가치관이 나와 비슷하다고 판단하고 그가 운영하는 카페에 가입했다. 그것이 부동산 경매와의 세 번째 만남이었다.

하지만 그 후에도 부동산 경매 투자에 대한 불안감과 거부감이 쉽게 가시지 않아 카페에 올라온 다른 사람들의 글을 읽기만 하며 8개월을 보냈다. 그렇게 시간을 보내던 어느 날, 문득 과거에도 많은 기회가 있었고, 지금도 수많은 투자 기회들이 나를 스쳐가게 놔두고 있다는 생각이 들었다. 나는 지금까지 내가 놓친 것이 다름 아닌 '실행력'이라는 사실을 깨달았다.

지체할 틈 없이 스터디에 지원해 공부를 시작했다. 기본 이론 학습 후 동료들과 현장 답사를 다니면서 너무나 많은 것을 느꼈다. '부동산 경매 투자를 시작할 기회는 5년 전에도 있었는데 나는 왜 지금에서야 입문하게 된 걸까?' 후회가 들었지만 이제라도 열심히 공부해야겠다고 다짐했다. 그렇게 내 인생이 조금씩 달라지고 있음을 실감했다.

투자의 첫걸음 떼기

스터디 참석자들은 대부분 30~40대 월급쟁이 회사원이었다. 다들 퇴직을 걱정하는 사람들이었고, 불안정한 직업 구조 때문에 최소한 퇴직 10년 전부터 미리 준비해야 한다고 생각하고 있었다. 나와 비슷한 생각을 가진 사람들 같았다. 지금이 시작하기에 적당한 시기라고 생각했다. 밑바닥부터 차근차근 배워 철저히 다지겠다는 마음으로 공부했다.

스터디에서 배운 투자의 기본 원칙 중 첫 번째는 자신의 재정 상태를 확인하는 것이었다. 수입, 지출, 자산, 부채를 관리하며 머릿속에 돈의 흐름을 그리고 있어야 하며, 이와 함께 자기 성격에 맞는 통장을 만들어야 한다고 했다. 그래서 수입과 지출을 위한 통장을 각각 나누어 만들어 통장을 조회할 때 내역이 한눈에 들어오도록 구성하였다. 그렇게 하면 가계부를 작성하기도 쉽고 현재의 재정 상태도 쉽게 알 수 있다.

처음에는 경매로 부동산 투자를 시작해도 투자를 지속하다 보면 급매, 분양 등 다양한 투자 방법 중에서 내 적성에 가장 잘 맞는 투자 방식을 찾는 시기가 온다. 지금은 내게 가장 잘 맞는 옷이 무엇인지 알기 위해 시행착오를 겪어야 하는 시기이며, 10년 후나 20년 후의 결과물을 얻기 위해서는 오늘 내가 무엇을 하고 있는지, 내 습관이 어떠한지 점검해야 한다고 했다. 그 말을 듣고 20년 후에는 부동산으로 월 천만 원을 버는 '월천족'이 되겠다는 계획을 세웠다.

투자를 위한 기본 준비와 마음가짐

- **수입과 지출 통장 분리하기**
- **투자 통장 만들기** : 투자를 통해 발생하는 수입과 지출은 별도로 관리하자. 투자한 돈은 재투자하여 계속 순환되는 구조를 만들자.
- **현재 월급에 집중하여 2개의 바퀴 굴리기** : 월급을 통한 현금 창출과 투자에 집중하자.
- **최종 목표 정하기** : 임대 수익을 통해 내가 일하지 않아도 될 정도로 투자 수익을 향상시키겠다는 목표를 세우자.

그러기 위해서는 일단 종잣돈을 많이 모아 부동산에 투자할 수 있는 재정 상태를 갖추어야 했다. 우선은 지금 다니고 있는 직장을 열심히 다니면서 주말을 적극 활용하여 부동산 투자 활동을 지속하기로 했다.

꾸준히 입찰하면 한 번은 낙찰 받는다

부동산 경매 투자에 있어 가장 기본이 되는 권리 분석과 현장 답사에 대해 배운 다음, 동료들과 함께 구로구에 있는 오래된 빌라로 현장 답사를 다녀왔다. 고지대에 있고 역에서 15분 이상 걸어가야 한다는 점에서 입지 조건은 조금 나쁜 편이었지만 건물 외관이 양호하고 빌라 주위에 학교 및 공공시설이 있다는 장점이 있었다. 그리고 주변이 조용해 첫 물건으로는 괜찮은 편이라고 결론을 내렸다. 현장 답사 체크리스트를 작성해 꼼꼼히 체크한 후 첫 입찰에 도전하기로 했다.

이 물건의 경우 실소유주가 거주하고 있는 경우라 낙찰 받아도 명도가 쉽지 않을 것이라 했다. 사실 전 재산을 잃게 된 사람에게 집을 비워달라고 하기는 쉽지 않을 것 같았다. 하지만 이런 요소 때문에 입찰 경쟁률은 비교적 낮을 것으로 예상했다. 휴가를 내고 긴장되는 마음으로 법원 입찰장으로 향했다. 이른 시간에 입찰장에 도착해보니 생각보다 사람이 많지 않아 잘하면 낙찰 받겠구나 생각했다. 낙찰 후 추가될 수리비 및 이사비까지 고려해 소신껏 입찰 금액을 결정하고 두세 번이나 꼼꼼히 확인해가며 입찰표를 작성해 제출했다.

가장 먼저 내 이름이 호명되자 낙찰인가 싶어 앞으로 걸어나갔다. 그 순간 믿을 수 없는 일이 벌어졌다. 그 뒤로 16명이나 더 호명되었던 것이다. 나 말고도 16명의 사람들이 입찰에 참여하였고 입찰자 중에서도 나는 가장 낮은 금액으로 입찰한 꼴등이었다. 보증금을 돌려받아 나오면서 요즈음 부동산 경매 투자에 몰린 열기를 확실히 느꼈다.

첫 경매 실패 후, 앞으로는 나에게 다가오는 기회를 놓치지 않기 위해 더 열심히 준비하기로 다짐했다.

초보자를 위한 생생 투자 비법

현장 답사 시 유의할 점

• 물건의 실소유주가 거주할 때 직접 방문하는 것은 불화의 소지가 있으니 윗집이나 아랫집을 방문하여 구조를 확인하는 것이 좋다.
• 빌라 주변에 뿌려진 급매 전단지 등도 눈여겨보자. 경매 물건보다 더 좋은 물건에 대한 정보도 입수 가능하고 시세 파악까지 가능하다.

낙찰 목표를 세워라

집으로 돌아오는 길에 '경매는 1년을 버티는 사람이 많지 않은데, 가급적 긴 호흡으로 투자에 임하는 것이 좋다'던 말이 떠올랐다. 부동산 경매 투자를 시작한 사람들이 왜 오래지 않아 그만두는지 알 것 같았다. 힘들게 발품을 팔아 어렵게 얻은 정보로 입찰했는데 돌아오는 것이 없으면 쉽게 지칠 수밖에 없겠구나 하는 생각이 들었다. 긴 싸움을 이겨나가기 위해서는 대책이 필요했다.

대부분의 부자들은 똑똑한 사람들이라기보다는 오랫동안 포기하지 않고 끝까지 진득하게 버텨 살아남은 사람들이다. 부동산 경매 투자에 있어서도 큰 그림을 그리는 것이 중요하다. 1년에 몇 건의 낙찰을 받을 것인지 목표를 설정하고, 10번 입찰해서 1번은 낙찰받겠다는 식의 명확한 자기 기준을 세우면 쉽게 지치지 않고 투자를 이어가는 데 유리하다고 한다. 부동산 경매의 낙찰은 우연한 기회에 찾아오기 때문에 기다림을 잘 참고 끈기 있게 준비해야 한다.

실패 끝에 더 큰 기쁨을 안겨준 첫 낙찰

스터디가 끝난 뒤 실전반을 통해 공부를 이어가면서 경기도 안산의 빌라 및 상가를 중심으로 방문했다. 안산은 공단이 있는 데다 비교적 깔끔한 계획 도시 느낌이 풍겨 마음이 끌렸다. 여러 물건을 돌아보던 중 눈에 들어오는 물건이 하나 있었다. 오래된 빌라의 반지하 물건이었는데, 집주인이 건물 전체를 리모델링했다고 했다.

세입자가 살고 있어 문을 두드렸지만 예민한 반응을 보이면서 문을 열어주지 않았다. 2층을 통해 내부를 확인하니 비교적 깨끗한 느낌이 들었다. 반지하 물건은 누수나 곰팡이가 있을 확률이 높기 때문에 반드시 방문해보아야 한다는 말이 기억났다. 하지만 리모델링이 되어 있는 데다 젊은 여성이 살고 있는 방 2개짜리 반지하라서 괜찮을 것이란 판단이 들었다. 고심 끝에 넓이에 비해 비교적 투자 금액이 적은 이 물건에 투자하기로 했다.

낙찰 받기 위해서는 전략이 필요했다. 이 물건은 신건으로 감정가는 5,000만 원이었다. 1회 유찰을 기다리면 더 싼 가격에 살 수도 있겠지만, 그러면 입찰 경쟁률이 높아지고 반지하이기 때문에 시세를 가늠하기 어려워질 수 있다. 방이 2개인 반지하 세대치고는 비싸다는 생각도 들었지만, 집 한 채를 5,000만 원에 살 수 있다면 신건으로 들어가도 괜찮을 것이라는 조언을 들었다.

휴가 내기가 쉽지 않았지만 첫 낙찰은 직접 받아보고 싶어서 무리하게 휴가를 내고 입찰을 했다. 신건 입찰의 경우 단독 입찰 시 대출을 제한하는 곳이 많아 동료에게 같이 입찰해줄 것을 부탁했다.

법원 방문 시 이것만은 꼭!

• **보증금은 수표 1장으로 준비하자**
그래야 관리하기 쉽다. 정신없는 와중에 여러 장의 수표로 금액을 맞추려
다 보면 실수할 수 있다. 통장이 없는 경우에는 수표 발급을 위해 현장에
서 다시 계좌를 개설해야 하니 사전에 확인하자.

• **입찰 시간보다 1시간 먼저 법원에 도착하자**
시간 여유를 두고 가야 돌발 상황에 대처할 수 있다. 법원에서 벌어지는
돌발 상황은 의외로 많다. 내 경우 법원에 도착해 보증금을 수표로 출금
하려 했는데 통장이 없으면 출금이 되지 않아 통장을 다시 만드느라 예상
외로 많은 시간을 소비한 적이 있었다.

입찰 당일, 시간을 넉넉히 잡고 법원으로 향했지만 비가 내리는
데다 교통사고까지 겹쳐 여유 있게 도착하기는 어려울 것 같았다.
다행히 대중교통을 이용해 움직인 동료가 먼저 도착해 내 입찰보증
금과 입찰표까지 준비해주었다. 종료 5분을 남겨두고 아슬아슬하
게 도착한 나는 빛의 속도로 도장만 찍어 입찰 서류를 제출했다. 투
자는 동료들과 함께할 때 빛을 발한다는 말을 실감한 순간이었다.
결과는 낙찰. 그렇게 첫 낙찰의 기쁨을 맛볼 수 있었다.

똑뜨는 낙찰이 아닌 수익 실현

부동산 경매 투자의 목적은 '낙찰'이 아니라 '수익 창출'에 있다는 것을 잊지 말고 꾸준히 도전해야 한다. 나 또한 '입찰 – 패찰 – 실망'이라는 사이클을 경험하고 지쳐가던 중에 낙찰을 받았다.

낙찰을 받으면 곧바로 세입자를 만나 이야기를 들어주는 것이 중요하다. 나 역시 곧바로 세입자를 만나러 갔다. 다행히 이번에는 세입자가 문을 열어주었다. 세입자는 비교적 깔끔하게 집을 관리하고 있었다. 특별히 누수나 곰팡이가 있는 곳은 없었다. 다만 고양이를 6마리나 키우고 있어, 반려동물을 싫어하는 세입자에게는 문제가 될 수도 있을 것 같았다. 반려동물은 예상치 못한 변수였지만 내부가 깨끗한 것은 다행이란 생각이 들었다.

세입자에게 계속 거주할 것을 권유했지만 직장 때문에 이사를 하겠다고 했다. 명도는 순조롭게 진행되었고, 새로운 세입자를 맞이하여 보증금 1,000만 원에 월세 25만 원의 수익을 실현하였다.

안산 와동 빌라 투자 내역

(단위 : 만 원)

매입가 (1)	5,000	보증금 (4)	1,000
매입 경비 (2)	150	월세	25
총 매입액 (1) + (2)	5,150	월 이자	11
대출금	3,500	월 순익	14
투자금 (3)	1,650	연 순수익	168
실투자금 (3) – (4)	**650**	**연 수익률**	**26%**

가치를 보는 안목을 키워라

주말마다 동료들과 현장 답사를 다니곤 한다. 함께 발품 팔고 다니면서 배고픔이나 추위, 더위도 함께 겪고 기쁨도 공유하다 보니 다른 사회에서는 맺지 못하는 끈끈한 관계가 맺어졌다.

그런 동료 중 한 명이 전세 투자를 권유해주었다. 전세 투자는 익숙지 않아 위험하지 않을까 고민도 했지만, 기회를 놓치고 싶지 않아 추천해준 물건지를 방문해보았다. 물건은 양천구 신정역에서 도보로 5분 거리에 있었다. 신정동은 우수한 학군인 목동의 영향을 받는 지역이라 가치가 높을 것이라 생각됐다. 또한 구조도 좋은 도시형 생활주택 신축 분양이라 세입자를 받기도 유리해 보였다. 게다가 남향의 4층 세대라니 아주 좋은 조건이라 분양을 받기로 했다.

예상대로 세입자가 곧 들어왔다. 매입가보다 500만 원 적은 보증금으로 전세 계약을 했다. 전세난이 현실로 느껴졌다. 덕분에 나는 적은 금액으로 투자하며 집 값 상승을 기대할 수 있게 되었다. 실제로 이 물건은 매입 당시보다 3,000만 원 정도 시세가 올랐다. 직장

에 매여 있는 나로서는 얻기 힘든 정보를 아낌없이 공유해주고 조언해준 동료들이 없었다면 얻을 수 없는 열매였다.

불안과 위험에 맞서는 투자 실행력

많은 부동산 전문가들과 언론들이 대한민국의 부동산 버블을 걱정한다. 때문에 많은 사람들이 집을 매입하기보다는 전세로 입주하는 쪽을 선택한다. 그 영향으로 전세가는 여전히 상승 추세에 있고, 언론에서는 전세가가 매입가를 넘어서는 지역까지 나오기 시작했다고 한다. 이제 막 신혼인 대학 동기들도 10명 중 9명은 전세로 신혼집에 입주했다. 그리고 대부분은 전세 만기 때가 되면 수천만 원씩 오른 전세 보증금 때문에 걱정한다. 반면 나머지 한 명은 집값이 올라 즐거워하고 있다.

물론 집값은 누구도 예측할 수 없다. 오르는 지역도 있고, 떨어지는 지역도 있을 것이다. 그럼에도 누군가는 분명 집값 상승을 통해 시세 차익을 얻고 있다. 부동산은 누구도 예측할 수 없는 영역이다. 예측할 수 없기에 불안하고 위험한 것도 사실이다. 하지만 이런

신정동 도시형 생활주택 투자 내역

(단위 : 만 원)

매입가 (1)	20,500	보증금 (4)	20,000
매입 경비 (2)	367	월세	0
총 매입액 (1) + (2)	20,867	월 이자	0
대출금	0	월 순익	해당 사항 없음
투자금 (3)	20,867	연 순수익	해당 사항 없음
실투자금 (3) − (4)	867	연 수익률	해당 사항 없음

불안을 극복할 수 있을 만큼 투자 준비를 한다면, 즉 가치를 알아볼 수 있는 안목을 갖춘다면 분명 성공을 거둘 수 있다고 믿는다.

부자가 되고 싶다면 부자의 눈으로 보라

빌 게이츠는 '가난하게 태어난 것은 당신의 실수가 아니지만 죽을 때도 가난한 건 당신의 실수다'라고 했다. 부자가 되기 위해서는 생각이나 태도, 투자 방법 등의 모든 면에서 부자의 관점으로 바라보고 실천해야 한다. 나 또한 그러기 위해 노력하고 있고 앞으로도 최선을 다할 것이다. 중요한 것은 실행으로 옮기는 것이다. 부동산 투자를 시작한 후 내 삶은 달라졌다. '보는 눈이 생긴다'는 말의 의미도 조금씩 느끼고 있다. 매일 아침 경제신문을 보면서 부동산의 현재와 미래를 진단하는 감각을 키우고, 부동산 재테크 서적을 읽으면서 투자의 동기와 방향을 설정하고 있다. 이렇게 쌓인 정보는 동료 투자자들과 공유한다. 서로 자극을 주고받으면서 조금씩 부자의 감각도 키워갈 수 있다고 생각한다. 끊임없는 공부, 구체적인 목표와 실행, 그리고 나누는 것. 이것이 부자가 되기 위해 내딛는 한 걸음 한 걸음이다.

부자가 되겠다는 확신의 열매를 맺으려면 평균 5년에서 20년까지 긴 시간이 필요할 수도 있다. 하지만 이 끈을 끝까지 놓지 않고 전진하는 사람은 반드시 상상한 대로 이룰 수 있을 것이라 믿는다.

준비가 되어 있는가

부동산 투자를 오래하다 보면 '아, 운이란 것이 투자에 큰 영향을 미치는구나' 하는 생각이 들곤 한다.

투자를 하면 할수록 내가 통제할 수 없는 어떤 무언가가 존재한다는 것을 깨닫게 된다. 그렇기에 너무 들뜰 필요도 너무 낙심할 필요도 없다. 나는 부지런히 내 할 일에 최선을 다하고, 꾸준히 공부하고, 좋은 물건을 찾기 위해 발품을 팔면 된다. 결국은 '준비'하고 있느냐의 차이다. 시장 흐름을 읽기 위해 노력하고 있는가? 최신 투자 트렌드를 익히기 위해 관련 강의를 들으러 다니고 있는가? 늘 책을 옆에 두고 있는가? 물론 이런 것들을 한다고 해서 갑자기 운이 내게 다가오는 것은 아니다. 하지만 아무것도 하고 있지 않다면 운이 내게 올 가능성은 제로다. 어떻게 할 것인가? 지금이라도 대박의 행운을 위해 준비해야 하지 않을까?

준비를 위한 기본 중 기본

• 매일 아침 경제신문을 읽자.

　시장 흐름을 읽기 위해서는 차분히 오랫동안 연습해야 한다.

• 정보를 얻을 수 있는 커뮤니티를 찾아라.

　투자 마인드도 좋고, 현장의 생생한 정보를 공유하는 곳이 좋다.

• 관련 강의나 책을 섭렵해보자.

　모든 것이 나에게 딱 맞진 않을 것이다. 그래도 다양한 경험을 쌓으면 무엇을 취해야 할지 판단할 힘이 생길 것이다.

두려움을 딛고 첫걸음을 떼야 성공도 할 수 있다

· 강미 ·

///

회사를 퇴사하면서 그동안 열심히 살아온 나에게 무언가 선물을 주고 싶었다. 우선은 '6개월간 아무것도 하지 않고 놀아보기'로 했다. 38살이 되도록 정말 미친 듯이 놀아본 적이 한 번도 없기 때문이었다. 하지만 어디에도 소속되지 않은 자유인이 된 지 한 달쯤 지나자 퇴직금을 통장에 그냥 두면 소리 소문 없이 사라지고 말 거라는 생각에 이르렀다. 그리곤 얼마 안 되는 퇴직금으로 무엇을 하는 게 좋을까 고민하기 시작했다. 그러다 평소 관심을 갖고 있던 경매에 대해 알아보기 위해 도서관을 드나들기 시작했다. 그곳에서 만난 경매의 세계는 내게 오아시스 같은 느낌으로 다가왔다.

그 즈음 우연히 동호회 지인이 실제로 부동산 경매를 하고 있다는 반가운 소식을 들었다. 그를 통해 부동산 경매 투자에 대한 것은 어떻게 공부해야 하는지, 어떻게 하면 참여할 수 있는지 등에 대해 알게 되었다. 그런데 부동산 경매에 대한 정보를 알아갈수록 나도 모르게 가슴이 뛰었다. 알 수 없는 설렘과 기대감에 부풀어 며칠을 보내다가 카페에 가입했다. 그리고 운 좋게 이론과 실전을 단시간에 배울 수 있게 되었다. 이것이 내 재테크의 첫걸음이었다.

이론을 배우는 와중에 실전을 같이 배울 수 있었던 건 지금 생각해도 행운 중 행운이었다. 실전반을 통해 책으로는 배울 수 없는 현장 답사 비법 등을 배우며 나의 본업이 무엇인지 잠시 잊을 정도로 경매의 세계에 깊이 빠져들었다. 2개월 만에 이루어진 일이었다. 처음 현장 답사를 갈 때만 해도 무엇을 확인해야 하는지, 어떤 정보를 어떻게 알아내야 하는지조차 모르던 나였다. 하지만 불과 몇 달 만에 물건에 따라 다른 질문을 하고 있는 나를 보며 스스로도 놀라곤 한다.

희노애락을 맛보게 한 첫 낙찰

나의 첫 경매 낙찰 물건은 실전반에서 현장 답사를 했고 개인적으로 여러 번 시세 조사를 거친 물건이었다. 안산시 단원구에 위치한 물건으로 임차인이 보증금 2,000만 원에 60만 원의 월세를 내며 거주 중이었다. 등기부등본상 채권은 경매 신청자인 은행의 근저당이 말소기준권리로 되어 있는 안정적인 물건이었다.

물건지에서 5분 거리에 유치원부터 초·중·고가 모두 있었다. 또 시세 조사차 방문한 부동산에서 입수한 내용에 따르면 반월공단 근로자 통근 버스가 물건지 바로 앞을 지나가며, 학부모의 수요도 꾸준했다. 5층 건물의 4층이라는 것이 조금 걱정되기도 했지만 거실과 안방, 작은방이 남향으로 배치되어 있고 앞 조망이 확보되어 있다는 점이 마음에 들었다. 다만 지하철역이나 큰 마트가 있는 번화가까지 가려면 버스로 이동해야 한다는 것이 아쉬운 점이었다. 하지만 시세 조사 당시 감정가가 실거래가보다 500~700만 원 정도 낮게 측정된 것을 알고는 1차에 들어가기로 결정했다. 이땐 정말 용감했던 것 같다.

입찰 전날 밤 늦게까지 입찰가를 놓고 고민했지만, 입찰장에서 다시 마음을 바꿔 먹었다. 전날 마음먹은 낙찰가로는 왠지 불안해 애초에 예상했던 금액보다 높게 작성하여 제출했다.

내 물건을 호명하기까지 기다리는 3시간 동안 만감이 교차했다. 그렇게 길고도 긴 기다림 끝에 단독 낙찰을 받았다. 실제 낙찰을 받고 나니 기쁨도 잠시, 멍한 가운데 걱정이 스쳐갔다. 그런 다음에는 여러 감정들이 한꺼번에 쓰나미처럼 밀려왔다. 이렇게 첫 낙찰은 나에게 희로애락의 여운을 남겼다.

걱정하기보다 발로 뛰어라

처음 시도한 입찰에서 단독 낙찰을 받고 나서 경락잔금대출에 대해 알아보았다. 그런데 1차에 낙찰된 물건(신건)은 감정가의 70%까지만 대출이 가능하며, 그나마도 1차 단독 낙찰시 몇몇 은행에서는 대출이 안 된다는 것을 알았다. 대출 가능 금액이 예상보다 줄어 잔금 납부에 차질이 생겼다. 회사를 퇴직했기 때문에 직장인대출이나 신용대출은 불가능했다. 남은 건 내가 살고 있는 아파트를 담보로 하는 대출뿐이었다. 구입할 때 이미 최대한 대출을 받았지만, 다행히 이후 아파트 가격이 올라 추가 담보대출 신청이 받아들여졌다. 역시 걱정만 하기보다는 발로 뛰는 것이 효과적이라는 사실을 다시 되새기는 계기가 되었다.

경매 투자, 절대 감정에 휘둘리지 마라

낙찰 후 명도까지의 과정이 험난하다는 것은 익히 들어 알고 있었으나 실제로 맞닥뜨리니 예상했던 것보다 훨씬 더 많은 난관이 있었다. 낙찰받은 물건의 경우 임차인이 배당금을 거의 다 받아가기 때문에 명도 저항이 없을 것이라 예상했지만, 그것은 나의 낙관이었다. 첫 대응이 미숙했던 탓에 강제집행 전 단계까지 가게 되었다. 내용증명을 보냈으나 번번이 반송되어왔다.

결국 조언을 듣고 해당 물건지 현관문에 고지를 했다. 그러자 임차인이 밤이든 새벽이든 아무 때나 전화를 해오고, 수시로 문자를 보내왔다. 충분히 안내와 설명을 한 상황인데도 이런 반응을 보이다니, 화도 났지만 곧바로 대응하지 않았다. 이

후 동료들과 지인의 조언을 얻어 임차인과 합의를 이끌어냈고, 결국 배당기일날 임차인이 이사를 갔다.

수익 실현까지는 기다림과 인내가 필수

낙찰 후 2개월이 지나서야 물건 내부를 처음 볼 수 있었다. 현장답사 때에는 건물 외부와 주위 환경만 파악해보고 내부는 평면도를 검토하는 것으로 대신했기 때문이다. 2011년 준공 물건이라 내부는 깨끗할 것이라는 예상대로, 도배만 하면 바로 사용할 수 있을 정도로 집 상태는 좋았다. 부분 도배를 하여 비용을 절반으로 줄였고, 노후된 전기 코드는 직접 교체하였다. 그런 다음 입주 청소만으로 집수리를 마쳤다.

기다리고 기다리던 임차인이 들어왔다. 가슴 벅찬 순간이었다. 경매를 시작한 지 3개월 만에 이루어진 첫 수익 실현이었다. 신건이라 투자금이 많이 묶여 수익률을 높일 방법을 고민하다 보증금

을 올려보기로 했다. 최우선변제금은 2,000만 원이지만 보증금을 3,000만 원까지는 올릴 수 있을 것 같았다. 예상은 적중했다. 근처 중학교를 다니는 학생이 있는 가족이 계약을 했다. 초기 투자금 5,000만 원 중 3,000만 원이 이렇게 회수되었다. 종잣돈이 많이 들어가 내심 속앓이를 하던 중이었는데 이로써 문제가 해결되었다.

이렇게 첫 경매 물건을 3개월 동안 진행하면서, 경매가 매력적인 재테크이긴 하지만 자신을 잘 컨트롤할 수 있어야 가능한 일이라는 사실을 알게 되었다. 기다림과 인내는 기본 덕목이며, 인간관계 또한 필수 조건이라는 것을 경험할 수 있었다.

안산 와동 다세대주택 투자 내역

(단위 : 만 원)

낙찰가 (1)	14,050	보증금 (4)	3,000
매입 경비 (2)	535	월세	60
총 매입액 (1) + (2)	14,585	월 이자	24.5
대출금	9,800	월 순익	35.5
투자금 (3)	4,785	연 순수익	426
실투자금 (3) - (4)	1,785	연 수익률	23.9%

신세계와 같았던 무피 투자

동료들과 현장 답사를 하던 중 지인에게서 투자 물건에 대한 연락이 와서 바로 그곳으로 이동하였다. 부평역 근처에 있는 오피스텔이었다. 당시 해당 물건은 건물 외벽 공사가 진행되고 있었다. 우선 그런 공사가 진행되고 있는 곳에 분양사무실이 있다는 사실에 놀랐고, 무피 투자가 가능하다는 점에 더욱 충격을 받았다. 세상에 이런 신세계가 있구나 싶었다.

해당 오피스텔은 주위에 교육 시설과 편의시설들이 있었고, 역세권이어서 교통 또한 편리했다. 무엇보다 가족 단위 거주가 가능하다는 것이 매력적이었다. 초보인 내 눈에도 입지와 교통, 학군을 고루 갖춘 물건으로 보였다. 동료들이 함께 투자한다는 사실에 안심도 되었다. 이렇게 하여 분양 투자를 시작했다.

부평 오피스텔 투자 내역

(단위 : 만 원)

매입가 (1)	14,600	보증금 (4)	3,000
매입 경비 (2)	862	월세	60
총 매입액 (1) + (2)	15,462	월 이자	39
대출금	13,000	월 순익	21
투자금 (3)	2,462	연 순수익	252
실투자금 (3) - (4)	- 538 (플러스피 투자)	연 수익률	해당 사항 없음

이 물건의 초기 계약금은 1,000만 원이었는데 결국 그 돈을 모두 회수하고 약 540만 원의 현금을 추가로 받으면서 79.33제곱미터(24평) 신축 오피스텔을 구입한 것이다. 게다가 그 물건은 매달 21만 원의 순수익을 추가로 가져다주고 있다. 이 분양 물건 투자를 통해 나는 무피 투자를 넘어서는 플러스피 투자의 매력을 경험할 수 있었다.

사실 투자금은 언제나 넉넉하지 않은 법이다. 그러다 보니 종잣돈에 맞추어 물건을 찾게 마련이다. 이럴 때 무피 투자는 매우 효과적이다. 종잣돈이 떨어져 수중에 500만 원밖에 없을 때, 그 돈으로 투자할 수 있는 물건을 수소문하던 중 화곡동에 무피 투자가 가능한 물건들이 있다는 정보가 들어왔다. 생각하던 금액과 원하는 평수의 물건이었기 때문에 해당 물건을 보자마자 급매로 계약을 했다. 두 번째 무피 투자 물건이었다. 사실 이 계약 후 한동안 불안감이 심해 잠을 설치기도 하고, 물건지 주변을 돌기도 했다. 다행히 곧 세입자가 결정되어 한 달 만에 모든 것이 마무리되었다.

화곡동 빌라 투자 내역

(단위 : 만 원)

매입가 (1)	13,100	보증금 (4)	3,000
매입 경비 (2)	304	월세	45
총 매입액 (1) + (2)	13,404	월 이자	28
대출금	9,700	월 순익	17
투자금 (3)	3,704	연 순수익	204
실투자금 (3) − (4)	704	연 수익률	29%

시작하지 않으면 성공도 없다

회사를 퇴직했을 때 6개월은 놀자고 마음먹었는데, 어느새 나는 부동산 투자에 빠져 있었다. 돈이 많아서 시작할 수 있었던 것은 아니다. 퇴직금과 자가 담보대출로 투자금을 만들었다. 테크트리를 만들어 좀 더 빨리 내가 원하는 사업을 하는 것이 내 목표였다. 부동산 경매 투자에 대해 배우기 시작하면서 3개월 동안 어느 때보다 열심히 움직이고 공부했다. 시간 날 때마다 관심 물건 현장 답사도 다니고, 투자 물건지도 찾아 다니면서 2건의 낙찰과 3건의 매매, 3건의 분양 계약을 했다. 어떤 부동산이 성공일지, 실패일지는 조금 더 지켜봐야 할 것이다. 그럼에도 중요한 것은 시작하지 않았으면 성공도 실패도 없을 것이라는 점이다. 경제적 자유를 원한다면 지금 당장 시작해야 한다. 내 재테크가 이제 시작이듯, 누구나 지금 시작하면 원하는 길에 한 발짝 더 다가갈 수 있다는 것만 기억하자.

부동산 투자는 여전히 매력적이다

부동산 투자를 시작하기 전에 사람들은 여러 가지 핑계를 대며 주저한다. '초기 자본이 많아야 하지 않나요?', '부동산 경매 투자는 이제 한물 간 거 아닌가요?' 등등. 하지만 부동산 경매 시장이 과열되고 있다고 해도 사실 그 경쟁률이 무한정 높아지는 것은 아니다. 수많은 사람들이 경매 시장에 들어오는 만큼, 수많은 사람들이 이 시장을 계속해서 떠나고 있기 때문이다. 또한 상대적으로 입찰 경쟁률이 낮아 낙찰 가능성이 높은 시기도 분명히 있다. 여기에서 몇 가지만 정리하면 다음과 같다.

부동산 경매 낙찰 가능성이 높은 시기
- **너무 덥거나 또는 너무 춥거나**
  한여름의 폭염이나 한겨울의 한파 시기에는 확실히 경매 입찰장이 한산하다. 단순히 여름, 겨울이 아니라 오랜 기간 푹푹 찌는 무더위로 사람들이 지치는 시점 또는 갑자기 영하권으로 급속히 떨어지는 특정 1~2주를 말한다.

- **설이나 추석 등 긴 연휴 직후의 평일**
  일반 직장인 입장에서 설이나 추석 등 긴 명절 연휴 이후에 곧바로 휴가를 내기는 어렵다. 때문에 경매 입찰을 위해 연휴 직후 휴가를 내는 사람도 적다. 상대적으로 경쟁자가 줄어드는 것이다.

- **갑작스런 금융 환경의 변화 또는 부동산 규제 정책이 새로 나오는 시점**
  부동산 투자는 정부 정책에 상당한 영향을 많이 받는다. 또한 부동산 투자는 대부분 대출, 즉 빚을 활용하기 마련이고 갈수록 금융과의 연계성이 커지기 때문에 금리 인상이라든지, 유가증권 시장의 갑작스런 출렁거림에 상당히 민감할 수밖에 없다. 그 자체가 위험해서라기보다는 투자자들의 심리가 흔들리기 때문이다. 갑작스런 시장의 변화 속에서 과감히 움직일 수 있는 사람은 그리 많지 않다. 때문에 이런 기간에도 경매 법정은 한산한 편이다.

실패한 재테크에
발목 잡히지 말라

· 선비 ·

대학 시절 아르바이트 수입과 공모전 상금 등으로 생활비를 해결하고 부모님이 보내주신 용돈은 최대한 아껴 저축했다. 그 결과 대학을 졸업할 때 잔고 1,000만 원의 통장을 가질 수 있었다. 돈을 모으는 데 자신감을 얻은 나는 취업 확정 발표가 난 날부터 첫 출근하기까지 한 달 정도의 시간 동안 재무설계사와 상담하면서 미래에 대한 포트폴리오를 짜고 그가 추천하는 보험과 각종 펀드에 가입하느라 바쁜 하루하루를 보냈다.

주말이면 재테크 책을 찾아 반복해서 읽었다. 처음 1년 동안에는 급여의 약 70%를 저축과 보험에 쏟았다. 나머지 30%는 용돈과 교통비였다. 용돈도 가급적 정한 액수를 초과하지 않도록 계획을 짜고 직불카드 계좌에 예산을 넣어서 사용했다.

하지만 정확한 목표가 없었던 탓일까. 단순히 아끼기만 하는 저축 방식이 몇 년 동안 지속되니 지치기 시작했다. 특히 예금 만기가 되어 목돈이 모였을 땐 그걸 어떻게 할까 고민하다가 절대 망하지 않을 것 같은 우량주 주식에 넣었는데 시간이 지나고 나니 상당한 액수를 손해 보고 말았다. 나중에는 본전 생각에 팔지도 못하는 애물단지가 되어버리고 말았는데, 어리석은 판단이라고 후회했지만 돌이키기엔 이미 늦은 일이었다. 주식을 확인하면 할수록 우울해지니 언젠가부터 재테크에 아예 신경을 쓰지 않게 되었다.

나는 열심히 아끼며 재무 설계대로 저축하고, 택시 타면 큰일 나는 줄 알고 걷거나 버스만 고집했다. 그런데 그렇게 모은 돈이 여기저기 분산되어 있고, 심지어 펀드나 주식 등은 마이너스 상태를 보이고 있으니 답답하기만 했다. 차라리 먹고 싶은 것 먹고, 사고 싶은 것 사고 살았다면 덜 억울했을 텐데……

그러던 어느 날 아버지가 한 권의 재테크 책을 권해주셨다. 뭐 그저 그런 재테크 책들 중 하나려니 하며 별 기대 없이 읽기 시작했는데, 읽다 보니 내 고민을 하나하나 짚어주고 있는 게 아닌가! 문득 책의 저자가 궁금해졌다.

저자에 대한 궁금증은 그가 운영하고 있는 카페로 이어졌다. 서둘러 카페에 가입하고 스터디에 참여했다. 모든 것이 새로웠고, 무엇보다 크게 느낀 것은 아직 늦지 않았다는 사실이었다. 나 같은 평범한 사람에게도 부를 창출하고 큰 흐름을 만들 기회가 있다는 것이 나를 설레게 만들었다. 동료들과 현장 답사를 가고 결과를 공유하며, 부동산 경매 투자에 대해 공부했다.

그렇게 무언가 새로운 목표가 생겨 기뻤지만, 한 달간의 스터디가 끝난 뒤에는 다시 바쁜 일상으로 돌아올 수밖에 없었다. 당장 투자할 종잣돈이 없어서였다.

답답했다. 4년이 넘도록 일하면서 나름 저축하고 투자했다고 생각했는데, 그 돈이 모두 여기저기 분산되어 묶여 있었기 때문이다. 주택종합청약저축, 변액유니버셜보험, 변액연금, 각종 펀드, 보험, 그리고 주식까지. 마이너스로 바뀐 수익률과 80%대인 해약 환급률 때문에 이러지도 저러지도 못하고 있는 애물단지 같은 금융 상품들. 불과 몇 년 전만 해도 잘하고 있다고 생각했는데, 이제는 그것들이 성급한 선택이었다고 생각되었다. 하지만 이대로 손 놓고 있을 수는 없었다.

마이너스 수익률의 금융 상품을 점검하라

부동산 경매 투자를 공부하며 재테크에 대한 생각이 바뀌기 시작했다. 돈을 분산하여 투자하는 대신 한곳으로 집중해 종잣돈을 만들자는 생각으로 바뀐 것이다. 길게 생각하면 분산 투자가 좋은 투자일 수도 있다. 하지만 금리가 많이 낮아진 데다, 당장 목돈이 필요

부동산 투자를 위한 종잣돈 모으기

- 급여 일에 급여의 80% 이상을 저축하라.
- 한곳으로 종잣돈을 모아라(분산 투자를 피하고, CMA 통장을 활용하라).
- 일정 종잣돈이 모이면, 투자 대상 물건을 위해 사용하라.
- 보험은 반드시 유지할 것 외에는 해약하라.
- 현재 진행 중인 펀드 투자는 시기를 보아 정리하고, 신규 가입하지 않는다.
- 신용카드를 적절히 사용하여 대출을 위한 신용등급을 관리하라.
- 은행에 돈을 투자하지 말고, 은행처럼 투자하여 돈을 모아라.
- 불필요한 지출을 최대한 줄여, 종잣돈 형성에 가속도를 붙여라.

한 경우 곳곳에 분산되어 있는 금액을 한곳으로 모으기 쉽지 않다는 단점도 갖고 있다. 경우에 따라서는 해약에 따른 손해를 감수해야 하는 경우도 발생하기 때문이다.

실제로 부동산 투자를 하다 보니, 좋은 물건을 확보하기 위해서는 눈물을 머금고 보험들을 해약할 수밖에 없었다. 불필요한 보험들을 해약하고 한 계좌에 돈을 모으면서 종잣돈 마련에 집중했다. 그 판단에 대해서 후회는 없다. 언제가 될지 모르는 미래를 기약하며 묶여 있던 그 돈이, 지금은 매달 돈을 벌어다주는 시스템으로 바뀌었기 때문이다.

법원 경매 입찰, 실패를 통해 배우다

스터디가 끝난 뒤 두 달이 지나갔다. 두 달 동안 나름 용기 내어 집 근처에 현장 답사도 가보고, 한 달에 한 번씩은 입찰에 응해보기도 했다. 난생 처음 법원에도 가보았다. 첫 입찰은 분당에 있는 66.11제곱미터(20평) 초반대의 아파트였다. 현장 답사 가서 느꼈던 건 '살고 싶다'였다. 고지대에 있어서 역과의 접근성은 조금 떨어졌지만 가까운 곳에 학교와 마트가 있고, 무엇보다 동네가 깨끗하고 조용하며 조망이 좋았다. 나름 욕심을 내서 90% 이상의 입찰 가격을 써냈지만 입찰자가 30명이 넘고 낙찰가는 100%가 넘었다. 충격이었다. '왜 100%를 넘지? 그럴 거면 왜 경매를 하는 거지?'

지금 생각해보면 아마도 시세 추가 상승 여지를 보았거나 실 거주를 목적으로 한 사람들이 입찰가를 높여 썼을 것 같다. 그리고 경매를 통해서 취득하게 되면 일반 대출보다 경락잔금대출 한도도 넉넉하니 그걸 생각해서 진행한 게 아닐까 싶다.

두 번째 입찰 물건은 강서구 화곡동의 한 빌라였다. 빌라는 아파트와 달리 감정가를 다 믿을 수 없어서 주변 시세도 조사해보고 나름 수익률도 계산해 입찰 당일 법원으로 향했다. 그런데 이번에는 법정에 너무 늦게 도착했다. 마감 시간이 지난 번 입찰 때보다 30분이나 당겨졌던 것이었다. 도착했을 때는 입찰 마감까지 3분밖에 남아 있지 않았다. 빨리 제출하라는 독촉과 모두가 나를 쳐다보고 있는 상황에서 부담감에 짓눌린 나는 결국 입찰을 하지 못했다. 급히

초보자를 위한 생생 투자 비법

법원 경매 입찰 시 유의점

- 반드시 전날, 그리고 당일, 입찰할 물건의 상황을 온라인으로 확인하라. 연기, 변경, 취하되지 않았는지 법원 경매 사이트에서 확인할 수 있다.
- 법원마다 경매 법정이 열리는 시간이 다르니 반드시 사전에 확인하라.
- 최소 하루 전에는 반드시 수익률을 확인해보고, 미리 생각한 가격을 입찰표에 작성하라.
- 입찰표는 급하게 작성하지 말고, 숫자를 보기 쉽게 작성하라.
- 입찰보증금은 가급적 한 장의 수표로 전날 미리 준비하라.

쓰다 실수할지도 모른다는 두려움도 한몫했다. 다행인지 내가 생각했던 금액보다 약간 더 높은 가격에 낙찰되었다.

경매 밖으로 시야를 넓혀라

꾸준한 법원 경매 입찰 참여는 좋은 경험이었지만, 입찰을 위해 평일에 연차를 내는 것이 점차 부담스러워지기 시작했다. 그러던 중 동료에게서 부동산중개사 한 분을 소개받았다. 경매 외에도 소액으로 수익형 부동산을 매입할 기회가 있다는 말에 연차로 고민하던 나는 솔깃했다. 처음에는 반신반의하며 주말마다 함께 현장 답사를 다니며 물건이나 시세에 대해 알아나갔다. 주말에 가서 집을 보고 대출 가능 금액을 확인하고 수익률을 확인해본 뒤 은행 예적금 이자보다 낮다는 판단이 서면 계약을 진행했다.

하지만 매입은 생각보다 쉽지 않았다. 처음 한 달 정도는 아무런 성과도 거둘 수 없었다. 계약서를 작성했다가도 대출 가능 금액이 실제 분양팀에서 이야기했던 것과 달라 번번이 계약이 무산되었던 것이다. 계약금만 냈다가 돌려받기를 여러 번 반복하며 역시 세상에 쉬운 일은 없구나 생각했다. 그때쯤 수도권의 한 신축 빌라 물건이 나왔다는 연락을 받았다.

부천 고강동에 위치한 신축 빌라였다. 위치도 나쁘지 않았고, 무엇보다 신축이라 깨끗하여 살고 싶은 공간이었다. 크게 고민하지 않고 계약했다. 그동안 현장을 많이 돌아다녀서인지 물건을 보는 순간 나쁘지 않다는 확신이 들었기 때문이다.

공간 활용이 잘 된 물건을 찾아라

나는 집을 볼 때 거실과 주방 등의 공간 활용이 집을 넓어 보이게 하는가에 중점을 둔다. 많은 여성들이 부엌 구조와 형태, 그리고 공간 활용에 관심이 많기 때문이다. 그런 점에서 이 집은 신혼부부들에게 인기를 얻을 것이라 생각했다. 실제로 이 집에는 신혼부부가 세입자로 들어왔고, 부엌과 거실의 구조가 마음에 든다고 했다.

일전에 주변 지인이 오피스텔을 월세로 내놓았는데 3개월 넘게 공실 상태로 있다고 걱정하는 것을 듣고, 부엌 싱크대가 낡아서 여자들이 싫어할 것 같으니 교체하라고 권한 적이 있다. 놀랍게도 싱크대 교체 후 일주일 만에 월세 계약이 이루어졌다. 이번에도 세입자는 신혼부부였다. 이 일을 보면서 나는 부엌 구조와 싱크대, 수전 등에 더 많이 신경을 쓰게 되었다.

첫 부동산을 구매하고 한달 뒤 첫 월세를 받았다. 정말이지 말로 표현하기 어려울 정도로 기쁘고 감사했다. 월세에서 대출 이자를 제외하고 남은 돈은 월 13만 원. 겨우 그 돈을 남기려고 그렇게 시간을 내고 수고를 했는가 싶을 수도 있지만 이 돈은 내게 너무나 소중하다. 내 돈이 나에게 돈을 벌어다주는 자본 소득 시스템이 처음으로 가동된 대가이기 때문이다.

월세 계약 날 만난 세입자는 나보다 나이가 많은 신혼부부였는데 집주인이 자신들보다 어리다는 것을 알고는 꼭 만나서 계약하고 싶어 했다. 그 얘기를 들으니 내가 집주인이 되었다는 실감이 났다. 무사히 계약서를 작성하고, 카드키와 안내 사항을 알려주고 나왔다. 2층이라 방범창을 설치해달라는 요구가 있었다. 부동산중개인은 반드시 해주어야 하는 것은 아니라고 했지만, 신혼부부에게 주는 선물이라 생각하고 설치해주었다.

부천 고강동 빌라 투자 내역

(단위 : 만 원)

매입가 (1)	14,900	보증금 (4)	2,000
매입경비 (2)	388	월세	60
총 매입액 (1) + (2)	15,288	월 이자	47
대출금	12,000	월 순익	13
투자금 (3)	3,288	연 순수익	156
실투자금 (3) – (4)	1,288	연 수익률	12.1%

초 역세권의 물건을 찾아라

사실 전세 투자에는 관심이 없었다. 투자 방식에 대해 잘 알지도 못했고, 소위 갭 투자(전세 투자)라고 해서 위험성에 대해 경고하는 사람들도 많았기 때문이다. 하지만 좋은 역세권에 위치한 물건이라면 해볼 만하다고 생각했다. 서울 지역 역세권의 집값은 오르면 올랐지 크게 떨어질 일은 없을 것이라고 생각했기 때문이다. 작은 평수의 물건일수록 더욱 그렇다. 그런데 그 기회가 갑자기 찾아왔다.

부동산에서 연락을 받자마자 찾아갔다. 나는 연락이 오면 그 즉시 뛰어가는 편이다. 고민은 보고 나서 해도 되기 때문이다. 직접 가서 확인해보니 물건은 지하철역에서 3분 거리에 위치한 방 2개짜리 신축 건물이었다. 전세나 월세 임대가 안 될 리 없다고 생각했다. 우선 투자 비용이 적게 드는 전세 투자를 하기로 결정하고 2채를 계약했다. 전세를 내놓자마자 세입자가 들어왔다. 역세권 전세가 워낙 귀하다 보니 당연한 일이었다. 이 물건 덕분에 나는 주택임대사업자로 등록하게 되었다.

화곡동 다세대주택 투자 내역

(단위 : 만 원)

매입가 (1)	15,100	보증금 (4)	15,000
매입경비 (2)	110	월세	0
총 매입액 (1) + (2)	15,210	월이자	0
대출금	0	월순익	0
투자금 (3)	15,210	연 순수익	해당 사항 없음
실투자금 (3) - (4)	**210**	**연 수익률**	**해당 사항 없음**

부동산 투자, 나만의 원칙을 세우자

- 현장 방문 횟수는 다다익선이다. 발품은 배신을 모른다.
- 큰 시세 차익보다 꾸준한 임대 수익을 노려라. 시세 차익은 덤이다.
- 좋은 투자 대상은 꾸준히 나온다. 내게 돈이 없을 뿐이다. 돈을 모아라.
- 금방 되팔고 싶은 생각이 드는 것보다, 오랫동안 보유하고 싶은 부동산을 사라.
- 혼자서는 할 수 있는 것이 적다. 동료를 만들어 꾸준히 공유하라.
- 책을 읽고 공부하며 부동산 흐름에 대한 감을 유지하라.
- 호재가 나는 모든 곳에 투자하지 말고, 관심 지역을 선정해서 집중하라.
- 낮에도 현장 답사, 밤에도 현장 답사, 직접 걸어서 주변을 현장 답사하라.
- 직장인이라면 연차와 주말을 투자에 최적화하여 효율적으로 사용하라.

주거 환경이 좋다면 고민하지 말라

관공서, 백화점, 마트와 영화관, 그리고 전철역이 근접해 있다면 살기 좋지 않을까? 나의 네 번째, 다섯 번째 부동산 계약이 이런 곳에서 이루어졌다. 이전에는 그 지역에 대해 잘 알지 못했지만, 알아보니 거주 환경이 아주 좋아 세입자의 수요도 많을 것으로 보였다. 이곳에서 자본 소득 시스템의 추가 확장을 꿈꾸며 아직 공사 중인 건물에 들어가 계약서를 작성했다. 이 집이 준공되면 나의 월세 수입원이 두 곳 더 늘어날 것이다.

이 물건은 MCG를 활용해 융자를 받을 수 있는 집이었다. 나는 2개를 쓸 수 있는 자격이 있어, 두 물건의 호수를 결정하고 계약서를 작성했다. 주변에 방 3개짜리 물건이 별로 없는 데다, 위치도 좋은 신축 건물이라 계약했다. 계약하러 간 날은 마침 내 생일이었다. 계약서에 도장을 찍으면서, 지금까지 받은 어떤 생일 선물보다 특별한 선물을 받는 느낌이 들었다.

인천 구월동 오피스텔 투자 내역

(단위 : 만 원)

매입가 (1)	16,800	보증금	2,000
매입경비 (2)	540	월세	80
총 매입액 (1) + (2)	17,340	월 이자	46
대출금	14,000	월 순익	34
투자금 (3)	3,340	연 순수익	408
실투자금 (3) − (4)	1,340	연 수익률	30%

중련하는 투자자가 되려면

우선 투자에 나설 때는 두려움부터 접어야 한다. 어느 정도의 지식을 갖추고 시세를 파악했다면, 과감히 움직이는 것이 좋다. 특히 신축 분양 건물이라면, 위치가 좋을수록 시간 싸움이 될 확률이 높다. 내 마음에 들면 다른 사람 눈에도 들게 마련이므로, 집중해서 빠르게 판단할 필요가 있다.

나는 꾸준한 임대 수익을 선호하며, 현금 흐름 자체에 집중하는 편이다. 그것들을 팔지 않고 하나씩 관리하고 보유하면, 현금 흐름은 갈수록 탄탄해질 것이다. 무엇보다 지속적이고 꾸준한 투자가 가능해진다.

직장인이기 때문에 주말과 연차를 적극적으로 활용해야 한다. 실제로 1년 동안 휴식을 위해 연차를 사용한 적은 단 한 번도 없었다. 연차는 법원 입찰과 현장 답사, 그리고 대출에 필요한 자서를 하는 데 사용했다. 단기적으로는 추후 관리를 위해서라도, 가급적 자신의 회사나 집에서 가까운 지역에 집중하는 것이 효율적이다.

많은 지식을 갖춘 적극적인 동료들과 함께 움직이는 것도 필요하다. 이렇게 하면 혼자서 현장 답사하고 움직이던 때와는 차원이 다르게 실력이 쌓여간다. 같이 현장 답사도 다니고 입찰도 다니며, 실시간으로 상황을 공유하고 정보를 나누면 서로에게 상당히 좋은 자극과 동기 부여가 된다. 이를 통해 사람이라는 큰 자산을 얻을 수 있다.

개인적으로는 첫 경매 낙찰도 동료 덕분에 실현시킬 수 있었다.

초보자를 위한 생생 투자 비법

짧은 기간 동안 부동산 늘리는 방법

- 관심 지역을 대신 검색해줄 동료나 공인중개사, 멘토를 만들자.
- 직장에서 접근성이 좋은 지역 등 특정 지역에 집중하자.
- 가지고 있는 금융 자산들은 종잣돈으로 사용할 수 있도록 전환해두자.
- 실제 투자 비용을 500만 원 미만으로 잡고 소액으로 수익형 부동산을 매입, 내 돈이 거의 들지 않는 투자를 반복하자.
- 초 역세권 지역 중 매매가 대비 전세 비율이 높은 물건을 찾자.

첫 낙찰 물건은 검암역 주변 당하동의 빌라였는데, 인천 지하철 2호선 개통과 영화관, 마트, 주변 학교 시설 등의 호재가 있어 장기 보유하기에 좋은 물건이라고 생각했다. 기존에는 주로 주말을 이용해 신축 분양을 받았는데, 동료들과 함께 경매 입찰을 위한 현장 답사와 권리 분석을 계속 진행해온 덕분에 낙찰 받을 수 있었다.

인천 당하동 빌라 투자 내역

(단위 : 만 원)

매입가 (1)	10,800	보증금 (4)	2,000
매입 경비 (2)	332	월세	50
총 매입액 (1) + (2)	11,132	월 이자	22
대출금	8,000	월 순익	28
투자금 (3)	3,132	연 순수익	336
실투자금 (3) − (4)	1,132	연 수익률	30%

이런 방식으로 나는 우선 부동산을 10채 확보할 계획이다. 구체적으로는 월세 순수익 160만 원 달성, 추가 수입원 창출 등을 목표로 세웠다. 오래 가려면 목표가 확실해야 하고 시스템이 안정적이어야 한다. 지금까지 배우고 경험한 것을 잘 관리하고 유지한다면 충분히 할 수 있으리라고 생각한다.

오피스텔의 화려함에 혹하지 말라

오피스텔은 부동산 초보자가 투자하기에 많은 장점들이 있다. 빌라에 비해 비교적 수리할 일이 적다는 점, 1인 가구가 늘어나면서 오피스텔이라는 주거 수단에 익숙한 사람들이 늘어나고 있다는 점, 소액으로 투자가 가능하다는 점 등에서 그렇다. 하지만 그만큼 신경 써야 할 것들도 많으니 너무 가볍게 생각해서는 안 된다. 오피스텔 투자 시 살펴보아야 할 몇 가지를 소개한다.

- **세금에 관하여**
  오피스텔은 건축법상 상업용(상가)으로 취급된다. 참고로 상가의 취득세는 4.6%다. 1억 원짜리 오피스텔이면 500만 원에 육박한다. 초보자들 중에 단순히 소형 주택의 취득세(1.1%) 정도만 생각했다가 나중에 잔금 마련에 큰 어려움을 겪는 이들이 의외로 많다. 또한 양도 시에는 건물 부분에 대한 부가세(10%)도 추가로 발생하니 이 또한 염두에 두어야 한다.

- **시세 상승이 아파트보다 더디다.**
  오피스텔은 동일 가격 대비 아파트보다 시세 상승폭이 적다. 위치가 좋지 않고 주변 공급 물량이 많은 경우, 오히려 분양가가 가장 고점인 경우도 수두룩하다. 때문에 시세 차익보다는 보유 기간 동안의 임대 수익에 좀 더 집중할 필요가 있다.

- **번지르르한 외관보다 입지와 교통이 100배 중요하다.**
  오피스텔을 찾는 이들은 결국 1~2인 가구다. 오피스텔에 투자하는 데 대학을 제외한 중·고등학교 학군은 큰 의미가 없다. 아파트에 비해 주변 자연 환경이나 시공 브랜드의 중요성도 현저히 떨어진다. 오피스텔에 거주하는 이들은 직장인, 대학생, 또는 신혼부부로 이들이 1순위로 삼는 것은 등하교, 혹은 출퇴근 거리이다. 회사에서 지하철을 타고 한 번에 갈 수 있는지, 그 시간은 얼마나 되는지가 단연 1순위일 수밖에 없다. 화려한 외관, 깨끗한 내부 인테리어보다 중요한 것이 '교통'이며, 결국 '지하철'이다.

발품은
절대 배신을 모른다

· 람보르기니 ·

나의 드림카는 람보르기니다. 내가 람보르기니를 알게 된 것은 고
등학교 2학년 때다. 한창 자동차에 관심이 커져가던 때에 다른 자
동차에서는 보지 못한 디자인과 위로 열리는 문을 보자마자 그 차
는 나의 꿈이 되었다. 하지만 20세를 넘어서고 세상이 생각보다 만
만치 않다는 것을 알고 나서는 꿈을 슬쩍 내려놓았다.

그러던 중 30대 억만장자 엠제이 드마코의 《부의 추월차선》을 읽고
서 생각이 바뀌었다. 드마코의 인생이 젊은 발명가의 람보르기니를
보고 바뀌었다면, 나의 인생은 그 책에 소개된 람보르기니를 보고
바뀌었다. 그렇게 람보르기니는 다시 나의 꿈이 되었다. 람보르기

니를 타는 다른 젊은 부자들처럼 젊어서 람보르기니를 탈 수 있는 경제적 · 시간적 자유를 얻으리라 다짐했다.

얼마 뒤 한 권의 책을 만났다. 왜 경제적 자유가 중요한지, 어떻게 경제적 자유를 얻을 수 있는지에 대해 설명하고 있었다. 곧바로 저자가 운영하는 카페에 가입하여, 경매 스터디에 참여하면서 부동산 경매 투자의 7단계와 권리 분석 등 이론을 배웠다. 하지만 모아놓은 자본금이 없었기에 그후로도 당장은 아무 투자도 하지 못했다. 이후 6개월간 종잣돈 500만 원을 만들면서 카페의 여러 모임에 참석했다. 종잣돈이 모일 때까지 같은 꿈을 꾸는 사람들을 만나 스터디, 의견 교류, 현장 답사 등 여러 프로그램에 참석하면서 많은 것을 배웠다.

현장 답사는 아무리 강조해도 과하지 않다

실제 투자에 들어가기 전에 책도 읽고, 투자 방법도 연구하고, 투자처도 찾아봐야 했다. 직장 생활과 병행하다 보니 6개월 동안 새벽 2시에 잠들고 5시 반에 일어나는 생활이 계속되었다. 그렇게 잠자는 시간을 쪼개가며 연구해 찾아낸 내 첫 투자처는 인천에 있는 다세대 빌라로, 지하철역에서 30초 거리에 있는 물건이었다. 열심히 모은 투자금으로 첫 투자를 했다. 그렇게 나는 집주인으로서의 인생을 시작했다.

세입자와 재계약을 하고 보증금과 월세를 받았다. 투자 후 수익 창출까지 한 사이클이 돈 뒤 내 손에 있던 자금 500만 원은 1,300만 원이 되었고, 이자를 내고도 월세 22만 원이 들어오는 시스템이 만들어졌다. 흔히 말하는 무피 투자를 넘어 플러스피 투자를 한 것이었다.

딱 하나에 집중하는 물건 검색

처음에 어려운 물건을 골랐다가 명도할 때 엄청난 시간과 에너지를 탕진하고는 다시는 경매를 하지 않겠다고 하는 사람들을 많이 보아왔다. 때문에 나는 물건 검색과 권리 분석 단계에서 안전할 것, 투자금이 줄어들지 않을 것, 재계약이 가능할 것. 이 3가지를 선정 기준으로 삼았다. 그런 다음 재계약을 염두에 두고 현황서에 나와 있는 보증금과 월세를 통한 수익률이 가장 높은 것을 찾았다. 그와 동시에 역세권 위주의 물건을 찾았다. 그러다 인천 계양구에 있는 물건이 지하철 역에서 30초 거리인 것을 보고는 곧바로 결정했다.

특강에서 가장 인상 깊었던 말 중 하나는 이것이었다. "고수는 한 물건을 뽑아 그 물건에 집중하고 하수는 여러 물건을 산만하게 본다."

나는 무피 투자가 가능한 물건 딱 하나에만 집중했다. 투자금을 아껴서 재투자를 반복해가야 했기에 이번 물건이 최적의 물건이었다. 때문에 반드시 낙찰 받아야 한다는 생각에 수익이 나는 한 최대한 높은 금액을 쓰기로 했다.

투자에는 3단계가 있다. 1단계 투자는 내 투자금이 들어가는 투자이다. 예를 들자면 집을 사는 데 2,000만 원이 들어가는데 월세 보증금을 1,000만 원 받아 회수한다면 총 들어간 투자금은 1,000만 원이 되는 식의 투자를 말한다.

무피 투자는 2단계 투자법이다. 집을 사는 데 2,000만 원이 들어갔는데 월세 보증금을 2,000만 원 받아 전액 회수를 하는 경우가 여기에 해당한다. '100퍼센트 남의 돈으로 하는 투자'를 가리킨다. 이 무피 투자의 특성은 연속성이다. 이런 식으로 집을 사면 계속 투자를 이어나갈 수 있다.

3단계 투자법은 플러스피 투자이다. 집을 사는 데 2,000만 원이 들어갔는데 월세 보증금을 3,000만 원 받는 식의 투자다. 월세로도 수익이 나지만, 당장 집을 사는 순간부터 수익이 나는 경우이다. 이 플러스피 투자의 핵심은 성장성이다. 더 큰 물건, 더 수익성 좋은 물건으로의 접근이 가능하다.

세 번의 현장 답사

현장은 세 번 가보았다. 처음 갔을 때는 집 위치를 파악하고 부동산 서너 곳에 들러 시세를 확인했다. '갑자기 결혼을 하게 됐다',

'원룸에서 방 3개짜리 집으로 이사를 가려 한다'면서 묻기도 하고, 당당하게 '경매 때문에 왔는데, 이 물건은 어떤가요? 월세는 얼마나 나올까요?' 하며 물어보기도 했다. 이 모두 스터디를 하며 배운 방법들인데, 사전에 숙지해두니 실제 답사에서 자신감을 가질 수 있었다.

두 번째 답사를 갔을 때는 계약하려는 물건의 윗층 집에 들어가 보았다. 물이 새지는 않는지, 방 구조는 어떤지 등을 살펴보았다.

빌라 물건을 현장 답사할 때 가장 중요하게 보아야 할 것은 물이 새지 않는가 하는 것이다. 빌라의 경우 일단 물만 안 새면 임대가 가능하기 때문이다. 아랫층 집을 사려 한다고 하니, 위층 임차인은 현재 전세로 살고 있는데 월세로 바꾸고 싶다면서 예정 월세를 물어왔다. 보증금 1,500만 원에 월세 35만 원을 생각한다고 했더니, 지금 세입자와 재계약이 안 된다면 본인이 임차하고 싶다고 했다. 재계약이 안 되더라도 임차할 사람이 있다는 생각에 안심하고 입찰 금액을 산정했다.

세 번째 현장 답사를 갔을 때는 매매가를 알아보았다. 부동산에 전화를 걸어 옆집 호수를 대면서 이 집을 팔려고 하는데 얼마까지 받을 수 있는가 물어보면 쉽게 알 수 있다. 또는 직접 부동산에 방문해서 '집을 물려받았는데, 팔면 얼마나 받을 수 있는가?'라고 물어볼 수도 있을 것이다. 하지만 '집을 사려고 왔다'고 하면 신축을 보여주며, 차라리 전세로 들어가라는 말을 듣기 십상이다. 그러니 집주인의 마음으로 현장 답사를 하는 것이 좋다.

입찰 가격은 나만의 기준을 따르자

경매할 때 가장 떨리는 순간은 입찰 가격을 쓰는 순간이다. 모든 통계와 상황 등을 분석하고 시세와 수익률을 따져 계산한 후 입찰 가격을 산정했다. 내 산정 기준은 수익이 나는 한도 내에서 최대한 많이 쓰자는 것이었다. 돈을 조금 적게 벌더라도 일단 낙찰을 받아서 한 사이클이라도 더 돌리는 편이 이익이라는 생각에서였다. 경매라는 시스템 속에서 집주인이 되는 경험을 한 달이라도 빨리 해보는 것이 중요하다고 생각했기에 높은 가격을 결정했다.

나는 최소 매매가, 평균 매매가, 최고 매매가를 뽑아보고 최소 매매가와 비슷한 금액으로 입찰하기로 했다. 최소 매매가와 딱 300만 원 차이, 도배하고 장판을 다시 까는 등의 집수리를 하고 나면 본전인 가격. 나는 재계약을 통해 수리비를 아끼겠다는 계산을 하고 아주 높게 쓰기로 했다.

입찰하러 가는 택시 안에서 엄청난 기대와 긴장을 느꼈다. '낙찰받을 수 있을까?', '높게 썼는데 단독 낙찰이면 어떡하지?', '2등하고 차이가 너무 크면 속 쓰릴 텐데?' 입찰표를 쓰는 순간까지 고민 고민하다 생각해간 최고가로 입찰 금액을 정했다.

드디어 개찰의 순간, 9명이나 입찰했다는 사실에 조마조마한 심정으로 개찰을 지켜보았다. 8번째 응찰 가격까지 나오는데 내가 쓴 가격이 나오지 않았다. 의문을 가지는 순간 내 입찰 가격이 뜨면서 개찰이 종료되었다.

첫 입찰에서 첫 낙찰. 2등과의 차이는 50만 원이었다.

낙찰자로 내 이름이 불리자 하마터면 만세를 부를 뻔했다. 일단 대출상담사와 법무사들의 명함을 받아 차분하게 법원을 나왔다. 하지만 법원 입구를 나서는 순간부터 버스정류장까지 폴짝폴짝 뛰어 다녔다. 50만 원 차이라 더 기쁘기도 했고, 드디어 나도 경제적 자유를 향해 첫걸음을 내디뎠다는 사실에 기쁨과 흥분을 주체할 수 없었다. 이렇게 나는 집주인으로서의 인생을 시작하게 되었다.

수익 실현을 위한 관문 넘기

경매 투자 단계의 4, 5단계는 잔금 납부와 명도이다. 그런데 잔금 납부를 다 하고 명도를 하면 손해다. 잔금 납부 기일까지는 거의 2개월의 시간이 있으므로, 그동안 명도를 마친 후 잔금을 납부하는 편이 낫다. 낙찰 다음 날 잔금 납부를 위한 대출을 알아보니 대출을 80%만 받아도 무피 투자가 가능해지는 상황인데, 제 2금융권에서는 85%까지도 대출을 해준다고 했다. 그런데 찾아가 이야기를 해보니 가격을 잘 받아 90%까지도 대출이 가능하다고 해 수익은 더 늘어났다.

명도 시에는 내용증명을 먼저 활용하라

대출을 진행하면서 명도를 위한 내용증명을 임차인에게 보냈다.

나와 세입자 사이의 법률 관계나 나의 의도, 서로의 입장과 권리 등은 직접 만나거나 전화를 통해 구두로 설명하는 것보다는 서면으로 전달하는 편이 이해시키기 쉽다. 법률적인 것을 말로 들어서는 종합적으로 이해하지 못하고 자기에게 불리한 측면을 크게 느끼기 십상이기 때문이다.

세입자는 내용증명을 받자마자 전화 연락을 해왔다. 어차피 최우선변제금을 받아가는 임차인이었기에 배당기일에 재계약을 하기로 했다. 재계약이 결정되자 바로 대출을 실행해 소유권을 넘겨받았고, 수리도 할 필요가 없게 되었다. 이런 걸 일사천리라고 하는 것 아닐까?

가장 중요한 것은 내용증명이다. 내용증명에 담긴 많은 내용을 대화로 설명하려면 시간과 에너지가 많이 들 뿐 아니라 서로의 입장 차이를 다 설명하기도 전에 충돌만 빚어지기 십상이다. 글로 서로의 입장 차이를 이해한 후 대화하는 것이 더 유리하다.

작은 수익이 큰 차이의 씨앗이 된다

재계약을 하던 날, 드디어 보증금과 첫 월세를 받았다. 이자를 제외하고도 월 20만 원씩 수익이 나게 되었다. 들어간 투자금은 카드 할부로 낸 취득세를 포함해 600만 원. 받은 보증금이 1,300만 원이니 전액 회수하고도 700만 원이 더 생겼다. 내 손에 있던 500만 원은 1,300만 원이 되었고, 다달이 꼬박꼬박 들어오는 현금 흐름 20만 원을 추가로 확보한 것이다.

인천 다세대 빌라 투자 내역

(단위 : 만 원)

낙찰가 (1)	6,100	보증금 (4)	1,300
매입 경비 (2)	100	월세	35
총 매입액 (1) + (2)	6,200	월 이자	15
대출금	5,500	월 순익	20
투자금	600	연 순수익	240
실투자금 (3) – (4)	–700 (플러스피 투자)	연 수익률	해당 사항 없음

　　월 수입 20만 원이 대수롭지 않게 느껴질 수도 있을 것이다. 하지만 공무원을 기준으로 볼 때 연봉 200만 원을 올리려면 3년간 호봉을 올려야 한다. 나는 집주인이 되기 전과 똑같이 일하고 같은 월급을 받으면서 남들보다 3년을 앞서가게 된 것이다. 현금 흐름 20만 원의 의미는 바로 그런 것이다. 20만 원으로는 별 차이가 안 느껴질지도 모른다. 하지만 이것이 쌓이고 쌓여 월 임대 수익이 100만 원이 되고 200만 원이 되면 어마어마한 차이가 날 것이다.

투자 수익은 다시 투자금으로

집주인이 된 나는 불어난 투자금에 돈을 보태어 다음 투자를 시작했다. 이번에 화곡동에 있는 다세대 빌라의 월세 임대 투자에 도전했다. 처음 화곡동에 경매 물건이 나온 것을 보고는 그 근처 시세와 경매 물건의 위치나 상황 등을 알아보려고 현장에 갔다. 그런데 비슷한 위치, 비슷한 건축 년도의 물건이 경매 시세보다 더 저렴한 가격에 급매로

책을 통해 간접 경험을 쌓아라

책에서 얻는 정보와 간접적인 경험들은 경매와 부동산 투자의 방향을 알려주고 어려움을 헤쳐나가도록 도와주는 가장 큰 지지대가 된다. 나는 경매 관련 도서를 40종 이상 읽었다. 권리 분석 방법이나 법적 사례들을 모아놓은 이론서가 아니라 먼저 시작했던 이들의 성공 내용, 실패 사례, 고생담 등이다. 나는 책을 통해 입찰 전부터 40번의 간접적 입찰 경험을 가질 수 있었던 셈이다. 평범한 공무원, 자신의 집이 경매 당했던 서민, 주식으로 전 재산을 탕진한 사람, 사업이 망해서 몰락한 사업가 등등 많은 이들이 부동산 투자나 경매 분야에 입문한 이야기를 보고 울고 웃으며 나도 할 수 있겠다는 용기를 가졌다.

경매 관련 책을 읽어보고 '에이, 몇 권 읽어보니까 다 똑같던데?' 하거나 '그저 자기 잘났다고 써놓은 것 아닌가?' 하는 사람들도 있다. 사실이 그렇다 하더라도 그런 책을 반복적으로 볼 필요는 있다. 사람의 생각과 가치관, 습관은 쉽게 변하지 않기 때문에 새로운 것에 익숙해지려면 아무리 반복해 읽어도 과하지 않다.

또한 책을 읽고 정리를 하다 보면 보통 3개 정도는 취할 메시지가 있었다. 사실 나는 명도와 대출, 투자지 선정과 수익 실현 등 모든 것을 책을 통해 배웠다. 덕분에 순조로운 출발을 할 수 있었다.

나와 있는 것을 보았다. 곧바로 부동산중개사와 함께 방문해서 집의 상태를 보고 그날 계약을 했다.

그 자리에서 계약금을 지불하고 두 달 후 잔금을 치르기로 했다. 그런데 그 사이 서울의 전셋값이 천정부지로 올라, 두 달 만에 전세 시세가 3,000만 원이 올랐다. 이것을 전세로 임대할 것인지 월세로 임대할 것인지 고민하다 월
세로 2년 수익을 내도 전세
수익금에 못 미치겠다는 판
단에 전세로 임대하여 1,500
만 원을 벌었다. 1차 투자금
을 회수한 것에 내 돈을 조금
더 보태어 1,500만 원을 투자
했더니 3,000만 원으로 돌아왔다.

집 4채, 자산 6억. 500만 원으로 시작한 투자금은 3개월만에
3,000만 원이 되었다. 단순히 투자금이 불어난 것만 따지면 3개월
간의 수익률은 600%가 된다. 운이 따라주어야 하겠지만 1년 내내
이런 속도로 돈을 번다고 가정한다면 연수익률은 2,400%가 될 것
이다.

화곡동 다세대 빌라 투자 내역

(단위 : 만 원)

매입가 (1)	14,000	보증금 (4)	15,500
매입 경비 (2)	500	월세	0
총 매입액 (1) + (2)	14,500	월 이자	0
대출금	0	월 순익	0
투자금 (3)	14,500	연 순수익	해당 사항 없음
실투자금 (3) − (4)	**−1,000 (플러스피 투자)**	**연 수익률**	**해당 사항 없음**

투자의 목표와 기한을 정하라

부동산 투자를 하는 목적은 사람마다 다르다. 어떤 사람은 살 집을 한 채 장만하기 위해 시작한다. 그런가 하면 자산을 늘리려 투자하는 사람도 있고, 현금 흐름을 확보하는 것이 목적인 사람도 있다. 나 같은 경우는 람보르기니를 탈 만큼의 경제적 자유를 얻는 것이 목표였다. 따라서 나는 부동산 투자에 있어서 성장성을 최대한 끌어올리는 데 중점을 두었다. 들어가는 시간 대비 소득의 최대화, 투자금 회수 최대화가 나의 과제였다.

투자를 할 때에는 성장성, 안정성, 수익성, 현금 흐름, 시세 차익 등을 고려해야 한다. 그중 어느 쪽에 더 비중을 둘 것인가는 투자의 목표가 무엇인가에 따라 달라진다. 자산 증식을 위해서라면 시세 차익에 비중을 두고 투자를 하는 것이 현명하다. 임대 수익에 중점을 두고 임대 사업을 하고 싶다면 현금 흐름을 확보하는 것이 필요할 것이다.

또한 언제까지 얼마의 수익을 낼 것인가 하는 수치상 목표가 있어야 한다. 기한이 없는 목표는 목표가 아니다. 목표와 기한이 있어야 그것에 맞추어 투자를 하고, 수익을 낼 수 있다. 자신의 목적과 투자를 통해 이루려는 목표가 명확해야 수익을 최대한 끌어올릴 수 있다. 투자는 남이 해주지 않는다. 투자를 하면서 꼭 기억해야 할 마음가짐이다.

지금이 가장 좋은 때다

투자를 하든, 사업을 하든, 취업을 하든, 앞으로의 전망에 대한 이야기에는 부정적인 것과 긍정적인 것이 항상 공존한다. 될 거라는 사람이 있는가 하면 안 될 거라는 사람도 있다. 힘들 거라는 사람이 있는가 하면 재미있을 거라고 하는 사람도 있다. 부동산 가격이 오를 대로 올라 지금 투자를 하는 것은 위험하다고들 하지만 그런 말은 10년 전에도 있었다. 그래도 당시에 비해 집값은 올랐다.

최근 10년 내 한국에서 부동산 부자나 10억대 자산가들이 가장 큰 폭으로 늘어난 시기는 미국 발 금융 위기가 시작된 후부터였다. 당시에도 사람들은 투자하기에 위험하다고들 했다. 그 말을 듣고 투자를 포기한 사람들은 그 자리에 멈춰 있지만, 위기가 기회라 생각하고 방법을 찾았던 사람들은 부자가 되었다.

현재에도 많은 사람들이 부동산 투자는 위험하다고 한다. 그러나 잘하고 있는 사람들은 이 와중에도 되는 이유와 될 수 있는 방법을 가르쳐준다. 부정적인 우려와 긍정적인 전망 중 어느 쪽을 따를 것인지는 각자의 선택이다. 머물러 있을 것인가? 아니면 한번 딛고 일어나볼 것인가? 안 될 거라 생각하는 사람들은 그 생각의 한계에 갇혀 있게 마련이다. 그러나 된다고 생각하고 방법과 기회를 찾는 사람은 성과를 낼 수 있다. 시기와 상황이 어떻든 상관없이 방법만 찾는다면 지금이 바로 투자하기 가장 좋은 때다.

책상머리에서 벗어나 투자 경험을 쌓아라

부동산 투자를 총 10번 한다고 했을 때, 진짜 돈은 5번째부터 번다고 봐야 한다. 첫 건부터 바로 큰 수익을 내려고 해서는 안 된다는 얘기이다. 그렇다고 손실을 보는 투자를 해서는 절대 안 된다. 투자를 했다면 당연히 수익을 내야 한다. 실제로 첫 투자부터 꽤나 큰 수익을 낼 수도 있다. 소위 말하는 '초심자의 행운'이다. 하지만 우연은 반복되지 않고, 행운은 늘 찾아오지 않는다. 결국은 자신의 실력에 비례한다. 가끔 보면 투자에 대한 공부만 오래 하는 사람들이 있는데, 나는 이런 사람들을 보면 안타깝다. 이런 사람들은 아는 게 굉장히 많다. 부동산 투자 신간, 최근 유행하는 투자 방식, 인기가 많은 강의 등등 관련 지식은 많이 갖고 있지만 실제로 부동산 투자 경험이 없다. 실행하지 않으니 삶도 바뀌지 않는다. 더 큰 폐해는 아는 게 많을수록 생각이 많아져 더더욱 실전에 옮기지 못한다는 점이다.

경험에 투자하라
그렇다면 어떻게 실력을 쌓을 것인가? 가장 좋은 방법은 경험에 투자하는 것이다. 부동산 투자를 제대로 하려면 일단 부동산을 소유해야 한다. 낙찰을 받아봐야 한다. 앞서 강조한 부동산 경매 투자 7단계를 한 사이클 돌려봐야 한다. 그렇게 하면 보이지 않던 것들이 보인다. 경험을 통해 배운다. 그래야 무엇을 배워야 할 지 알게 된다.
지금 당장 현장으로 나가라. 투자하라. 최대한 실투자금을 줄여서 경험을 쌓아라. 아무리 쉬워 보이는 물건도 직접 해보면 시행착오를 겪게 된다. 이를 통해서 배우는 것이다. 도전하는 것을 두려워하지 말라. 경험하면 성장한다. 그 성장이 돈을 벌어다준다.

직장인 투자는
시간과의 싸움이다

· 갱쥬 ·

사실 고등학교 때까지는 부모님과 함께 살아서 돈에 대해 그다지 심각하게 생각해본 적이 없었다. 용돈이 필요하다고 하면 넉넉히 주셨고, 학원에 다니고 싶다고 하면 보내주셨다. 부모님께서는 항상 나를 믿어주시고 어떤 것을 해도 항상 응원해주셨다. 스스로 돈을 모아야겠다고 생각한 것은 원하는 대학교에 가기 위해 재수를 하면서부터였다. 대학교에 진학한 후부터는 자취를 시작하고, 성인이 되었으니 용돈은 받지 않겠다고 선언했다. 나의 종잣돈 모으기는 여기서부터 시작되었다.

할 수 있는 아르바이트는 모두 해봤지만 부모님께 용돈을 받지 않고 아르바이트를 해서 자취 생활을 하는 건 힘든 일이었다. 평일에는 수업 후 바로 편의점 아르바이트를 하고, 주말에는 영어 과외를 하면서 돈을 모았다. 그렇게 해서 한 달에 내 수중에 들어오는 돈은 대략 70~75만 원 정도. 35만 원을 월세로 내고, 남는 돈으로 교통비와 통신비를 내고 나면 내가 쓸 수 있는 돈이 얼마 되지 않았다. 저축을 한다는 건 있을 수 없는 일이었다. 그중에서도 가장 아깝게 느껴진 지출은 월세였다.

월세 내며 종잣돈 모으기

이때부터 금융권으로 취업해야겠다는 생각을 했던 것 같다. 처음에는 영어 선생님이나 승무원을 꿈꾸었는데, 4학년 2학기 때부터는 확고하게 금융권을 목표로 잡고 공부하기 시작했다. 돈을 벌고 싶었고, 많이 벌고 싶었다.

졸업하고 바로 저축은행에서 아르바이트부터 시작해 계약직으로 일했다. 그러면서 조금씩 종잣돈을 모으며 제1금융권으로 이직하기 위한 자격증 공부도 계속했다. 회사가 있는 분당의 월 42만 원짜리 반지하 월세방에서 지내며 건물주가 되어 일하지 않고 월세를 받는 것이 얼마나 매력적인지를 확실하게 느꼈다. 집주인은 미국에서 살고 있는 노부부인데, 임대는 부동산중개소에서 관리해주고 있었던 것이다. '외국에 살면서 나한테서 꼬박꼬박 월세를 받고 있다니, 나

종잣돈 모으기

• 종잣돈은 한 바구니에

분산 투자에 대해 다시 생각해봐야 한다. 수중에 1,000만 원도 없으면서 그 돈을 쪼개 적금, 예금, 펀드, 보험 등에 분산 투자하는 것은 아무 의미가 없다. 즉 종잣돈을 모으는 시점에서는 불필요하다는 얘기다. 기준 금리 1%대인 저금리 시대에 분산 투자로 얻을 수 있는 수익은 일반 적금으로 계산했을 때 겨우 몇 만 원에 지나지 않는다.

돈 늘어나는 게 한눈에 보이도록 한 바구니에 담자.

• 금융 상품 투자는 여윳돈으로

금융 상품에 투자할 때는 중간에 사정이 생겨 해지하게 되는 상황도 고려해야 한다. 펀드의 경우 이득이 나면 좋겠지만, 예금자 보호가 안 되기 때문에 손실이 날 수도 있다. 또 비과세가 되는 저축보험의 경우에는 5년이 지나기 전에 해지하면 원금도 못 찾고 손실을 본다. 투자할 때는 이런 리스크까지 생각해야 한다.

급할 때 쓸 돈은 따로 입출금이 가능한 통장에 넣어두고, 나머지 돈을 가지고 투자하는 것이 좋다.

• 왜 종잣돈을 모으는가

돈을 모을 땐 '구체적인 목표'를 가져야 한다. 기간, 목표 금액, 돈을 모으는 확실한 이유가 있어야 한다. 그러지 않으면 분명 흔들린다. 나는 막연히 '내 집을 가지고 싶다'고만 생각했을 뿐 구체적으로 어떻게 집을 살지에 대해서는 생각해보지 못했다. 때문에 조금씩 지쳐갔다.

내가 왜 돈을 모으는지, 왜 모으고 싶은지, 무엇을 하기 위해 돈을 모으고 있는지 자신만의 기준을 세워야 지치지 않고 모을 수 있다.

에게는 월세 지출이 이리도 아까운데……'라는 생각이 들었다.

열 번 찍어 안 넘어가는 나무 없다고, 졸업 1년 후 마침내 원하던 제1금융권에 취업했다. 이때부터 본격적인 종잣돈 모으기를 시작했다. 연봉은 2배가 되었고, 인천국제공항 지점에서 일하면서 시간외 수당까지 더했다. 물론 돈을 쓰지 않고 참을 때는 짜증이 나기도 했지만 통장에 차곡차곡 돈이 쌓이는 것을 볼 때의 뿌듯함에는 비할 바가 못 되었다. 기본적으로 수입의 80%는 2개의 적금통장에 반씩 넣었다. 점심은 도시락을 싸와서 해결하는 날이 많았고, 유니폼을 입으니 옷도 거의 사지 않았다. 가끔씩 갖고 싶은 화장품을 사서 내 자신에게 선물하거나 맛있는 것을 사 먹는 것으로 스스로를 위로했다. 이렇게 하여 28살이던 그때 약 1년 반 동안 약 3,100만 원 정도를 모았다.

부동산 경매의 매력에 빠지다

종잣돈을 모으면서 집을 사고 싶다고 생각하게 된 것은, 결혼에 대해 구체적으로 생각하게 되면서부터였다. 월세를 받아 생활하는 삶을 꿈꾸긴 했지만, 그것은 너무나 막연하게 느껴졌다. 그래서 우선 내가 거주할 집을 구매하는 게 현실적이란 생각이 들었다. 그렇다 해도 종잣돈을 모아 집을 사려면 오랜 시간이 걸릴 것 같았다.

언제, 누구와 결혼을 하든 내 이름으로 된 집은 하나 갖고 싶었다. 어떻게 하면 현명하게 돈을 모을지, 어떻게 하면 집을 살 수 있는지 알아야 했다. 그것을 배우기 위해 부동산 투자를 비롯한 여러 투자 관련 서적들을 읽던 중 부동산 경매를 처음 접했다. 재무설계사 공부를 할 때도 경매에 관해서는 거의 배우지 못했는데, 이렇게 매력적인 분야였다니! 경매 관련 서적을 편식하면서 더욱더 경매의 매력에 빠져들었다. 무엇보다도 경매 투자는 시세보다 싸게 사는 것이기 때문에 즉시 이득을 얻고 시작한다는 점, 그리고 일반 담보대출과는 다른 경락잔금대출이 있다는 점에서 굉장히 매력적으로 다가왔다.

이후 카페에 가입하고 용기를 내어 스터디 모임에 참여하면서 경매 공부가 시작되었다. 스터디를 통해 경매를 먼저 시작한 사람들의 이야기를 들으며 자극을 받기도 하고, 현장 답사도 병행하면서 나의 주말은 빡빡하게 채워졌다. 며칠 안 되는 휴가도 법원에 가서 입찰을 하는 데 모두 사용했다. 이왕 시작한 것이니 한 건이라도 낙찰 받고 싶은 마음이 간절했다. 첫 낙찰을 받게 된다면, 1억 원이 넘지 않는 선에서 배운 대로 부동산 경매 7단계를 한 사이클 돌려봐야겠다고 계획했다.

현장 답사를 다니다 보니 조금씩 보는 눈도 생기고, 체력도 단련되는 부수적인 효과도 있었다. 게다가 실제로 현장 답사를 해보면 경매 사이트에서 본 내용과 차이 나는 경우가 많았다. 특히 빌라 같은 경우에는 시세 차이가 심한 물건도 상당수였다. 이런 경험이 쌓이면서 현장 답사의 중요성을 더욱 실감했다.

현장 답사, 미리 준비해야 더 많이 얻는다

자취집을 구하러 다닐 때 집을 본 경험이 다였지, 사실 제대로 물건을 보러 다닌 경험이 없어서 현장 답사를 하면서 배울 것이 많았다. 우선 마음자세가 달라졌다. 거주할 곳이 아니라 투자할 곳을 보러 다닌다고 생각하니 대충 볼 수가 없었다. 우선은 회사와 가까운 화곡동의 물건을 보러다녔는데, 만에 하나 임대가 잘 되지 않을 경우 내가 들어가 살 생각에서였다.

퇴근 후 용기 내어 근처 부동산을 찾아가 사장님께 이런 이야기를 하면서 몇몇 물건을 보러 다녔다. 역 근처의 물건들을 보여주셨는데 마음에 쏙 드는 물건이 없었다. 지하철역과 가깝다 보니 대개 비쌌고, 막상 들어가보면 너무 오래된 건물인 경우가 많았다. 신축 빌라들의 가격은 내가 계획한 금액과 차이가 너무 많이 났다.

직장인인 내가 퇴근 후 집을 보러 다니는 데는 한계가 있었다. 결국 2개월 넘게 주말마다 현장 답사를 다녔다. 직장인으로서 시간 활용이 쉽지 않은 경우 평일보다는 주말을 잘 활용해야 한다. 물론 관심 물건이 직장 근처에 있다면 퇴근 후에 현장 답사를 다니는 것도 한 방법이다. 하지만 이 외의 경우에는 사전 조사를 철저하게 하여 소중한 주말을 효율적으로 사용해야 한다. 나는 평일에는 틈틈이 관심 물건을 계속 검색하고, 권리 분석은 물론, 인터넷 로드맵을 통해 그 근처 부동산이 어디에 얼마나 있는지까지 철저히 확인하여 시간을 헛되이 보내지 않으려고 노력했다.

현장 답사를 다닐 때 동료들과 함께 다니는 것도 좋다. 아무래도 여럿이 다니면 여러 부동산에 나눠 들어가 시세 조사도 수월하게 할 수 있고, 주변 환경을 볼 때도 시선이 여럿이다 보니 혼자서 보지 못하는 장점과 단점을 볼 수 있다.

인천 구월동으로 두 번째 현장 답사를 갔을 때는 동료들과 동행했다. 현장 답사할 때는 우편물도 확인해보고 주변 환경 시설도 파악했다. 사전 조사하면서 본 경매 사이트에는 '지하철역에서 걸어서 5분' 거리라고 나와 있었지만 막상 걸어보니 15분 정도 걸렸다. 길 건너 맞은편에 작은 아파트 단지가 있어 마트나 여러 가지 부대 시설은 많았다. 집 내부를 확인해보진 못했지만 여러 가지 조건이 괜찮았다. 그런데 결정적인 것은 물건의 감정가가 시세보다 조금 높게 잡혀 있다는 것이었다. 사전 조사를 하지 않았다면 모를 수도 있는 일이었다. 시간의 한계, 상황의 한계를 넘어 효과적으로 현장 답사를 하려면 이런 사전 조사가 반드시 필요하다.

경매 공부 한 달 만에 받은 첫 낙찰

세 번째 현장 답사 물건은 역시 동료들과 함께 한 인천 서구 석남동의 한 빌라였다. 몇 번의 현장 답사 경험을 거치고 나니 이제 초인종을 누르는 것이 그다지 두렵지 않았다. 석남동 물건은 오래된 건물이었지만, 바로 옆에 시장이 있고 앞에는 초등학교가 있는 등 입지 조건이 좋았다. 또 근처에 작은 아파트 단지가 있어 상가나 편의시설도 많았고, 버스정류장도 가까운 곳에 모여 있었다.

게다가 인천 2호선 개통과 서울 7호선 연장이 예정되어 있어 인천은 물론 강남까지도 지하철로 출퇴근할 수 있는 곳이었다. 사실 현장 답사를 다닐 때 근처에 지하철이 없어 급한 마음에 택시를 이용하면서 불편하다고 생각했는데 지하철이 연결된다고 하니 더 욕심이 생겼다.

투자용이라고 생각하고 감정가 대비 낙찰가를 계산해보니 나쁘지 않았다. 감정가는 5,100만 원으로 시세와 별 차이가 없었고, 주변 비슷한 물건들의 낙찰가는 3,000만 원대 후반에서 4,000만 원대 초반이었다.

태어나서 처음 법원에 가서 석남동 물건에 입찰했다. 계획대로 4,000만 원을 조금 넘겨서 적었다. 겉으로 볼 때 물건 자체가 그렇게 좋은 물건이 아니어서 그랬는지 나를 포함 3명이 입찰하여 낙찰을 받았다. 첫 입찰에 첫 낙찰이라니! 기쁘기도 했지만 경매 공부를 시작한 지 한 달밖에 안 되었는데 덜컥 낙찰을 받아버리니 한편으로는 두렵기도 했다. '내가 지금 무슨 짓을 한 거지?' 하는 생각에 마음이 불안하고 머릿속이 복잡했다.

그날 저녁 집에 와서 꼼꼼히 수익률을 다시 계산해보았다. 낙찰가 4,013만 원, 경락잔금대출 3,500만 원. 보증금을 500만 원 정도 받는다면 실제로는 기타 부대비용 정도만 투자하면 되는 것이었다. 월 30만 원의 월세를 받는다면 대출 이자를 빼고도 순수익이 20만 원 정도 남는다. 대단히 좋은 물건이 아닌데도 이 정도 수익을 낼 수 있다는 것은 경매가 갖는 매력이었다.

겨우 월 20만 원 정도를 벌자고 주말마다 현장 답사를 다니고 남은 휴가를 다 소진하느냐는 사람도 있을 것이다. 하지만 1%대인 금리를 감안하여 금리 1.8%의 정기 예금에 1,000만 원을 넣었다고 할 때 1년 뒤 받는 이자는 내가 받게 될 한 달치 월세와 비슷하다. 대략 400만 원 정도 되는 예상 실투자금을 정기예금에 넣는다면 한 달 이자가 얼마나 될까? 그것을 경매 수익과 비교해보면 대략 41배의 차이가 난다.

명도는 명확한 입장 차이에서 출발하라

운 좋게 낙찰은 받았지만, 사실 그 다음부터가 더 힘들었다. 우선 문제는 내부를 보지 못했다는 것이었다. 수차례 방문해보았지만 세입자를 만날 수 없었다. 사람이 살고 있지 않은 건 아닐까, 젊은 여자라고 만만하게 보지 않을까 두렵기도 했다. 조언을 구하니, 낙찰자 대리인이라 하고 방문하는 방법을 권했다.

다행히 집 문 앞에 연락처를 붙이고 온 지 이틀 만에 세입자에게서 연락이 왔다. 약속을 잡고 물건지를 방문해보니, 상황은 그리 나쁘지 않았다. 40대 초반의 부부가 초등학생 아이들과 거주하고 있었고, 직장이 가까워 이사 갈 생각이 없다고 했다. 집의 내부도 생각보다 넓고 깔끔했다.

하지만 명도는 쉽지 않았다. 세입자는 나에 대해 경계심을 갖고 있었다. 낙찰자 대리인이라고 하니 약간 무시하며 낙찰자를 만나게 해달라고 했다. 경매로 집이 넘어갔다는 상황에 두려워하며 말을 바꾸어 이사를 가겠다고 했다.

한 달 동안 그들의 이야기를 들어주려 했다. 경매로 집이 넘어가는 상황에 힘들었을 세입자의 사정을 공감하려고 노력했다. 가급적 내용증명을 보내지 않고 대화를 통해 해결해보려고 세입자에게 생각할 여유를 주기도 했다. 하지만 세입자는 연락도 잘 안 되고, 연락이 되어도 설명이나 문자에 반응이 별로 없는 편이어서 명도를 진행하는 나로서는 속이 탔다.

지금 생각해보면 처음부터 내용증명을 보내지 않은 것이 잘못이었다. 만나기 전에 내용증명을 먼저 보내 글과 문서로 이 상황을 확실하게 알리고, 나의 입장과 세입자가 처한 입장을 확실하게 인지시켜주었다면 좀 더 빠르게 일이 진행되었을 것이다. 대화로 풀어가는 게 좋을 거라는 나의 생각은 완전한 착각이었다. 상대가 어떤 성격의 사람인지, 정확한 상황이 어떤지에 따라 과정이나 결과는 얼마든지 달라질 수 있기 때문이다.

또한 젊은 여성이거나, 인상이 순한 사람이라면 낙찰자 대리인의 입장으로 접근하는 것도 좋은 방법이다. 낙찰자가 아니라고 하면 세입자가 솔직하게 이런저런 얘기를 하기도 하고, 세입자에게 대답을 해야 할 때에도 낙찰자에게 전해주겠다고 하며 답을 유예할 수 있기 때문이다.

우여곡절 끝에 명도를 마쳤다. 처음 예상과는 달리 대출은 3,200만 원을 받을 수 있었고, 다음 물건을 위한 투자금 마련을 위해 보증금 1,000만 원에 월세 25만 원으로 임대하였다.

또한 화장 단계에서 욕심을 내어 내부 리모델링도 하였다. 벽지와 장판을 새로 바꾸었고, 특히 세면대도, 샤워 시설도 없던 화장실을 깨끗하게 리모델링하였다. 생각보다 화장 단계에서 욕심을 부려 실투자금이 예상보다 더 초과되었지만, 나의 첫 물건이라는 애정이 담겨 있어 후회는 없다.

첫 명도에서 초보 낙찰자의 모습을 많이 보였지만, 한 번의 경험을 통해 책 50권 이상의 배움을 얻을 수 있었다. 특히 모든 투자는 경험이 밑바탕이 되어야 확신을 가지고 계속해갈 수 있다는 교훈을 얻었다.

인천 석남동 빌라 투자 내역

(단위 : 만 원)

낙찰가 (1)	4,013	보증금 (4)	500
매입 경비 (2)	520	월세	30
총 매입액 (1) + (2)	4,533	월 이자	9.8
대출금	3,200	월 순익	20.4
투자금 (3)	1,333	연 순수익	242.4
실투자금 (3) − (4)	833	연 수익률	29%

경제적 수익보다 더 좋은 수익

2개월여의 시간 동안 나는 거의 모든 현장 답사에 참여했다. 법원 입찰은 평일에만 있기 때문에 남은 휴가는 모두 법원에 갈 때 사용했다. 내가 입찰을 할 때뿐 아니라 동료들이 입찰할 때에도 휴가를 내 그날의 경매가 끝날 때까지 함께 있곤 했다. 경매 투자뿐 아니라 급매나 분양 투자도 하고 있는 다른 동료들을 따라 신축 분양 현장에 가보기도 했다.

부동산 투자를 시작한 지 얼마 안 된 초보라서 전체적인 부동산 투자에 대한 감이 없는 나는 시세 차익에 대한 감이 어느 정도 필요한 전세는 보류하고, 리스크를 최대한 줄여 현금 흐름이 가능한 '수익형 부동산'에 투자해보기로 했다. 그 수익형 부동산에서 나오는 현금 흐름으로 여유 자금을 만든 다음 전세나 갭 투자에 도전해보려고 한다. 경제 상황은 항상 변하고 있기에 정답은 없다. 다만 나와 같은 소액 투자자는 이 변화 속에서 자신만의 원칙을 세우고 지키며 여유롭게 투자하는 것이 가장 좋은 방법이라고 생각한다.

한 가지 더하여 내가 투자를 통해 얻은 가장 좋은 것은 돈이 아니라 사람들이다. 지쳐가던 직장 생활에 활력이 생겼다는 것도 또 하나의 소득이다. 사실 2015년 초 새로운 지점으로 발령을 받으면서 길어진 출퇴근 시간과 강도 높은 업무, 야근에 시달려 초췌해져가던 '직.장.인'으로서의 내 모습은 안쓰럽기까지 했다. 그런데 공부를 하고, 사람들을 만나면서 내가 힘들어했던 이유를 알게 되었다.

그건 내가 열정과 초심을 잃어버린 때문이었다. 그러던 내가 투자 활동을 하면서 다시 꿈을 꾸게 되었다. 더구나 투자라는 것은 내 직업과도 관련이 있어서 더욱 자극이 되었다. 나는 투자는 투자대로, 커리어는 커리어대로 쌓아가는 멋진 삶을 살아가고 싶어졌다. 도전하고 경험할수록 시야는 넓어진다. 망설이고 있는 직장인이 있다면 지금 당장 시작했으면 좋겠다.

유비의 부동산 재테크
talk talk

잘 쓴 내용증명 한 통, 열 문자 안 부럽다!

경매 투자시, 초보 투자자들이 가장 어려워하고 두려워하는 것이 바로 '명도'다. 살고 있던 집이 경매에 넘어가 신경이 잔뜩 곤두서 있는 사람들이 나에게 호의적이지 않은 건 당연하다. 생전 처음 보는 사람에게 상황을 이해시키고, 적은 금액으로 충돌 없이 내보내는 것은 결코 쉬운 일이 아니다. 특히 낙찰자가 상대적으로 만만해 보이는 젊은 여성이라면 더욱 어렵다. 이런 때는 내용증명을 보낼 것을 추천한다. 잘 쓴 내용증명 하나로 어렵게만 보이던 명도를 손쉽게 끝내기도 한다.

'내용증명'은 나의 의견을 구두로 전달하는 대신 문자로 일목요연하게 정리하여 전달함으로써 점유자가 상황을 명료하게 이해할 수 있도록 돕는다. 더불어 점유자에게 현실을 직시하고 생각할 틈을 주어 원만하게 해결할 기회를 얻을 수 있다. 또한 법적 효력은 없을지라도 우체국이라는 공적 기관을 거치기 때문에 후에 상황이 어려워질 경우 증거로 활용할 수 있는 이점이 있다.

내용증명을 작성할 때에는 다음의 사항만 기억하면 된다. (자세한 사항은 p.144 참조)
- 특별한 형식이 없으므로 너무 형식에 끼워 맞추려고 할 필요는 없다
- 목적은 점유자가 현재 처한 상황과 앞으로 벌어질 일을 확실히 인지하게 하는 것이다.
- 우체국을 통해 발송하는데(본인 보관용. 우체국 보관용, 상대방 보관용, 각 1통), 인터넷으로도 가능하다.
- 정리에 휩싸여 '좋은 게 좋은 거다'라고 생각하고 작성할 경우 오히려 서로 간에 감정만 상하는 일이 벌어질 수도 있다. 그러니 원만히 일이 진행되지 않을 경우 점유자가 겪을 수 있는 불이익에 대해 명확하게 적어야 한다.

주말에는
부동산 데이트 어떠세요

· 브라이언cho ·

지방에서 5년간 근무하다 서울 본사로 발령을 받아 집을 구하러 다녀보니 집세가 너무 비쌌다. 지방에서는 전세 보증금 4,000만 원으로 아파트에 거주했는데 서울에서는 그 돈으로 아파트는커녕 원룸 전세를 구하기에도 빠듯했다. 적금 통장을 깨고 신용대출을 받아 마포구 연남동의 원룸에서 전세 6,000만 원으로 서울 생활을 시작했다. 2년 후 계약 만기가 다가오자 더욱 가관이었다. 25년이 넘은 빌라 원룸의 보증금을 3,000만 원이나 더 올려달라고 하는 것이었다. 처음 이사 왔을 때의 연남동이 아니었다. 그때부터 나는 내 월급을 가지고 서울에서 만족하며 살 수 있을지 스스로에게 질문하기 시작했다. 그런 고민을 계속하던 차에 책을 한 권 접했고, 뭔가에 홀린 사람처럼 부동산 경매에 빠져들었다. 내게 부동산 경매는 경제적 자유를 누리며 생존할 방법을 찾다가 만난 길인 셈이다. 내가 부동산 경매 투자를 한다고 하면 주변 사람들 열 명 중 아홉은 이렇게 말한다.

"부동산 경매, 그거 어려운 거 아냐?"

"경매 받은 집은 하자 있는 거 아냐?"

"부동산 경매 투자를 하려면 돈이 많아야 하는 거 아냐?"

나 또한 처음에는 똑같은 생각을 하면서 한참을 망설였다. 하지만 지금은 완전히 생각이 바뀌어 주변 사람들에게도 적극적으로 권한다. 부동산 경매 투자는 일단 기본기만 터득하면 그 다음부터는 관련 서적을 보고 전문 용어나 다양한 문제에 관해 공부해가며 견문을 넓혀가면 되는 분야이다. 즉 오픈북처럼 내가 원할 때면 언제나 책을 열고 공부해나갈 수 있는, 그러면서도 하는 만큼 최상의 결과를 이끌어낼 수 있는 최고의 재테크다.

부동산 경매 투자의 세계를 접한 뒤 본격적으로 입문하기 전에 관련 서적들을 찾아 읽었다. 그런 다음에는 카페에 가입하여 스터디에 참여했다. 첫 수업을 마쳤을 때 어려운 용어들이 계속 머리에 둥둥 떠다녔다. 그래서 강의 자료도 읽어보고 다른 책도 찾아보고, 복습·예습도 철저히 했지만, 종강할 때까지도 수업을 완벽히 이해하지는 못했다. 하지만 조급해하지 않았다. 반복적으로 나오는 용어들은 다시 찾아보면 될 거라 생각했기 때문이다.

즐기며 투자하는 방법을 찾아라

스터디를 통해 부동산 경매 투자에 대해 조금씩 익숙해지면서 공부하는 시간이 점차 즐거워졌다. 부동산 경매 사이트에도 출퇴근 시간, 점심시간 등 하루 2시간 이상 틈날 때마다 접속해 물건을 검색하고 관심 물건은 저장해놓았다. 사실 처음에 부동산 경매 사이트의 1년 유료 회원으로 가입할 때에는 결제 금액이 조금 부담스러웠는데, 동료들과 팀을 이루니 공동 구매가 가능했다. 각자 사용할 시간을 정하여 유동적으로 활용할 수 있었다.

서울이나 경기 지역뿐만 아니라 수도권에서 가까운 대전, 충남 지역 및 고향인 전라도 지역의 물건까지 가급적 많은 물건을 검색하였고, 마음에 드는 물건은 입찰에 들어가지 않더라도 권리 분석까지 해둬야 마음이 편했다.

내 경우 부동산 경매에 대해 접근하는 데 아주 유용하며 저렴하게 도움을 받은 것은 독서이다. 사실 많은 사람들이 독서를 통해 경매에 발을 들여놓는다. 서점의 부동산 섹션에 가보면 수많은 부동산 경매 투자 관련 서적들이 나와 있다. 그중 마음에 들거나 평가가 좋은 책을 읽다 보면 저자의 노하우를 간접적으로 습득할 수 있다.

독서량이 늘자 할 수 있을 것 같다는 자신감이 생겼다. 또 저자의 투자 마인드나 방식이 궁금해지면 좋은 강의를 찾아 듣거나 스터디를 신청해 직접 강의를 들으며 지식을 쌓았다. 책을 읽는 것에 그치지 않고 계속 지식을 쌓으며 투자의 감을 찾으려 노력했다.

아무래도 직장인이다 보니 평일에는 퇴근이 늦어 현장 답사할 상황이 되지 않아서 토요일 하루를 온전히 투자하여 현장 답사를 다니며 실전 감각을 익혔다. 다행히 부동산에 관심 있는 여자친구를 만나 대부분의 현장 답사를 함께 다니고 있다. 현장 답사라기보다는 서로가 관심 있는 지역의 물건을 보며 함께 공부하고, 향후 미래가치를 분석하며 부동산 데이트를 하러 다니는 기분이다. 부동산을 돌다가 배고프면 그 동네의 맛집에 찾아가 맛있는 점심도 먹고, 분위기 있는 카페에도 찾아가곤 한다.

잘 아는 지역에서 시작하라

부동산 경매에 투자하면서 평일에는 입지 분석, 투자 노하우, 수도권 분석 등을 중심으로 하는 이론을 공부하고, 토요일에는 현장 조사를 가기로 했다. 누가 시켜서 하는 것이 아니라 내가 하고 싶어서 하는 것이기에 더욱 만족스럽고 즐거웠다.

스터디를 마친 후 광주 지방법원 순천 지원에서 첫 입찰에 도전했다. 사실은 완벽하게 준비를 한 다음 입찰에 들어가고 싶었지만, 나보다 먼저 입찰을 시작한 동료들을 보니 마음이 급해졌다. 매일 부동산 경매 사이트를 뒤지며 기회를 노렸다. 그러던 중 고향 집에 내려갈 일이 생겨 그 지역 물건을 검색하다 마음에 드는 아파트 물건을 찾았다.

고향이라 입지 조건 등은 잘 알고 있었고, 점유자가 배당을 받아 가는 소액 임차인이어서 권리 분석을 해봐도 아무 문제가 없었다. 고향에 내려갔을 때 시간을 쪼개 아파트 주변을 돌며 현장 조사를 했다. 경매 나온 물건의 임차인은 만나지 못했지만, 아파트 경비원을 통해 물건에 대한 사람들의 선호도 등의 많은 정보를 얻었다.

현장 답사에서 돌아와 조사 내용을 정리하고 수익률 30%의 입찰가를 산정했다. 다음 날 법원에 가서 분위기를 보니 경쟁이 치열할 것 같았다. 입찰가를 조금 높여 쓸까 망설여지기도 했지만 결국 그대로 입찰 봉투를 제출했다. 제출 후 하루같이 길게 느껴진 한 시간이 지나 입찰한 물건의 낙찰자 이름이 나왔다. 아쉽게도 200만 원 차이로 2등이었다. 너무나 아쉬운 패찰이었지만, 좋은 경험으로 삼기로 했다.

잘 아는 지역이라도 현장 답사는 주도면밀하게

첫 입찰 물건은 내가 잘 아는 고향 지역의 물건이어서 비교적 시세와 구조 파악하기가 용이했다. 감정가 6,500만 원에 경매에 나온 물건 바로 아래층에 친구가 거주하고 있어 친구의 집을 보며 구조 및 내부를 파악할 수 있었다. 바로 입찰에 들어갈 수도 있었지만 근처 아파트들의 시세를 파악하고 싶어 주변 부동산에 가서 갑작스런 지방 발령으로 집을 구해야 하는 신혼부부라고 하며 집을 보러 다녔다. 그 결과, 시세에 비해 감정가가 높게 잡혔다는 것을 알 수 있었다. 만약 내가 알던 정보대로 입찰에 들어갔더라면 낙찰은 받았겠지만 향후 시세 차익을 얻기는 힘들었을 것이다. 돌다리도 두드려 보고 건너라는 말처럼, 아무리 잘 아는 지역이라도 한 번 더 꼼꼼히 체크해야 한다는 것을 피부로 느낄 수 있었다.

물건 검색을 하다가 입지나 가격 등을 토대로 수익률을 분석해보고 마음에 드는 물건을 발견하면 현장 답사를 간다. 아무리 잘 아는 지역이라도 꼼꼼하게 체크해야 할 것들이 많다. 크게 현장 답사 전에 확인해야 할 것, 현장에서 알아볼 것, 현장 답사 후에 보완하여 알아봐야 할 것으로 나눌 수 있다.

현장 답사 가기 전에는 최대한 시세를 파악해 수익률을 분석해본다. 또한 부동산에 연락해 경매 물건과 비슷한 물건을 최대한 많이 둘러볼 수 있도록 약속을 잡는다. 아울러 하나 이상의 물건을 조사하게 된다면 이동을 위한 동선도 파악해두고 움직인다. 이렇게 사전에 준비를 잘해두면 시간이 절약된다. 현장에서는 사전 조사한 것을 확인하는 수준으로 조사할 수 있다.

하지만 현장에서만 확인할 수 있는 것들도 많기 때문에 여기에 보다 집중해야 한다. 예컨대 낮에는 주변의 상가나 주거 환경, 교통의 편리성 등에 대해 철저히 파악한다. 실제 동네의 거주자에게 물어보는 것도 좋다. 밤에는 귀갓길이 안전한지, 치안이 잘 유지되고 있는지 등 거주 환경을 두루 살펴보면 좋다.

현장 답사에서 무엇보다 중요한 것은 실제 경매 물건을 보는 것이다. 실제 경매에 나온 물건을 보는 것을 목표로 하고, 주변의 물건들과 비교해보는 것이 좋다. 첫 낙찰을 받은 인천 서구 경서동 빌

현장 답사의 기승전결!

1. 답사 전 조사
- 국토교통부 실거래가, KB부동산알리지 시세, 네이버 부동산 등을 이용해 시세 파악
- 해당 지역 공인중개사에게서 시세 확인
- 물건 이동 동선 파악

2. 현장에서의 조사
- 부동산중개사의 성향을 파악하여 자연스럽게 질문
- 인근 비슷한 물건의 시세 파악
- 현장 답사 물건의 장·단점 파악, 하자 여부, 누수 및 결로, 내부구조
- 학군 및 거리, 교통 조건, 교육 환경, 주변 상권, 편의시설, 개발 호재, 유해 시설 등

3. 답사 후 조사
- 현장 답사 내용 정리하기 (현장 답사 보고서 필수)
- 다른 지역과 비교 평가 내가 살고 싶은 곳인지 가치 평가

라의 경우, 완벽한 현장 조사로 투자가 성사된 물건이다. 같은 동네의 빌라라 해도, 빌라는 건축한 사람의 입맛에 따라 입지와 구조가 모두 제각각이다. 또한 신축년도도 다르고, 건축 자재도 다르다. 때문에 아파트보다 더 많은 발품을 필요로 한다.

나는 경매 물건과 비슷한 구조, 연식, 면적을 가진 인근 빌라를 눈으로 직접 확인하면서 크로스 체크를 했다. 또한 경매 사이트에 나와 있는 동일 지번 매각 물건의 과거 사례를 꼼꼼히 살펴보며 끊임없이 조사하고 또 조사했다. 아무리 저렴하게 낙찰 받더라도, 매도하지 못하면 수익은 없다는 생각으로 이 물건을 얼마에 매도할 수 있을지에 대한 향후 미래 가치까지 최대한 분석한다.

경매 물건 답사를 하다 보면 입찰 물건의 내부는 보지 못하는 경우가 많다. 하지만 사실 점유자는 어떤 사람인지, 실제 거주하고 있는지, 집에 하자는 없는지 등에 대해 꼼꼼히 체크해야 한다. 옥상에도 올라가 누수 및 결로는 없는지 나침반으로 집이 어느 방향을 향해 있는지도 체크해보는 것이 좋다. 어떻게 해도 내부 구조를 볼 수 없는 최악의 경우 경매 물건의 윗집이나 아랫집을 방문해보는 것도 방법이다. 그조차 어려운 상황이라면 해당 물건을 잘 아는 부동산 중개업소를 찾아가는 것도 좋다.

9전 10기의 마음으로

나는 인천 지역을 첫 낙찰 타깃으로 잡고 집중하기로 마음먹었다. 서울에서 1시간 이내에 출퇴근이 가능하고, 소액 자금으로 투자할 수 있으며 높은 수익률을 올릴 수 있는 지역이기 때문이다.

나는 인천에 처음 발을 디뎠던 날을 아직도 잊지 못한다. 서울만큼이나 복잡한 교통과 많은 사람들을 보며, 인천에 관한 한 박사가 되리라 다짐했다. 그래서 무더운 날에도, 궂은 날에도 매주 주말 인천으로 향했다. 매주 현장 답사를 하면서 인천 각 구를 공부하고 분석하여 나만의 시세 리스트를 만들었다. 회사에 휴가를 내고 입찰에 들어갔다 패찰하기를 9번. 점점 지쳐갔지만 꾸준한 노력이 더욱 값진 열매를 맺는다고 믿으며 힘을 내려 노력했다. 결국 열 번 찍어 안 넘어 가는 나무 없듯, 10번째 입찰에서 드디어 인천 경서동 소재 빌라를 9,800만 원에 낙찰 받았다.

경서동은 검암동에 비해 빌라의 매매 시세나 월세 시세는 낮지만, 공항철도 검암역까지의 접근성이 좋아 꾸준히 월세 수요가 있는 지역이었다. 특히 낙찰 받은 물건 바로 앞에는 초등학교와 버스정류장이 있고, 인근에는 중·고등학교와 마트 등의 편의시설이 위치해 있어 신혼부부나 자녀를 둔 가족에게 매력적인 물건이 될 것이라 생각했다. 부동산에 알아보니 2010년에 지어진 전용면적 49.59제곱미터(15평)의 방 3개짜리 빌라로 인근 빌라에 비해 외관 상태도 양호하고 넓은 주차장까지 갖춘 데다 구조가 아주 좋아 월세로 인기가 많다고 했다.

얼떨떨하게 낙찰 영수증을 받고 법원 현장을 나오니 아주머니들 여럿이 다가와 앞다투어 대출 명함을 건넸다. 그제야 낙찰 받았다는 게 실감 나면서 마치 내가 벌써 집주인이 된 것처럼 어깨에 잔뜩 힘이 들어가고 하늘을 날 것처럼 기뻤다.

총 투자금은 1,362만 5,000원이 필요했지만 보증금을 2,000만 원 받으면서 오히려 640만 원 정도의 여유 자금이 발생했고, 월간 순수익 18만 원이 생겼다. 낙찰 후 대출은 최대한 시간을 절약하기 위해 회사 근처에서 알아보고 제1금융권에서 낙찰가의 80% 해당하는 금액을 3% 이율로 대출 받았다.

대출은 최대한 많이 알아보는 게 좋다. 실제로 내가 알아봤을 때도 은행마다 낙찰가율이나 부수적으로 요구하는 거래들이 다 달라서 조건을 잘 알아봐야 했다. 또한 한 번 대출 받는 것에 그치지 않고 다음 대출을 받을 때에도 쉽게 받을 수 있도록 관계를 잘 다져놓는 것이 좋다.

이렇게 잔금까지 치르고 나면 법무사에서 소유권 이전 후 등기부등본을 취득하게 된다. 그때부터 물건은 완전한 내 소유가 된다. 한

인천 경서동 빌라 투자 내역

(단위 : 만 원)

낙찰가 (1)	9,802.5	보증금	2,000
매입 경비 (2)	260	월세	40
총 매입액 (1) + (2)	10,062.5	월 이자	22
대출금	8,700	월 순익	18
투자금 (3)	1,362.5	연 순수익	216
실투자금 (3)−(4)	−637.5 (플러스피 투자)	연 수익률	해당 사항 없음

가지 더하면 법무사 비용도 각각 수수료 책정이 다르므로 몇몇 곳에서 비교 견적을 받는 게 좋다.

점유자에게 끌려다니지 말라

첫 번째 낙찰을 받은 후 바로 임차인을 만나러 갔다. 다행히 임차인이 집에 있어 차후의 일정에 관해 이야기를 나눌 수 있었다. 이때까지만 해도, 임차인과의 이야기가 잘 풀려 명도에는 문제가 없을 거라고 생각했다. 하지만 시간이 흐를수록 왜 명도가 경매의 꽃이라 불리는지 백 번 공감했다.

명도가 쉽게 해결되리라는 생각에 긴장을 늦추고 있다가 약속했던 이사 날짜를 며칠 앞두고 확인 전화를 했다. 그런데 임차인은 "집은 비워드릴게요. 하지만 이사 날짜에는 못 나가고 배당 받은 후에 나갈 겁니다. 그리고 이 일로 더 이상 에너지 소비 안 하고 싶으니, 연락 주지 마세요" 하더니 전화를 뚝 끊어버렸다.

'대체 무슨 일이 벌어진 거지?' 나는 당황할 수밖에 없었다. 그 동안 너무 안일하게 대응했다는 생각에 다음날 법무사와 논의하여 인도명령을 신청하고 내용증명을 집과 임차인의 직장에 등기 발송했다. 내용증명 발송 후 임차인과 몇 차례 통화를 시도했다. 원만하게 합의하고 싶었으나, 서로 감정을 드러내며 언성을 높이는 상황이 빚어지기도 했다. 한때는 강제집행도 생각해봤지만, 그렇게 되면

나 역시 시간과 돈을 낭비하게 되기 때문에 계속 대화를 시도했다.

임차인의 입장은 자신이 버티겠다는 게 아니라 배당을 받은 후에 나갈 수 있도록 이해해달라는 것이었는데 내용증명이 날아오자 화가 난 것이었다. 먼저 약속한 날짜를 어긴 것은 임차인이었지만 마냥 싸우고 있을 수는 없어서 합의점을 찾기로 했다. 하지만 배당 받을 때까지 기다려줄 수는 없었기 때문에, 약속한 날짜에서 3주 후에 이사하기로 합의를 보았다. 그렇게 하여 우여곡절 끝에 낙찰 후 2개월 만에 명도를 완료했다.

부동산 경매 투자 과정에 있어 낙찰 받기보다 어려운 것이 명도이다. 대책 없이 자기 입장만 내세우는 임차인을 만날 수도 있다. 당황하고 전전긍긍하다 보면 임차인의 요구에 끌려가는 상황이 발생할 수도 있다. 하지만 승리의 키는 낙찰자에게 있다는 것을 기억해야 한다. 복잡한 과정을 거쳐 낙찰 받은 집이 온전히 내 것이 되면 더 큰 성취감을 맛볼 수 있을 것이다. 만약 임차인이 배당을 받지 못하는 경우라면 어느 정도 이사비 지급을 생각하고 접근하는 편이 낫다.

나는 입찰을 결정하고 나면, 가급적 바로 임차인을 만나 미리 이야기를 나누려 노력한다. 그들의 경매 관련 지식을 확인하고 앞으로의 상황들을 이야기한다. 운이 좋으면 집 안까지도 볼 수 있고, 후에 명도 과정의 시간을 단축할 수도 있다.

내 돈을 들이지 않는 갭 투자의 몇 가지 원칙

세 번째 투자는 이른바 갭 투자였다. 전세가율이 매매가에 육박하는 지역에서 내 돈을 투자하지 않고 전세 갭 투자를 해보고 싶었다. 아파트라면 더 좋겠지만, 여유 자금이 없던 상황이라 빌라로 시작할 수밖에 없었다. 일단 잘 아는 지역을 중심으로 아파트나 빌라를 검색하면서 전세가율 80% 이상, 전용면적 49.59제곱미터 이상, 2010년 이후 건축물 등 몇 가지 원칙을 세우고, 그 기준에 맞는 곳을 찾았다.

이번에도 인천 지역 역세권 주변의 시세 조사를 하며 수십 채의 빌라를 보러 다녔다. 그중 주변에 향후 공급이 없는 지역을 집중적으로 파헤쳐 인천 서구에 있는 빌라에 전세 갭 투자를 했다. 역 근처에 있는 2011년에 지어진 빌라로 통 베란다가 있고 아일랜드 식

초보자를 위한 생생 투자 비법

갭 투자 물건 검색시 주요 요건

- 전세가율이 80% 이상의 2010년 이후 신축 건물일 것
- 주변에 학군(초 · 중 · 고)이 있을 것
- 지하철 및 버스정류장의 근접이 용이할 것
- 백화점, 마트, 병원, 공원 등의 편의시설이 있을 것
- 실투자금이 적게 묶이는 물건일 것

주방 구조를 갖춘 전용면적 49.59제곱미터의 빌라를 1억 2,300만 원에 매입했다. 절대 손해 보지 않는 투자가 될 것이라고 확신했다. 계약 후 일주일 만에 전세 보증금 1억 2,000만 원에 임대했다. 투자금은 300만 원이었다. 내가 생각했던 것보다 훨씬 빨랐다. 역시 공급보다 수요가 넘쳐났던 것이다.

사실 이 물건은 살 때부터 약 300만 원을 벌고 시작한 물건이었다. 사연은 이랬다. 소유주는 젊은 부부인데, 지방에 홀로 계시는 어머님의 건강이 갑자기 악화되어 어머님을 돌보기 위해 지방으로 이사를 하려는 상황이었다. 그런데 처음에 분양 받을 때 무리하게 대출을 받아 이자에 부담을 가지고 있었다. 마음이 조급한 건 당연했다. 어느 정도 서로 절충만 잘하면 내가 원하는 금액대로 구입이 가능할 것 같았고, 긴 협상 끝에 원하는 금액에 구입할 수 있었다. 이 물건은 구입한 지 석달 후부터 1억 3,000만 원 이상의 금액으로 매도할 생각이 없느냐며 부동산에서 연락이 오고 있을 정도이다. 하지만 당분간은 시세가 더 오를 것이라고 생각되어 지금은 보유하고 2년 후에 매도할 계획이다.

모든 기회는 현장에 있다

두 번째 투자는 우연한 기회에 하게 되었다. 경매 물건의 현장 답사를 나갔다가 시세에 비해 싸게 나온 급매 물건을 알게 된 것이다.

모녀가 살다가 딸이 결혼하게 되어 빨리 집을 팔고 싶어 하는 상황이었다. 방 2개짜리 신축 건물로 대학생이나 일반 거주자들이 선호할 만한 물건이었다. 이렇듯 현장에 물건이 있고 현장에 기회가 있었다. 당시 시세는 8,600만 원에서 8,800만 원 선이었다.

인근에 보증금은 낮추고 월세로 거주하려는 대학생 수요가 많은데, 방 2개짜리 신축 건물은 거의 없었다. 대학교 재학 시절 친구와 자취를 했던 경험을 떠올려보니 일단 방이 2개면 친구와 월세를 나누어 내면서 살수 있어 부담이 적었던 기억이 났다. 그렇다면 원룸보다 매력적일 거라고 생각했다. 월세 시세는 보증금 500만 원에 50~55만 원 정도였지만 투자금을 줄이기 위해 보증금 2,000만 원에 35만 원으로 월세를 놓아 현금 흐름을 21만 원 만들었다.

인천 남구 빌라 투자 내역

(단위 : 만 원)

낙찰가 (1)	8,200	보증금 (4)	2,000
매입 경비 (2)	190	월세	35
총 매입액 (1) + (2)	8,390	월 이자	14
대출금	5,600	월 순익	21
투자금 (3)	2,790	연 순수익	252
실투자금 (3) - (4)	790	연 수익률	31.9%

이렇게 몇 건의 투자를 진행하면서 가장 중요한 원칙을 몇 가지 깨달았다. 첫째, 부동산은 최대한 싸게 매입해야 한다. 이것은 경매 투자든 갭 투자든 마찬가지다. 둘째, 부동산 투자에는 타이밍이 중요하다. 개발 호재 등을 미리 알고 있다면 좋을 것이다. 셋째, 가장

중요한 것인데 바로 실행이다. 움직이지 않으면 어떤 일도 일어나지 않기 때문이다.

만만한 투자는 없지만 하지 못할 일도 없다

많은 이들이 부동산 투자를 하면서 단번에 큰돈을 벌고 싶어 한다. 하지만 만만한 투자는 없는 것 같다. 큰돈을 벌기까지는 실패와 시행착오를 겪을 수밖에 없다. 부동산 경매 투자를 하면서 나는 내 명의의 부동산과 월세 수입을 얻었다. 하지만 그보다 더 큰 소득은 투자에 대한 큰 방향을 설정했다는 것과 내 삶의 방식을 확립했다는 것이다. 지금은 부동산 투자가 평생 소득을 위한 제 2의 직업이라 생각하며 임하고 있다.

내가 유지하고 있는 부동산 투자의 원칙은 다른 사람들과 다르지 않다. 바로 '싸게 사서 비싸게 팔자'이다. 실투자금을 최소화하고, 보유하고 있는 부동산을 매도하여 매도 차익을 만들고, 이를 기반으로 끊임없이 자금을 회전시켜 나간다면 동일한 조건에서도 원하는 목표를 좀 더 빨리 이룰 수 있을 것이다. 당분간 실투자금이 적게 드는 역세권 빌라 및 아파트를 양적으로 늘려갈 계획이다. 한편으로는 수도권 및 경기도 지역의 시세 지도를 만들어 확고한 기준점을 잡고자 한다.

첫 경매 물건과 두 번째 급매 빌라는 월세 효자 노릇을 톡톡히 해주고 있다. 나는 여기서 발생하는 수익을 따로 관리하고 있다. 대출 이자가 빠져나가는 통장과는 별도로 월세 통장을 개설하였다. 이 돈은 다른 투자를 위한 자금이 될 것이다. 종잣돈이 통장에 차곡차곡 쌓여가는 것을 보면 뿌듯해진다. 이런 방법으로 1년에 1채씩 구입해간다면 10년이면 10채가 될 것이다. 매도시에 시세 차익까지 따라준다면 투자 자금은 곧 불어갈 것이다. 오래도록 즐겁게 투자한다면 경제적 자유를 얻는 그 날도 곧 다가올 것이다.

누구나 할 수 있다. 하지 못할 일은 없다. 하지 않고 있을 뿐이지.

직장인 투자, 부족한 시간 보충하기

사실 직장을 다니면서 부동산 투자까지 병행한다는 것이 결코 쉬운 일은 아니다. 퇴근 후 쉬고 싶은 마음이 들기 마련인데 과감히 포기하고 물건 검색을 위해 다시 책상 앞에 앉아야 하며, 주말 시간을 오로지 부동산 현장 답사에 투자해야 하기 때문이다. 이 모든 것을 혼자 진행한다면 더욱더 힘이 부치기 마련이다. 여자친구와 데이트를 겸한 현장 답사를 한다든지, 동료들의 대리 입찰 등으로 부족한 부분을 메울 수 있다. 초보 투자자일수록 시간 활용에 대한 확실한 원칙과 루틴을 만들어 놓아야 한다.

커뮤니티를 적극 활용하라
함께 투자를 공부하고 실전을 경험할 동료들이 있다면 좋다. 카페나 스터디 등에 가입해서 정보도 교환하고 서로 든든한 지지자를 만난다면 혼자 하는 것보다 훨씬 큰 성과를 얻을 수 있다. 같이 물건에 대해 토론하고, 현장 답사를 동행하는 등, 혼자서는 어렵게 갈 길을 커뮤니티를 활용한다면 상대적으로 쉽게 갈 수 있다.

한 번 휴가를 냈을 때 동시다발적으로 진행하라
대개의 경우 직장인이라면 법원에 입찰하러 가기 위해 연차를 쓰기 마련이다. 그런데 매번 입찰할 때마다 낙찰 받는 것은 아니다. 한 번 휴가를 냈다면 낙찰을 받았을 경우와 받지 못했을 경우, 각각을 대비하여 여러 시나리오를 생각해두자. 먼저 낙찰을 받았다면 낙찰 이후 과정(잔금 대출, 명도) 등과 관련한 절차를 그날 최대한 많이 진전시켜놓자. 반대로 패찰했다면 무의미하게 시간을 보낼 것이 아니라 해당 법원 근처에 있는 물건에 바로 현장 답사를 가자. 패찰에 대비해 사전에 미리 물건을 검색해두는 게 좋다.

종잣돈 모으기부터 시작해
주택임대사업자까지

· 김박흡 ·

//

2014년 8월, 대학 졸업 후 2년이 지났을 무렵이었다. 당시 나는 목
돈이 몇 백만 원이라도 모이면 해외 배낭여행을 떠나는 데 쓰곤 했
다. 미래를 위한 준비보다는 현재를 즐기는 것을 더 중시했던, 세상
물정 모르는 사회 초년생이었다. 그러다 뒤통수를 맞은 것처럼 정
신이 번쩍 드는 일이 생겼다. 6개월간 무심코 소액 결제한 모바일
게임 금액이 20만 원이 넘은 것이다. 더 이상 이렇게 살면 안 되겠
다는 생각이 들었다. 무엇이든 생산적인 일을 해봐야겠다는 마음에
전자책 서점을 둘러보다가 한 권의 책을 만났고, 그때부터 삶이 달
라지기 시작했다.

나는 인생에 대한 구체적인 목표와 큰 그림을 그리게 되었다. 그 책에는 더 이상 현실에 안주할 수 없게 만드는 따끔한 충고들이 있었기 때문이다. '왜 꼭 내 노동력과 시간을 투자해서 돈을 벌어야만 하는가? 고정관념을 깰 필요가 있다.' '돈 버는 기계가 되기 전에 돈 버는 기계를 소유하라.'

나는 지금껏 내가 노동력을 들여서 돈을 만드는 근로 소득에만 목매고 있었다는 사실을 깨달았다. 다가구 건물 주인이 되어 매달 들어오는 임대 수입으로 편하게 살면 좋겠다고 막연히 생각해본 적은 있지만, 구체적으로 생각해본 적은 없었다. 그런데 이 책은 현실에서 부단히 노력하여 한 단계씩 밟아가면 누구에게나 가능한 일이라고 얘기하고 있었다. 곧 연관 카페에 가입했고, 모든 것이 달라지기 시작했다.

돈이 저절로 들어오는 시스템의 첫 단계

이것저것 알아보니 1,000만 원 남짓의 종잣돈이 모이면 임대보증금과 대출 등을 레버리지로 활용해 주택 한 채를 매입할 수 있고, 그것을 임대하여 저절로 돈이 들어오는 시스템을 하나 구축할 수 있을 것 같았다. 하지만 내게는 당장 입찰에 응할 종잣돈이 없었다. 그렇다고 포기할 일은 아니다. 이제부터라도 모아서 시작하면 되니까. 종잣돈이 모일 때까지는 당분간 투자 공부만 하기로 했다. 부동산 경매 투자 이론을 공부했고, 자본 흐름을 포함해 경제 흐름을 파악하기 위해 경제신문을 읽기 시작했다. 이때부터 독서 습관이 잡혀갔다. 2015년 1월부터는 '1년에 42,195페이지 읽기 – 독서 마라톤'을 진행하면서 매달 10권 이상의 책을 읽고 있다.

내가 이렇게 책을 읽으면서 깨달은 한 가지 진리는 결국 '답은 현장에 있다'는 것이었다. 물론 책 속의 이론이 현장의 경험에 더해지면 보다 잘 이해되기는 하겠지만, 책만 많이 본다고 해서 거기서 답이 나오진 않는다. 사람마다 각자에게 맞는 투자 성향이 있겠지만, 내 경우에는 일단 종잣돈을 만든 다음 현장으로 가봐야 할 것 같다는 생각이 들었다.

열 달 동안 종잣돈 800만 원 모으기

종잣돈을 모으기로 하고 첫 적금을 들 때만 해도 내겐 얼마간 신용대출이 있었다. 내 자산이 마이너스 상태였다는 뜻이다. 종잣돈 모으는 데는 왕도가 없다. 말 그대로 치열하게 살면서 한 푼이라도 더 모으는 수밖에. 당시 월 수입에서 고정 지출을 빼고 나면 70만 원 정도가 남았다. 우선 월 25만 원을 납입하는 적금에 가입하고 대출 상환하는 데 45만 원을 썼다. 그 다음 달엔 30만 원으로 대출 상환을 완료하고, 고정 지출을 줄여 50만 원의 여윳돈을 만들어 25만 원짜리 적금을 하나 더 들었다. 그리고 대출 상환을 완료한 다음 달에는 25만 원짜리 적금을 하나 더 추가하고, 지출을 줄여 10만 원짜리 적금을 추가로 가입했다. 결국 종잣돈 모으기 시작한 지 석 달 만에 월 25만 원 납입 적금 3개와 10만 원 납입 적금 1개를 갖게 되었다. 일단 지출을 줄이는 한 가지 팁을 말하면 휴대전화의 요금제를 낮추는 것이다. 데이터 제공량이 줄어들면 휴대전화를 만지작거리는 시간도 줄어든다. 그 시간에 책이나 경제신문을 보며 투자 공부할 수 있다는 장점도 있다.

덧붙여서 저축은행 금리가 더 높다고 해서 굳이 찾아다닐 필요는 없다. 이제 막 종잣돈을 모으기 시작했다면 금리보다는 저축 금액 자체가 더 중요하다. 예컨대 월 납입액이 25만 원일 경우 저축은행 금리가 1.6% 더 높을 때 1년 만기 시 세후 이자 차이는 고작 2만 1,996원이다. 이에 반해 한 달에 1만 원을 더 납입한다면 만기 후 12만 원이 늘어난다. 저축은행이 가까이에 있다면 모를까 그렇지 않다면 저축은행을 찾아다니느라 비용과 시간을 낭비할 필요가 없다. 가장 중요한 것은 종잣돈 모으기를 당장 시작해야 한다는 점이다. 주춤주춤하다 보면 더 늦어지고, 늦어지는 만큼 손해다.

신규 분양 투자, 매매 차익보다는 월세다

내 생애 첫 부동산 계약 물건은 인천 부평구 소재 신축 분양 오피스텔이었다. 이 물건을 계약하던 당시 나는 부동산 경매 투자에 올인하고 있었다. 한 달 동안 부동산 경매 관련 도서를 10권이나 읽었고, 현장 답사를 다닌 실제 경매 물건만 해도 20채가 넘었다. 그런데 신축 분양 투자로 첫 부동산 계약을 하게 될 줄이야.

그날도 입찰을 위해 법원을 찾았는데 46만 원 차이로 패찰하고 아쉬움을 달래며 동료들과 다음 물건지의 현장 답사를 하고 있었다. 그때 동료의 지인에게서 무피 투자가 가능한 물건이 있다는 소식을 들었다. 처음에는 그저 가볍게 물건만 보고 올 생각으로 간 것이었는데, 알아볼수록 입지 조건이 너무 매력적이어서 덜컥 계약까지 했다.

부동산은 입지 분석이 제일 중요하다

인천 부평구, 그중에서도 부평역 역세권은 300만 명의 인구가 사는 인천 제일의 상권 지역이다. 인천 시민이라면 10대부터 70대까지 모든 연령대의 사람들이 오가는 곳이며, 한국인 근로자를 비롯해 공단에서 일하는 외국인 노동자까지 자주 찾을 정도로 집객성이 매우 높은 곳이다. 서해안 경계를 맡고 있는 인천 지역의 특성상 주변에 군부대도 많아서 휴가 및 외박을 나온 수많은 군인들이 모이기도 한다.

나는 인천에서 2년간 거주한 경험이 있어 그 지역에 대해 잘 알고 있었다. 그런데 이런 곳에 100세대가 넘는 규모의 신축 분양 오피스텔이 나왔다. 건물이 들어선 토지의 지적상 구분은 일반 상업 지역이다. 한마디로 '현금 흐름 가능성 높은 상업 지역'이었다.

일반 주거 지역에 비해 용적률이 몇 배나 높은 일반 상업 지역에 부동산을 갖는다는 것은 엄청난 메리트가 있는 투자라고 생각했다.

그런데 현장에 도착해보니 안타깝게도 무피 투자 물건은 조금 전 계약이 되었다고 했다. 3층과 4층에는 실투자금이 조금 드는 물건이 남아 있었고, 고층에는 실투자금이 많이 드는 물건들이라 우리 같은 소액 투자자들이 염두에 둘 물건이 아니었다. 그런데 몇 백만 원 차이로 4층이 아닌 10층 물건을 분양 받을 수 있다고 했다. 실투자금이 조금 들긴 했지만 물건이 마음에 든 데다 지역 분석으로도 확신을 얻은 터라 과감히 계약했다.

오피스텔이기에 시세 차익보다는 매월 발생하는 현금 흐름에 비중을 두고 투자한 물건이었다. 그만큼 수익률이 좋았다. 부동산 임대 사업을 시작할 때 1차 목표가 '대출 이자를 제외한 월 임대 순수익 100만 원'이었는데 이 물건 한 건으로 목표의 3분의1을 달성했다. 계획에 없던 계약이었지만 지난 1년간 꾸준히 준비를 해왔기에 과감하게 결단을 내릴 수 있었다.

신축 분양은 부동산 매매가의 꼭대기라는 얘기가 있다. 실제로도 그런 사례를 몇 차례 목격했다. 하지만 나는 신축 분양 물건을 단기에 매도하는 것 자체가 잘못된 투자 방법이라고 생각한다. 5년 이상 장기 보유하여 땅값 상승을 통해 높은 분양가와 건물의 감가상각까지 상쇄할 수 있다면 굳이 부동산 경매 투자만 고집할 필요는 없을 것이다.

70점만 되면 투자하자

부동산 투자의 귀재인 도널드 트럼프는 리스크가 예상되는 기회를 만나면 스스로에게 이렇게 질문을 던졌다고 한다. "이 리스크를 내가 감당할 수 있는가?" 최악의 상황이 닥쳤을 때 내가 감당할 수 있다면 투자를 진행한다는 뜻이다. 비슷하게 나는 70점만 된다면 괜찮은 집이라고 판단한다. 실제로 지금까지 계약한 집들 중에 내 마음에 100점짜리 집은 하나도 없었다. 구조나 조망, 또는 방향 등에서 마음에 차지 않는 부분들이 하나 이상은 있었다. 하지만 리스크 없는 투자는 없는 법. 70%의 확신이 선다면 30%의 위험은 안고 가야 한다. 100점짜리 집이라도 해도 집값이 떨어질 리스크는 존재한다. 어차피 100점짜리 집은 지금 내 돈으로 살 수 없거나 이미 7~8년 전 부동산 호황기 때 지나갔다고 생각하면 마음이 편해진다.

분양 투자시 잔금 납부와 소유권 이전 등기는 동시에

분양 계약을 한 지 두 달 만에 건물 준공이 떨어졌고, 오래 기다리지 않고 바로 세입자가 구해졌다. 하지만 두 번이나 가계약 과정에서 해약되고, 세 번째에야 진짜 계약을 하게 되었다. 그런데 세입자는 소유권 이전 등기를 한 다음에 입주를 하겠다는 계약 조건을 내놓았다. 계약서에 도장을 찍으면서 갸우뚱하긴 했지만 그것이 큰 위기가 되어 돌아올 줄 그때는 몰랐다.

나는 당연히 세입자로부터 보증금이 들어오면 그 돈으로 남은 잔금을 치를 생각이었다. 그런데 생각해보니 소유권 이전 등기 이후에 입주하겠다는 얘기는 내가 잔금을 치르지 않으면 입주하지 않겠

신축 분양 투자의 4단계

- **1단계 물건 검색** : 물건 검색은 발품 또는 공인중개사의 소개로 대체된다.
- **2단계 현장 조사** : 입지나 수요, 주변의 공급, 향후 시세 상승 가능성 등을 파악한다.
- **3단계 분양 계약** : 경매 투자의 경우 입찰 및 낙찰에 해당된다.
- **4단계 수익 실현** : 임대를 통한 수익 실현

다는 얘기였다. 하지만 내게는 잔금 치를 돈이 부족했다. 자칫하면 분양 계약금과 임대차계약금 배상액 1,400만 원을 전부 날리는 최악의 상황에 내몰릴 수도 있었다.

대출상담사도 주택담보대출이 실행될 때까지 다른 대출은 받으면 안 된다고 했다. 소유권 이전 등기와 대출 실행과 잔금 납부는 거의 동시에 진행되는 것인데, 정확히는 대출 실행 → 잔금 납부 → 소유권 이전 등기 순이지만 이전까지 이 사실을 전혀 모르고 있었던 것이다. 이론과 현장의 괴리를 실감하는 순간이었다. 그동안 수많은 부동산 책을 읽었지만 이런 소소한 경험담은 그 어디에도 없었다.

딜레마에 빠졌다. 부족한 계약 잔금을 치르려면 추가 대출을 받아야 하는데 주택담보대출이 실행되기 전에 다른 대출을 받으면 잔금 납부를 위한 주택담보대출이 안 나올 수도 있는 상황이었다. 여기저기 알아보다 분양 계약을 진행했던 분양팀장에게 전화를 걸었

다. 결국 해결책은 여기서 나왔다.

사정을 듣더니 소유권 이전 등기 이후에 임대차 보증금을 치르는 그런 임대차계약이 어디 있냐고 묻더니 다행히 원래 받기로 한 금액보다 1,000만 원 더 대출이 가능하다며 대출을 해주겠다고 했다. 한숨 돌리고 나니 정신이 번쩍 들었다. 이때 나는 중요한 사실 한 가지를 더 알았는데 월세의 경우에는 6주씩이나 입주 예정일을 미룰 필요가 없다는 것이다. 월세 계약은 보통 한 달 이내 입주 예정으로 계약을 하는 게 보편적이다. 가급적 가계약은 하지 않는 것이 좋다는 교훈도 얻었다. 입지와 수요만 확실하다면 임대차계약 체결은 하루 이틀 차이로 이루어지니 서두를 일은 아니다. 아무튼 이런 과정을 겪으며 나는 대출을 1,000만 원 더 받게 된 덕분에 원래 400만 원의 실투자금이 들어갈 예정이었던 물건에서 오히려 600만 원이 남는 플러스피 투자를 하게 되었다.

부평 오피스텔 투자 내역

(단위 : 만 원)

매입가 (1)	15,900	보증금 (4)	2,000
매입 경비 (2)	100	월세	70
총 매입액 (1) + (2)	16,000	월 이자	37
대출금	14,600	월 순익	33
투자금 (3)	1,400	연 순수익	396
실투자금 (3) – (4)	– 600 (플러스피 투자)	연 수익률	해당 사항 없음

싸지만 확실하면 과감할 필요로 있다

서울 강서구는 강서 마곡 도시개발구역으로 인해 최근 서울에서 가장 관심이 쏠리고 있는 곳이다. 1990년대 초 서울월드컵 경기장 부지로 상암과 함께 후보로 올랐던 곳이 마곡이다. 이것은 곧 서울에서 유일하게 대규모 개발이 가능한 땅이라는 뜻이기도 하다. 마곡은 2000년대 들어서야 상암과는 전혀 다른 방향으로 개발이 확정됐다. 마곡의 호재 덕분인지 강서구는 2015년 10월 기준 전세가율, 즉 매매가 대비 전세 시세가 25개 서울 자치구 중 두 번째로 높았다. 그래서 전세 투자 지역으로 강서구를 선택했다. 물론 행정동 단위별로 다를 수 있으니 보다 구체적인 지역 분석은 필수이다.

강서구의 첫 번째 계약 물건은 지하철역에서 도보 4분 거리에 위치한 방 2개짜리 초역세권 도시형 생활주택이었다. 오르막길로 유명한 이 동네에서 보기 드물게 역에서부터 평지로 이어진 곳이다. 원래 보러 가려고 했던 건물은 거기서 5분이나 더 들어간 곳에 있었는데 그곳의 건축주는, 인근 방 2개짜리 빌라의 내부 구조에 대해 혹평을 했다. 대체 어떻길래 그렇게까지 얘기하나 궁금해서 지나가는 길에 한 번 들러보았던 것인데 막상 들어가서 보니, 너무 좋았다. 일행 모두가 그 집을 처음 보고는 계약하고 싶다며 마음에 들어 했다.

전세 투자를 고려했기에 시세 상승에 대한 확신만 있다면 계약하지 않을 이유가 없는 물건이었다. 게다가 물건 인근에는 한 블록 당하나 이상의 부동산중개소가 있었다. 중개업소의 밀집도가 그 동안 현장 조사를 다녀본 다른 어느 지역보다도 높았다. 더 이상 망설일 필요가 없었다. 실제로 분양 계약서를 쓰는 잠깐 사이에도 실수요자들이 2~3팀이나 집을 보러 왔다 가는 걸 보면서 임대 수요는 풍부하다는 확신이 들었다.

내가 계약 전에 세운 투자의 조건은 입지와 수요였다. 앞으로 투자를 해나가다 보면 점차 다각적으로 구체화되고 세분화되겠지만 아직까지는 이 2가지를 가장 중요하게 생각하고 있다. 그리고 이 물건은 2가지 원칙에 꼭 들어맞는 물건이었다. 이미 물건 주변에 있는 준공 5년 이내의 신축 빌라 시세뿐 아니라 이 지역의 최근 전세가율 추이도 파악해두고 있었다. 이렇게 이 지역과의 인연이 시작되었다. 두 달 뒤에 계약한 다세대 빌라 또한 이 빌라에서 100미터 거리에 있는 곳이다. 한 번 지역 분석이 끝났기에 다음 건은 보다 수월하게 진행할 수 있었다.

첫째도, 둘째도 살고 싶은 곳인지 살펴보자

입지와 수요가 좋다고 생각은 했지만 곧 그것을 입증하는 일이 일어났다. 계약 후 아직 계약할 집을 찾지 못한 일행과 인근에 물건을 보러 나갔는데, 겨우 한 시간 만에 전세 임대가 체결되었다는 연락이 온 것이다. 연신 감탄사를 내뱉을 정도로 수익 실현이 엄청나게 빨랐다. 당시 총 3채의 신축 분양을 계약했는데, 가장 나중에 계약한 집이 가장 빨리 임대 계약을 맺게 된 것이었다.

주택임대사업자 등록을 해야 하는가

첫 투자를 한 지 몇 달 후 종합부동산세를 내게 되었다. 그래서 임대사업자로 등록을 했고 매입 건물 또한 모두 임대사업장으로 등록했다. 때문에 종합부동산세 대상에서는 제외되었다. 주택 임대사업자로 등록할지는 많은 이들이 고민하는 부분이다. 하지만 임대사업자로 등록한다고 해서 매입한 모든 물건을 임대사업장으로 등록해야 하는 건 아니므로 그리 어려운 고민은 아니다.

물건을 5년 이상 장기 보유할 생각이거나, 시세 차익보다는 지금 당장의 현금 흐름(월세 수입)이나 취득세, 재산세, 종합부동산세 감면 혜택(2018년까지 해당)이 우선인 사람이라면 등록하는 편이 낫다. 2~3년 보유하다 재매도할 주택은 임대 사업장으로 등록하지 않으면 된다.

지금까지 주택은 신축 분양으로만 투자했기 때문에 세금 혜택을 받기 위해 나는 주택 임대사업자로 등록했고 매입한 물건들 또한 모두 임대사업 등록 주택으로 구청과 세무서에 신고했다. 처음 계약한 오피스텔의 경우 임대사업 등록을 하여 무려 750만 원의 취득세를 감면 받았다.

또한 아직 자가 소유 주택이 없는 무주택 투자자라면 재테크를 위해 매입한 주택을 모두 임대사업장으로 등록하면 무주택자 조건을 계속 유지할 수 있다. 또한 무주택자는 매각 제한이 풀리는 5년 후(2016년부터는 4년으로 완화) 임대사업장에서 폐업할 경우에도 매도를 위해 폐업한 물건 한 세대만 1세대 1주택으로 보기 때문에 양도소득세를 전액 면제 받을 수도 있다.

1세대 1주택인 임대사업자 거주 주택의 경우에도 3년 이상 보유하거나 9억 원 이하에 매도한다면 마찬가지로 양도소득세 비과세 대상이 된다. 이러한 양도소득세 비과세 혜택은 1년에 1회에 한정된다. 따라서 모든 매입 주택을 임대사업장으로 등록한 경우, 보유 중인 주택들을 최소 5년 보유한 뒤에 1년 단위로 순차적으로 매도한다면, 무주택자 및 1세대 1주택 요건을 계속 유지하면서 모든 물건에 대해 양도소득세 비과세 혜택까지 누릴 수 있다. 물론 임대사업장으로 등록하지 않은 주택이 2채 이상 있다면 이러한 혜택은 받지 못한다.

주택임대사업자 등록 절차

	구분	해당부서	구비서류	기한	비고
1	주택임대사업자 등록	거주지(주소지) 시군구청 주택과 (처리기간 5일)	분양계약서, 신분증	취득일(잔금 납부일)로부터 60일 이내	
2	사업자 신고 등록	거주지 세무서	면세사업자 신청, 임대사업자 등록증, 신분증	시군구청 주택과에서 주택 임대사업자 등록 후	
3	취득세 감면 신청	물건지 시군구청 세무과	세액감면 신청서, 임대사업자 등록증	취득일로부터 60일 이내	
4	임대차계약 체결	부동산 등에서 계약 체결	표준임대차계약서	임대시	임대주택법 제32조 2항
5	임대 조건 신고	물건지 시군구청 주택과	임대조건 신고서, 표준임대차계약서	임대계약체결 후 30일 이내	
6	임대 신고 (전화 확인 후 해당 없으면 생략)	물건지 세무서 재산과	임대사업자 등록증, 표준임대차계약서	임대 개시(입주) 10일 전	

이때 입지의 중요성을 다시 한 번 확인했다. 그동안 계약한 물건 중 지하철역에서 가장 가까운 곳이었기 때문이다. 사실 이 물건의 세입자는 일주일 전에 분양을 받으려 했다가 원하던 4층 물건이 없어서 미루다 이날 온 것이었는데, 바로 한 시간 전에 내가 계약해버리는 바람에 집주인에서 세입자로 바뀐 경우였다. 역시 부동산 투자는 즉시 실행에 옮기는 것이 최선이라는 교훈을 다시금 새겼다.

투자를 하면서 기본적으로는 '좋은 물건은 나중에도 얼마든지 나온다'고 생각한다. 하지만 이렇게 간발의 차이로 주인이 바뀌는 경우 정보력이나 발품의 중요성도 새삼 깨닫게 된다. 아울러 정확한 판단력과 신속한 결단력도 중요하다.

흔들리지 않는 나만의 원칙 세우기

지금까지 주택 3채를 매입했지만 대출은 한 번밖에 실행되지 않았다. 이게 바로 전세 투자의 장점이다. 전세 투자는 월세 투자에 비해 상대적으로 투자금이 적다. 내가 보유하고 있는 부동산 자산 금액 중 실제 투자 금액은 5%에 불과하다. 시세 상승에 대해 확신한다면 과감히 투자해볼 만하다.

2015년 부동산 시장의 상황이 갭 투자를 하기에 유리해진 덕도 있다. 이러한 시장 흐름을 알자면 경제신문도 꾸준히 읽어야 하고, 정보를 얻기 위한 강연도 부지런히 들으러 다니는 게 좋다. 그리고 부동산 투자 관련 서적을 읽을 때는 낙관론자의 책과 폭락론자의 책을 함께 읽어보아야 한다. 그래야 여러 의견을 종합하여 다른 사람이 뭐라 하든 쉽게 흔들리지 않을 자신만의 기준을 세워 판단할 수 있다. 이것이 제일 중요하다고 생각한다.

나는 이런 판단 기준에 따라 주택은 전세 위주로 투자했다. 오피스텔과 상가는 현금 흐름을 확보하기 위한 투자이고, 나머지 두 곳의 전세 투자는 2장의 긁지 않은 복권과 같은 투자이다. 시세가 오를 것이라고 판단한 지역에 투자한 만큼 이 복권은 반드시 당첨될 복권이라고 생각한다. 이런 복권이 1장도 아니고 2장이나 있다면 그것만으로도 충분히 행복할 수 있다.

경제적 자유의 시작, 종잣돈!

부자가 되기 위한 첫걸음은 단연 '종잣돈 모으기'이다. 1차 성패는 여기서 결정된다. 가진 돈이 하나도 없는 상황에서 나만의 황금나무를 심기 위해 씨앗을 만드는 과정은 눈물겹도록 서럽다. 나 또한 겪었고 수많은 부자들이 거친 과정이다. 벤처 창업 등으로 짧은 기간 대박을 낸 케이스가 아니라면 부자가 된 모든 이들이 한 번은 거쳐가는 과정이다. 그 치열한 과정, 어떻게 하면 조금이라도 시행착오를 줄이고 수월하게 보낼 수 있을까?

종잣돈이 만들어지는 공식
종잣돈 = 흩어져 있는 돈 긁어모으기 + 수입 − 지출

먼저 내 수중에 흩어져 있는 돈을 모아야 한다. 갖고 있는 수시 입출금 통장들을 몽땅 꺼내 한곳으로 모아라. 적금이나 청약, 펀드, 보험 등 가입되어 있는 모든 금융상품들을 확인하라. 만기가 얼마 남지 않았거나 미래 가치가 충분하다고 예상되는 것들은 그대로 두자. 반면 아직 만기가 턱없이 많이 남아 있고 효용 가치에 대해 확신할 수 없다면 고민하지 말고 해지하자. 집에 돼지 저금통이 있다면 얼마나 되는지 세어보고 입금하라. 지저분한 서랍 속도 정리하라. 혹시 모른다. 5만 원짜리가 발견될지도.
그리고 흩어져 있는 돈을 한데로 뭉쳐라. 그렇게 해서 10원 단위까지 자산을 확인하자. 그런 다음 지출을 확인하자. 한 달 동안의 지출 내역을 분석하고 쓸데없이 나가는 돈을 차단하는 계획을 세우자.

투잡 직장인에서 오피스텔 투자자로

· 페퍼민트 ·

나는 낮에는 회사를 다니는 직장인, 밤에는 학생을 가르치는 영어 과외 선생님이었다. 과외 수업은 대학 시절, 다른 아르바이트를 하지 않아도 될 정도의 수입을 가져다주었기에 시작했다. 취업을 하면서 그만두려 했지만 학부모의 부탁으로 계속했다. 회사에서 직장인으로 업무를 하고 와서 또 과외 선생님으로 수업을 하느라 바쁘고 피곤했지만, 2가지 일 모두 즐겁게 할 수 있는 일이었기에 유지할 수 있었다.

일하는 시간이 많은 만큼 돌아오는 수입도 커서 재테크를 시작했고 매달 급여를 받으면 꾸준히 저축을 했다. 하지만 지출 관리를 하며 저축액을 늘리려 노력해봐도 생각만큼 돈이 모이지 않았다. 더 많은 소득이 필요했다. 그러나 일하는 시간을 더 늘릴 수는 없었다. 재테크 공부도 해봤지만 어디서부터 어떻게 해야 할지 좀처럼 감이 잡히지 않았다.

우연한 기회에 주식 분야 전문가를 알게 된 후에는 주식과 펀드에 대해 공부하기 시작했다. 수익률이 나쁜 건 아니었으나 노력에 비해 좋다고도 할 수 없었기에 장기적 관점에서 볼 때 계속해야 할까 망설이고 있었다. 그러던 중 금융 투자를 하는 많은 분들이 부동산에 관심을 갖고 있다는 것을 알았고, 재테크 공부는 부동산으로 확장되었다. 공부는 시작했지만 부동산 투자를 하려면 거액의 초기 투자금이 있어야 하니 당장 투자하기는 어려울 것이라 생각했다. 그저 미리 공부나 해놓자는 마음으로 부동산 공부를 시작했다.

나 대신 돈을 벌어다 주는 부동산 갖기

부동산 재테크를 접하고 나의 마인드에 변화가 생겼다. 더 많은 돈을 벌기 위해 노동 시간을 늘려 근로 소득을 높여야만 하는 건 아니라는 것을 안 것이다. 개미처럼 일하지 않아도 전체 소득을 올릴 방법이 있다는 사실을 깨달았다.

부동산의 매력에 빠진 나는 부동산 투자 관련 서적들을 닥치는 대로 읽었다. 그러다 내 생각의 틀을 깨는 책을 만나, '자신을 위해 돈을 벌어다 주는 시스템을 만들라'는 답을 향하기로 했다. 곧 저자가 운영하는 카페에 가입했고, 여러 글을 읽으며 내가 경험하지 못하는 경험들을 간접적으로 접하며 정보를 얻었다. 모임에도 참여하여 부동산 투자를 론런하는 데 도움이 될 동료들도 만날 수 있었다. 이론을 배웠고, 현장 답사하는 방법을 배워나갔다. 좋은 정보를 얻었을 뿐 아니라 긍정적인 에너지를 나눌 수 있었다.

미분양 오피스텔의 할인 분양을 노려라

"나이가 어려 보이는데 어떻게 그렇게 돈을 많이 모았나요?" 사회 초년생인 임차인이 나에게 던진 질문이었다. 임차인은 내가 집값을 모두 지불하고 매입하여 임대를 준다고 생각한 것이다. 계약하는 그 순간에도 본인이 나보다 더 많은 돈을 지불하는 줄 모르고 있었다. 예전에는 나도 그와 같았다. 하지만 인식이 바뀌니 임차인이 아니라 임대인이 될 수 있었다. 세입자는 분양계약서를 통해 매매가를 확인하고도 매매가에 매우 근접한 전세금을 주고 입주했다. 나는 집값이 오를 것이란 판단으로 투자한 것이고, 임차인은 정보가 없으니 판단이 서지 않아 못 사는 경우가 많은 것이다.

선택은 본인이 직접 하는 것이다. 당연히 자신이 결과를 책임질 수 있는 범위 내에서 선택해야 한다. 부동산 가격은 흐름에 따라 올라갈 수도 있고 내려갈 수도 있다. 오른다고 무한정 오르는 것이 아니고 내려간다고 무한정 내려가지 않는다. 나는 최초 분양가보다 싸게 구입했고, 언젠가는 그보다 오를 거라 생각하고 투자했다.

선택은 나의 몫, 리스크를 대처할 수 있는가

당산역 부근의 오피스텔이 완공 후 입주 중인데도 그중 일부가 미분양 상태로 남아 있다는 정보를 접했다. 350세대 중 몇 세대만 할인 분양을 하고 있다고 했다. 최초 분양가가 너무 높아 팔리지 않고 남아 있었던 것이다. 때문에 남은 세대를 정상 분양가보다 20% 정도 싸게 팔고 있었다.

오피스텔의 세대 수가 많다 보니 네이버를 통해 매매 및 임대 시세를 살펴볼 수 있었다. 입주 후 매매 가격은 2억 2,000만 원에서 줄곧 떨어지고 있었다. 반면 전세나 월세 가격은 꽤 많이 오른 상태였다. 나는 1억 8,500만 원의 할인 분양을 제안받았는데, 네이버 부동산에 나와 있는 전세 시세는 1억 8,000만 원이었다. 매매 가격과 전세 시세의 차이가 500만 원밖에 되지 않았다. 갭 투자를 할 수 있는 찬스라는 생각이 들었다. 실투자금 500만 원만 있으면 집을 소유할 수 있다니 신기하기만 했다.

이론으로만 접했던 갭 투자를 직접 해보면서 '이게 가능하구나' 놀랍기도 했다. 사실 처음에는 매매 차익에 대한 기대보다는 공실이나 세금 폭탄 등으로 인해 투자금을 날리지는 않을까 하는 걱정이 더 앞섰다. 그래서 리스크에 대해 하나하나 짚어보기로 했다. 일단 서울 2호선, 9호선 더블 역세권인 당산역 주변 오피스텔이니 공

미분양 오피스텔 투자 시 체크리스트

- **역세권** : 역과의 거리가 10분 이내여야 하며, 오피스텔 주변에 편의시설(쇼핑몰, 공공시설, 공원) 등이 있는지 확인해야 한다.

- **세대 수가 많은 곳** : 아파트 매매가 잘 되는 이유는 세대 수가 많기 때문이다. 오피스텔도 마찬가지이다. 그러면 매매 가격이 공개되고 평수에 따라 비교도 가능하다.

- **북향, 저층** : 오피스텔 분양업체들이 분양률 책정할 때는 일반적으로 저층과 고층의 가격차를 5~20%까지 둔다. 하지만 입주 후 임대료는 거의 비슷하다. 결국 분양가는 저렴하지만 임대료는 비슷하기 때문에 저층이나 북향의 물건이 수익률 측면에서 유리하다.

실 위험은 없어 보였다. 전세 물량이 워낙 적기 때문에 전세로 내놓는다면 금방 나갈 것 같았다. 또 한시적으로 시행되는 법 덕분에 취득세도 면제받을 수 있게 된 데다, 직장인이니 부동산 자산이 늘어난다고 건강보험료가 올라갈 걱정도 없었다. 이렇게 점검하고 나니 투자해도 좋겠다는 확신이 들었다. 설령 확신이 틀렸다 해도 젊은 나이에 500만 원 정도 잃는 것은 투자 경험 수업료라 생각하고 계약을 결심했다. 만일 부동산에 대해 공부하지 않았다면 이 물건이 좋은지 나쁜지 판단하기 어려웠을 것이다.

일반적으로 분양 계약을 할 때는 실물을 확인하지 못하는 경우가 많다. 선분양을 하기 때문에 계약금, 중도금 내고 완공된 후 입주 하기까지 2~3년 정도의 시간이 걸린다. 그런데 나는 준공 후 미분 양으로 남아 있던 것을 매매했기 때문에 실물을 확인할 수 있었고, 실제 거래 임대가까지 확인한 다음 구입할 수 있었다. 해당 세대에 방문하여 실제 인테리어 상태와 전망까지 확인한 다음 계약서를 작성했다.

분양사무실에 계약금 1,000만 원을 입금하고 분양계약서를 받았 다. 분양계약서에 적혀 있는 잔금 기한은 2개월 후였다. 나는 2개월 안에 임차인을 구해 전세 보증금을 받아 잔금을 치를 생각이었다. 중개사무실에 세입자를 구해달라고 부탁했는데 놀랍게도 그날 저녁 에 임차인을 구했다고 전화가 왔다. 임차인으로부터 계약금 500만 원을 먼저 입금 받고 일주일 뒤 이사하면서 잔금을 치르기로 했다. 이렇게 하여 분양계약서를 작성한 그날 오후 전세 계약까지 마무리 했다. 이런 일이 가능했던 것은 은행 금리가 떨어져 많은 전세 임대 인들이 월세로 전환하면서 전세 물건이 부족해진 시장 상황 덕분이 었다. 임차인이 이삿날 치른 잔금으로 나 또한 잔금을 치르면서 대 출을 받지 않고도 오피스텔의 주인이 되었다. 실투자금 500만 원으 로 투자한 오피스텔은 한 달 뒤 분양이 완판되면서 시세가 1,000만 원 이상 올랐다.

당산동 오피스텔 투자 내역

(단위 : 만 원)

매매가 (1)	18,500	보증금 (4)	18,000
매입 경비 (2)	40	월세	0
총 매입액 (1) + (2)	18,540	월 이자	0
대출금	0	월 순익	0
투자금 (3)	18,540	연 순수익	해당 사항 없음
실투자금 (3) - (4)	**540**	**연 수익률**	**해당 사항 없음**

소액으로 매입하는 급매 물건

스터디를 수강하면서 경매를 배웠고 입찰도 해보았다. 하지만 낙
찰 받기란 쉽지 않은 일이었다. 주말이면 현장 답사를 다니고 법원
에 갈 수 없는 평일에는 일주일에 한 번씩 대리 입찰까지 시도해보
았지만 돌아오는 건 패찰뿐이었다. 4번쯤 패찰을 경험하고 나니 지
치기도 하고 실망감도 커져갔다. 그러던 중 오피스텔 급매 물건을
발견했다. 현장 답사를 다니면서 방문한 부동산을 통해 지속적으로
부동산 시세를 파악하다 보니 좋은 물건을 만날 수 있었다.

이 오피스텔은 이미 7,500만 원으로 전세가가 맞춰져 있었는데,
집주인이 원하는 매매가는 7,800만 원이었다. 결국 300만 원만 집
주인에게 주면 내 명의의 집을 또 한 채 보유할 수 있는 것이었다.
오래된 집이어서 걱정했는데, 1,000만 원을 들여 리모델링을 했다
고 하더니 화이트 톤으로 깔끔하게 인테리어가 되어 있었다.

집을 본 후 곧바로 집주인에게 매수 의사를 전달하였더니 집주인

오피스텔의 부가가치세 및 주의사항

• 오피스텔 부가가치세

분양가는 토지비와 건축비가 합산되어 산정되고, 부가가치세는 건축비 총액의 10%이다. 예를 들어 토지가 2,000만 원이고 건축비가 8,000만 원이어서 분양가가 1억 원이라면 부가가치세는 8,000만 원의 10%인 800만 원이 된다. 일반임대사업자로 등록했다면 부가가치세를 환급받을 수 있다.

• 오피스텔 매도시 부가가치세 환급액 반납

양수인이 주거용으로 사용하는 경우 : 이때 양도는 재화의 공급에 해당하므로 양도가액에서 토지와 건물가액을 구분하여 건물가액의 10%를 부가가치세로 납부해야 한다. 단 환급 후 10년이 지났으면 과세되지 않는다.

양수인이 계속 업무용으로 임대하는 경우 : 매매 계약이 포괄 양수도에 해당되는 경우 재화의 공급으로 보지 아니하므로, 부가가치세가 과세되지 않으며, 환급 받은 세액도 납부하지 않는다.

분양이 아닌 일반적인 매매로 오피스텔을 사는 경우에는 거주용보다는 투자용 구매인 경우가 많다. 그러므로 오피스텔을 매매하기 전에 세입자가 살고 있는지도 확인해야 한다. 임차인은 주택임대보호법에 보호받기 때문에 임차인의 모든 사항들을 확인해볼 필요가 있다. 전세 · 월세 조건, 임차인 계약 기간, 계약 금액 등을 모두 승계받는 조건으로 매수하게 되므로 반드시 확인해야 한다.

은 마음이 바뀌었다며 8,000만 원에 팔겠다고 했다. 급매라는 정보는 그 부동산만 알고 있는 것이어서 조금 더 기다리면 집주인의 마음이 바뀔 거란 생각에 기다리기로 했다. 일주일 뒤 다시 물어보니 그제서야 7,800만 원에 계약하겠다고 했다. 나는 준비했던 300만 원을 계약금 겸 잔금으로 바로 입금하였다.

첫 번째 부동산계약서를 써본 후부터는 자신감이 생겼다. 부동산 계약이란 게 워낙 큰돈이 오가는 것이기 때문에 처음에는 사기 당하면 어쩌나 하는 두려움도 있었는데, 두 번째 매매 계약서를 작성할 때는 전혀 무섭지 않았다.

당산동 오피스텔 투자 내역

(단위 : 만 원)

매매가 (1)	7,800	보증금 (4)	7,500
매입 경비 (2)	400	월세	0
총 매입액 (1) + (2)	8,200	월 이자	0
대출금	0	월 순익	0
투자금 (3)	8,200	연 순수익	해당 사항 없음
실투자금 (3) − (4)	**700**	**연 수익률**	**해당 사항 없음**

경락잔금대출, 아는 만큼 더 받을 수 있다

오피스텔 분양 투자를 해본 뒤에도 부동산 경매 투자에 대해서는 확신이 없었다. 부동산 경매 투자를 하면 감정가의 80%는 대출을 받는다. 적게는 수천만 원에서 많게는 수억 원까지 대출받는다는 것이 부담스러워 선뜻 시작하기 어려웠다. 더구나 나는 대출에 대해 부정적 이미지를 갖고 있어 대출을 받아본 적이 없었다. 감당하지 못할 대출을 받았다가 이자에 허덕이게 될까 두려웠다.

카페에 가입한 뒤에도 여러 달 고민하다 확신이 생길 때까지 책을 통해 공부하고, 실제 부동산 경매 투자로 월세 수익을 실현한 이들의 경험담을 들은 뒤에야 실행에 옮길 수 있었다. 월세 수입으로 대출 이자를 충당할 수 있다고 하니, 대출을 잘 이용하면 문제될 것이 없을 것 같았다. 오히려 은행 돈을 이용해 돈을 벌 수 있는 시스템을 운영할 수도 있을 것 같았다.

경락잔금대출에 대해 알아보니 MCG와 MCI의 대출 조건에 따라 각각 최대 2채까지 받을 수 있으며, 낙찰가의 80%까지는 무난하게 받는 것 같았다. 게다가 요즈음은 이자가 매우 싼 시기여서 낙찰을 받으면 월세 수익률이 더 높을 것이라는 판단이 섰다. 경락잔금대출과 보증금을 잘 이용한다면 무피 투자도 가능하다.

우선 내가 잘 아는 지역에서 시작하기로 했다. 살고 있는 지역 주변에 괜찮은 물건이 없는지 검색해보았다. 네이버에서 검색해보면 경매 컨설턴트들이 블로그에 잘 정리해놓은 관심 물건들을 볼 수 있다. 홍보용으로 올린 물건들이지만 좋은 관심 물건들만 추려서 올리기 때문에 참고할 만하다.

내 관심 지역의 물건으로 범위를 좁혀 검색하면 원하는 정보를 얻을 수 있다(ex. 영등포구 오피스텔 경매). 단 세부 정보는 컨설턴트들이 유료 사이트의 내용을 그대로 올리는 것이므로 그대로 믿으면 안 되고 현장에서 확인해야 한다.

유료 경매 사이트도 오류가 있다

블로그들을 검색하던 중 가격이 많이 떨어진 원룸 오피스텔을 발견했다. 사진 속 건물 외관은 별로였지만, 가격이 저렴했다. 네이버 부동산 시세로 보면 바로 매매해도 3,000만 원 정도는 남길 수 있을 것 같았다. 보증금을 시세대로 받을 수만 있다면 내 돈 들이지 않고도 월세를 받을 수 있을 것 같았다. 조언을 구해 긍정적인 답변을 받고서야 자신감을 가지고 입찰할 수 있었다.

드디어 첫 입찰을 했다. 전날 밤 입찰가를 고민해보고 미리 서류들을 작성해두었다. 입찰 당일에는 제일 먼저 입찰표를 내고 밖으로 나와 대출 중개인에게 대출 상담을 했다. 나는 낙찰가의 70%는 대출이 가능하리라 예상했는데, 대출 중개인은 소액임차보증금 공제를 빼고 나면 절대 그만큼 대출이 안 된다고 했다. 오피스텔은 대출이 쉽지 않다는 점을 간과했던 것이다. 조급해진 나는 입찰표를 회수하고 싶었지만 회수는 불가능하다고 했다. 그렇게 갖고 싶어 했던 물건이었지만 낙찰되지 않기를 기도했다. 결과는 40만 원 차이로 2등, 패찰이었다. 오히려 다행이다 싶었다.

그로부터 몇 달 뒤, 같은 오피스텔의 다른 세대가 또 경매에 나왔다. 수익률이 높아서 금전적 여유만 있다면 꼭 낙찰 받고 싶었다. 대출을 해결하기 위해 경매로 나왔던 오피스텔 세대들의 등기부등본을 모두 발급받아 근저당 금액을 확인해봤다. 낙찰자들은 대부분 농협이나 수협에서 낙찰가의 80% 정도를 대출받았다. 법원 앞에서 만난 대출 중개인들이 안 된다고 했던 대출을 다른 낙찰자들은 받았던 것이다. 다시 입찰하기로 마음 먹고 전보다 더 철저히 준비했다. 현장 답사를 다시 나가 오피스텔의 관리인으로부터 세입자와 경매 물건이 나온 배경에 대해 들었다. 아울러 주변 부동산에서 정확한 시세를 파악한 뒤 입찰가를 산정했다. 결과는 낙찰. 그토록 원하던 물건을 낙찰 받아 매우 기뻤다.

낙찰 받은 당일 곧바로 대출 중개인을 만나 상담을 시작했다. 그런데 대출 가능한 은행 리스트를 보던 대출 중개인이 오피스텔에 유치권이 걸려 있어 대출이 어렵다고 했다. 물론 나는 사실이 아니란 것을 확인하고 입찰했던 것이지만 곧바로 입증할 수가 없어 다른 은행을 소개 받았다. 그런 다음 입찰표만 들고 소개 받은 은행으로 가서 자서를 했다. 낙찰가의 70% 금액을 3.0%의 이율로 대출 받았다.

나중에 안 사실이지만 한 부동산 경매 사이트에는 내가 받은 물건에 유치권이 걸려 있지 않다고 나와 있었는데, 다른 경매 사이트에는 유치권이 설정되어 있다고 나와 있었다. 경쟁이 심하지 않고 낮은 금액에 낙찰 받을 수 있었던 것도 그 때문이었던 것 같다. 그런데 만약 내가 본 사이트가 틀리고 다른 사이트가 맞았다면 어떻게 되었을까? 생각만 해도 아찔하다. 이 경험을 통해 나는 유료 경매 사이트라도 맹신해서는 안 된다는 교훈을 얻었다.

이처럼 사이트에 오류가 있는 경우가 있기 때문에 경매 사이트에서 확인한 내용들은 반드시 현장에서 확인해봐야 한다. 잘못된 부분을 찾게 되면 현장에서 확인한 보람을 느낀다. 게다가 남들은 모르는 정보를 얻어낸 것이기 때문에 낙찰가 또한 내려갈 거라고 예상할 수 있다.

예상 밖의 복병, 개별매각 사건

낙찰 받은 지 1주일 만에 오피스텔에 찾아갔다. 하지만 세입자를 만날 수 없었다. 다시 1주일 뒤 방문하니 5살 정도 돼 보이는 여자 아이가 나왔다가 휙 문을 닫고 들어가버렸다. 관리인 아저씨는 30대 여자가 혼자 산다고 했는데 예상 밖의 점유자가 있어 놀랐다. 문 앞에 연락처를 남기고 돌아왔더니 저녁에 점유자에게서 연락이 왔다. 세입자와 아는 사람으로 오피스텔에 잠시 살고 있다고 했다.

그를 통해 주민등록상 기입된 세입자의 연락처를 받아 연락을 취했다. 세입자는 오피스텔이 경매로 넘어갈 것을 알고 있었고, 보증금 3,000만 원에 월세 60만 원이 시세인 오피스텔에서 2,500만 원의 보증금만 내고 살고 있었다. 게다가 보증금 300만 원에 40만 원의 월세를 받으며 다른 사람에게 전대하고 있는 상황이었다. 나는 하루라도 빨리 명도 문제를 해결하고 다음 단계로 넘어가고 싶었다. 배당기일이 되기 전에 배당금을 주어서라도 이사를 빨리 내보내고 싶었다. 하지만 일은 복잡하게 꼬여갔다. 세입자는 배당기일까지 기다리겠다고 했다. 전대 행위가 불법이라고 인식시켜줬지만, 법대로 하라는 식이었다.

세입자가 혼자 사는 30대 여자라 곧 이사 갈 거라는 관리인의 말을 신뢰하며 대화로 쉽게 해결하려 한 것이 잘못이었다. 또한 처음 만났을 때 낙찰자 대리인이라고 밝히지 않은 것도 후회가 되었다. 낙찰자가 나이 어린 여자라 만만하게 생각하나 싶기도 했다. 결국 잔금 납부 후 바로 인도명령 내용증명을 보냈다. 그러자 즉시 세입자 본인에게서 연락이 왔다. 차라리 만나기 전에 내용증명을 보냈더라면 만나서 얼굴 붉히는 일은 없었을 것이라 생각한다.

낙찰 받은 지 4개월이 지나서야 배당기일이 잡혔다. 하나의 사건번호에 여러 개의 물건번호가 걸려 있는 경우에는 모든 물건의 경매가 종료된 후에 배당기일이 잡히기 때문이었다. 배당기일이 잡히지 않으면 세입자에게 인도명령 요구도 하지 못한다. 그래서 잔금 납부를 하고 나서도 기존에 살고 있던 세입자가 나가지 않아 새로운 세입자를 구하지 못했다. 때문에 계속 내 돈으로 대출 이자를 내야 했다. 배당기일이 잡히자마자 세입자에게 이사비 50만 원을 주며 울며 겨자 먹기로 명도일을 잡았다.

처음에는 보증금 3,000만 원에 월세 60만 원의 임대를 생각했다. 그런데 임차인이 집을 보더니 보증금 5,000만 원에 월세 50만 원을 제시해 그렇게 하기로 했다. 매달 들어오는 월세는 줄었지만, 다음 투자에 사용할 자금이 늘었다.

양평동 오피스텔 투자 내역

(단위 : 만 원)

낙찰가 (1)	12,500	보증금 (4)	5,000
매입 경비 (2)	710	월세	50
총 매입액 (1) + (2)	13,210	월 이자	28
대출금	11,200	월 순익	22
투자금 (3)	2,010	연 순수익	264
실투자금 (3) - (4)	-2,990 (플러스피 투자)	연 수익률	해당 사항 없음

내가 부동산 투자를 하면서 배운 지식들은 살아 있는 공부이자 나 자신을 앞으로 나아갈 수 있게 해주는 원동력이다. 근로 소득 외에 부가적인 소득이 생기니 내가 하고 싶은 일들도 하나 둘 이뤄갈 수 있게 되었다. 기존에 보유하고 있는 부동산은 계약 기간이 끝나는 대로 월세로 돌릴 예정이다. 오피스텔뿐 아니라 아파트, 빌라, 상가 등과 같은 수익형 부동산을 통해 임대 수익을 높여 경제적 시간적 자유를 누리고 싶다. 이를 위해 지금은 열심히 노력할 뿐이다.

개별매각 사건은 명도가 지연될 수 있다

경매 매각 방식에는 크게 2가지가 있다. 일괄매각과 개별매각이 그것이다.

일괄매각
여러 개의 부동산을 하나의 사건으로 일괄해서 매각하는 방식이다. 개별로 매각하는 것이 해당 부동산 가치에 현저한 감소를 가져온다고 판단할 경우 이처럼 일괄적으로 매각을 진행한다. 채권자의 신청이나 법원의 직권으로 매각한다.

개별매각
여러 개의 부동산을 각각 따로따로 매각하는 것으로, 하나의 사건번호에 여러 개의 물건번호가 부여되어 경매가 진행된다.

이중 입찰자가 주의해야 할 것은 개별매각일 경우다. 개별매각 사건은 모든 물건이 매각되어야만 배당기일이 잡힌다. 보통 경매 투자를 하고 낙찰 받은 부동산을 명도할 때, 배당기일을 마지노선으로 잡는다. 즉, 배당기일에 임차인은 집을 비워주고 낙찰자는 임차인이 배당받을 수 있게 도와주면서 명도를 마무리 짓는다(물론 그 전에 명도를 끝낼 수 있으면 더 좋다). 그런데 여러 개의 물건이 동시에 진행되는 개별매각 사건의 경우, 그중 하나라도 법적 문제가 있는 물건이 있으면 계속해서 유찰되기 쉽다. 당연히 내가 낙찰 받은 물건의 배당기일 또한 지연된다는 의미다. 이는 자연스레 명도 및 수익 실현의 지연으로 이어질 가능성이 높다. 따라서 개별매각 사건에 입찰할 경우에는, 내가 투자하려는 물건 외에 다른 물건들까지 살펴봐야 낙찰 이후 과정이 원활히 진행될 수 있을지를 가늠할 수 있다.

급매 투자,
타이밍과 실행력이 전부다

· 레오 ·

경제적 자유. 이 말은 '돈에 얽매이지 않는 삶', '일하지 않고도 부를 늘릴 수 있는 파이프라인을 만드는 것'을 의미한다. 내가 '경제적 자유'를 꿈꾸게 된 건 언제부턴가 지친 일상 속에서 목표를 잃고 방황하는 나 자신을 발견하고부터다. 희망하던 직장에 취직했지만 3~4년쯤 지나자 매너리즘에 빠지고 말았다. 지금 하고 있는 일이 나에게 맞는 일일까? 나의 미래는 어떻게 될까? 이런 저런 생각이 머릿속을 떠돌았다. 하루하루의 일상이 쳇바퀴를 돌 듯 반복되고 있는 것처럼 느껴지고, 직장에서 아무 생각 없이 기계처럼 움직이고 있다는 생각이 들었다. 그때 내 미래를 위해 새로운 목표를 찾아야겠다는 다짐을 했다. 그렇게 '경제적 자유'를 얻기 위한 도전이 시작되었다.

그러던 중 한 인터넷 카페를 통해 28살 젊은 부자의 칼럼을 접하고 큰 감명을 받았다. 이후 그가 쓴 책을 읽고, 그가 이끄는 카페에 가입해, 내가 할 수 있는 현실적 목표와 경제적 자유를 얻기 위한 방향을 찾아가는 첫걸음을 디뎠다. 카페의 경매 스터디에 참여하면서 혼자 공부할 때는 이해하지 못했던 많은 내용들을 알아갔다. 단순히 투자 기법만 배운 것이 아니라 마음가짐이 달라지는 계기가 되었다. 커뮤니티에 모인 사람들과 정보뿐 아니라 다양한 투자 방식과 열정적인 에너지를 공유하면서 성장해나가는 기쁨을 누릴 수 있었다.

확신을 가지고 투자하기 위한 준비

스터디를 시작한 후 3~4개월 동안 정말 많은 변화들이 생겼다. 가장 큰 변화는 1월부터 5월까지의 기간 동안 3건의 부동산 계약을 체결한 것이었다. 나는 경매 물건이 아닌 아파트 급매 물건에 투자했다. 부동산 경매 투자를 시도해보기도 했지만, 부동산 경매 시장이 과열되기 시작할 때쯤이었기 때문에 급매 물건의 수익성이 더 나을 것 같았다. 처음에는 스터디를 통해 배운 내용을 기반으로 하여 경매 물건이나 일반 물건을 가리지 않고 매주 현장 답사를 다녔고, 마음에 드는 물건을 발견하면 입찰에 들어가기도 했다. 하지만 현장 답사에서 파악한 시세보다 터무니없이 높은 금액에 낙찰되는 경우를 보면서 급매로 눈을 돌려 보게 되었다. 그랬더니 급매를 통해서도 경매 투자 못지않은 수익 실현을 할 수도 있겠다는 확신이 생겼다.

사실 내 첫 부동산 투자는 내 의지와는 상관없는 것이었다. 2011년 12월 말, 부동산 투자에 관해서는 아무것도 모르고 있을 때, 그저 집 근처에 급매로 싸게 나온 아파트가 있으니 전세를 통한 갭 투자를 해보자는 부모님 권유에 따라 투자한 것이었다. 부동산 투자에 대한 공부를 하고 나서 그때를 돌이켜보니 별로 효율적이지 못한 투자였다.

왜냐하면 전세를 통한 갭 투자는 전세가율이 높은 지역에서 1,000~2,000만 원의 자금으로 하는 것인데 당시만 해도 전세가율이 높지 않아 5,000만 원이나 투자했기 때문이다. 더구나 사회 초년생 시절이라 아직 목돈도 준비가 안 된 상태에서 투자를 하다 보니, 이자와 원금을 합쳐 한 달에 50~60만 원이나 지출해야 했다. 당시에는 투자에 대한 확신도 없어 후회를 많이 했다.

다행히 전세 보증금이 계속 올라 원리금을 갚아나가는 동안 들어간 순수 자금은 2,000만 원 정도로 줄었다. 시세 또한 매입 당시보다 5,000~6,000만 원 정도 올라 성공을 거뒀다. 그럼에도 역시 잘 알지 못하는 상태에서 투자하는 것은 금물이라고 생각한다.

꾸준한 검색과 빠른 판단이 무기다

직접 투자를 한 첫 번째 물건은 경기도 성남에 위치한 소형 아파트였다. 급매 물건 투자에서 중요한 것은 타이밍과 선택이다. 스터디를 시작한 후부터 부동산 경매 사이트를 검색하거나, 네이버 부동산 사이트를 통해 급매로 나온 물건을 찾는 일이 일과의 일부가 되었다. 어느 토요일, 그날 아침에도 눈을 뜨자마자 컴퓨터를 켜고 네이버 부동산 사이트를 뒤졌다. 이때 눈에 들어온 물건이 하나 있었는데, 조금 전 검색할 때까지도 보이지 않던 물건이었다. 집에서 도보 20분 거리에 위치한 아파트로 매매 시세에 비해 1,500만 원 정도 싸게 나온 물건이었다. 인터넷에는 허위로 올라온 매물이 많기 때문에, 우선 부동산에 전화를 걸어 실제 매물인지 확인했다. 실제 매물이라는 것을 확인하자마자 곧바로 부동산으로 달려갔다.

할머니 혼자 전세로 거주하고 있는 49.59제곱미터(15평)의 소형 아파트였는데 집주인이 집을 빨리 처분하기 원해 1,500만 원 정도 싸게 내놓은 것이었다. 혼자 투자를 결정하는 첫 물건이었기에 보수적으로 접근해보았는데 그럼에도 입지와 주변 환경을 생각해볼 때 충분히 투자 가치가 있다는 생각이 들어서 1시간 정도 고민한 끝에 바로 계약했다.

부동산 투자에서 가장 중요하게 보는 것은 입지이다. 그런데 이 아파트는 빌라촌 안에 들어서 있는 나 홀로 아파트 단지였다. 이게 단점으로 보일 수도 있지만, 나는 그 때문에 어떤 물건보다 빨리 월세를 놓을 수 있을 거라고 확신했다. 뿐만 아니라 아파트 단지 바로 앞에 버스정류장이 있고 세 정거장만 가면 지하철역이 있는 등 장점도 갖고 있었다. 시세 차익을 노리는 투자로 충분히 승산이 있어 보였다. 확신을 갖기 위해 몇 군데 부동산에서 더 알아보았는데, 지역에서 가장 좋은 입지 조건이라고 했다.

예상했던 대로 아파트 잔금을 치르고 수리에 들어간 지 1주일도 되지 않아 월세 세입자가 들어왔다. 현재 아파트 시세는 급매로 투자한 금액보다 2,000만 원 정도 상승했다. 그래서 2년 월세 계약 기간이 끝날 때쯤에는 시세 차익을 노려 매도할 계획이다.

성남 단대동 아파트 투자 내역

(단위 : 만 원)

매입가 (1)	8,800	보증금 (4)	1,000
매입 경비 (2)	545	월세	45
총 매입액 (1) + (2)	9,345	월 이자	26
대출금	8,345	월 순익	19
투자금 (3)	1,000	연 순수익	228
실투자금 (3) - (4)	0 (무피 투자)	연 수익률	해당 사항 없음

첫 아파트 계약 후 월세를 받는 집주인이 되어보니 '나도 할 수 있구나' 하는 자신이 생겼다. 그래서 그 후 석 달 동안은 더욱 열심히 현장 답사를 다녔다. 현재 가지고 있는 돈과 직장에서 받을 수 있는 신용대출로 내가 쓸 수 있는 한도 안에서 가장 이상적인 투자가 무엇일지 생각했다. 직접 투자를 할 수 있는 것은 비교적 덩치가 작은 49.59제곱미터 정도의 아파트였다. 무엇보다 중요한 것은 입

지 조건이었다.

두 번째 투자한 아파트는 부천에 위치한 소형 아파트로 전세 세입자가 살고 있었다. 입지 조건이 좋아 적은 돈으로 갭 투자를 하여 수익을 실현할 수 있을 것으로 보였다. 이 아파트는 역에서 여유 있게 걸어도 5분에서 10분이면 도착할 수 있는 거리에 있으며, 단지 바로 건너편에는 로데오 거리 같은 상권이 형성되어 있어 많은 편의시설들이 자리하고 있었다. 뿐만 아니라 주변에는 유명 한방병원과 종합병원도 있어 입지 조건으로는 최적이라고 보았다. 매매가도 시세보다 1,000만 원 정도 싸게 나온 급매물이어서 좋은 선택이라 확신했다.

이 아파트에 투자하던 때는 월세 임대가 될 물건에 투자자가 몰리던 시기였다. 지방에 있는 투자자들은 월세 수익이 나는 물건이라면 실물을 보지도 않은 채 계약하고 있었다. 그런데 내가 이 물건을 계약할 수 있었던 가장 결정적인 이유는 전세 세입자의 계약 기간이 1년이나 남아 있어서 투자자들이 선호하지 않았기 때문이었다. 게다가 세입자가 밤 9시에나 퇴근하기 때문에 집을 보려면 그 이후에 방문해야 했다. 나 또한 밤 9시 이후에나 집을 볼 수 있다는 말에 고민했지만, 이 기회를 놓치면 이렇게 좋은 입지 조건을 가진 물건을 시세보다 1,000만 원 싸게 사는 건 불가능할 거라는 생각이 들어 2시간 정도를 기다려 내부 상태를 보고 바로 계약을 했다.

이 물건은 매매가가 1억 4,000만 원인데 전세 보증금이 1억 2,000만 원이어서, 2,000만 원의 실투자금으로 내 이름으로 된 집

한 채를 더 만들었다. 2~3년 지나면 충분한 시세 차익을 얻으리라는 확신이 있었고 실제로 현재 1,500~2,000만 원 정도 시세가 상승했다.

시세 차익을 확신할 수 있었던 이유는 앞서 밝힌 것처럼 급매라 기존 거래되고 있는 물건에 비해 1,000만 원 정도 낮은 가격에 매입했기 때문이다. 이는 매수하자마자 수익을 얻는다는 뜻이었다. 그리고 워낙 전세가율이 높은 지역이라 시간이 지나면 전세 수요자들이 매매 수요로 돌아설 것이라 내다봤기 때문이었다.

부천 아파트 투자 내역

(단위 : 만 원)

매입가 (1)	14,000	보증금 (4)	12,000
매입 경비 (2)	595	월세	0
총 매입액 (1) + (2)	14,595	월 이자	0
대출금	0	월 순익	0
투자금 (3)	2,595	연 순수익	해당 사항 없음
실투자금 (3) - (4)	2,595	연 수익률	해당 사항 없음

관심 물건을 발견하면 즉각 달려가라

세 번째 매입한 물건은 서울 노원구 공릉동에 위치한 소형 아파트로, 현재 월세를 통해 수익을 실현 중이다. 부동산 투자에 대해 공부하면서 이제 물건 검색은 일상적인 일이 되었다. 투자할 수 있는 돈이 많지 않기 때문에 네이버의 부동산 사이트에 들어가 낮은 금액 순으로 정렬을 해놓고 매일 검색을 한다. 계속 그렇게 하다 보니 역세권의 비교적 큰 단지 안에 있는 아파트를 찾을 수 있었다. 급매 물건 투자에서 가장 중요한 포인트는 타이밍이다. 마음에 드는 물 건을 발견했다면 곧바로 권리를 분석하고 실행에 옮겨야 한다. 그 러지 않으면 놓치기 십상이다.

이때에도 물건을 발견한 그날 퇴근길에 공릉동으로 향했다. 이 아파트는 하계역과 공릉역 사이에 위치하고 있었고, 아파트 주변에 있는 폐 철길이 2017년 9월 경 공원으로 조성될 예정이었다. 역 주 변에는 대형 마트들이 위치해 있고, 역에서 조금 올라가면 중계역 을 중심으로 형성된 학원가로 진입할 수 있어 신혼부부나 3인 가족 이 살기에 최적의 장소로 보였다. 주변에 원자력병원이나 대학교 등 이 위치해 있어 월세 수요가 많은 곳이라는 점도 플러스 요인이었다.

아파트를 매입할 때 담보대출과 신용대출, 마이너스 통장 등을 이용하여 매입가의 90%를 대출 받고, 10%는 세입자에게 보증금을 받아 충당했다. 이렇게 하여 실투자금이 들지 않는 무피 투자를 하 고, 월세를 받으면 이자를 내고도 수익이 발생하는 구조를 만들었다.

공릉동 아파트 투자 내역

(단위 : 만 원)

매입가 (1)	13,930	보증금 (4)	500
매입 경비 (2)	595	월세	55
총 매입액 (1) + (2)	14,525	월 이자	40
대출금	14,025	월 순익	15
투자금 (3)	500	연 순수익	180
실투자금 (3) − (4)	**0 (무피 투자)**	**연 수익률**	**해당 사항 없음**

초보자를 위한 생생 투자 비법

신용대출을 이용한 무피 투자

부동산 투자를 하는 사람이라면 대부분 부동산 담보대출을 이용한다. 그런데 나는 다른 사람들과 달리 신용대출을 통한 무피 투자 방법를 진행한다. 내 경우에는 현재 직장을 통한 신용대출로 마이너스 통장을 받아 주택 담보대출과 비슷한 금리(3% 초반)에 이용할 수 있다. 단, 마이너스 통장을 이용한 신용대출은 수익을 창출할 수 있는 경우에만 사용해야 한다. 그러지 않는다면 위험한 방법이 될 수도 있다. 하지만 대출 받은 자금을 투자하여 이자보다 더 많은 수익을 만들어낼 수 있다면, 또 하나의 무기가 될 수 있다.

33살, 나의 삶은 많은 것이 달라졌다. 나 혼자 판단하고 투자해 월세를 받는 집주인이 되었다. 무엇보다도 방황하고 있던 내 자신에게 방향성을 제시하여 스스로 할 수 있다는 자신감을 갖게 된 것이 가장 큰 의미를 갖는다.

지금 내가 하고 있는 모든 행동들은 시작에 불과하겠지만 10년 뒤, 아니 40살이 되었을 때쯤에는 빌딩을 하나 소유하는 것이 나의 큰 목표이자 꿈이다. 꿈을 향해서 달려가다 보면 분명 시행착오도 겪을 것이고 좋은 일도, 어려운 일도 많이 생길 것이라고 생각한다.

하지만 분명한 건 자신감을 가지고 한걸음씩 나가야 원하는 것을 얻을 수 있다는 것이다.

급매 물건 나도 잡을 수 있다

- **네이버 부동산을 가까이하라**
  검색을 생활화하라. 매물로 나온 물량을 파악하고 과거의 시세 흐름을 살펴보라.
  앞으로는 어떻게 흘러갈지를 예측해보라. 나만의 데이터를 만들어라.

- **인터넷 지도 보기를 생활화하라**
  로드뷰 등을 적극적으로 활용하여 책상 앞에서 전국을 여행하라. 가상으로 지하
  철을 타고 역에 내려 물건지까지 걸어가는 과정을 시뮬레이션해보자.

- **물건을 올린 부동산에 직접 전화해보라**
  매수자나 매도자라고 하고 물어봐도 좋고, 솔직하게 투자자 입장에서 이것저것
  물어도 좋다. 모르는 것에 대해서, 궁금한 것에 대해 묻는 것을 두려워 마라. 또
  직접 보러 갈 날짜를 잡고 실제로 가보자.

- **직접 방문하라**
  주변을 끊임없이 걸어보자. 어떤 편의시설들이 있는지, 유동 인구는 얼마나 되는
  지, 사람들의 표정 및 분위기는 어떤지 살펴라. 내가 직접 거주할 입장이 되어 어
  떤 것이 좋고, 어떤 것이 별로일지를 판단하라. 여러 부동산에 방문하라. 정말로
  알짜배기 급매를 잡겠다는 마인드로 적극적으로 묻고 또 물어라.

- **괜찮은 물건을 발견했다면 과감히 매입하라**
  용기를 내라. 그간 온라인에서부터 열심히 물건을 검색하고 분석해왔다면 이미
  해당 지역에 관해서는 충분히 알고 있다. 아직 준비가 되어 있지 않다는 생각이
  들겠지만, 준비가 완벽하게 된 상태는 영원히 오지 않는다. 저질러야 나아갈 수 있
  고, 경험을 해야 배우는 것이다. 가계약금을 바로 보내라. 좋은 물건은 그리 자주
  오지 않는다.

현장에서 시행착오로 익힌 투자의 묘미

· 댕기왕자 ·

'사업은 어떻게 하는 걸까?', '부동산 투자는 어떻게 하는 거지?' 이제 갓 스무 살이던 나는 이런 것들이 궁금했지만, 그 누구도 이런 것들을 가르쳐주지 않았다. 인생을 살아가면서 실질적으로 요구되는 중요한 것들은 학교에서 가르쳐주지 않았다. '왜 학교는 돈에 대해 가르쳐주지 않는 걸까?' 의문이 들었다. 일하는 것 외에는 돈 버는 방법에 대해 배워본 적이 없었다. 나는 진짜 부자가 되는 방법을 알고 싶었고, 실질적인 부자들은 누구이며 어떻게 하면 사업과 투자를 할 수 있는지 알고 싶었다.

부자를 연구한 책들을 읽는 것부터 시작했다. 금융회사에서 주최

하는 금융 교육에도 참석해봤지만 실질적인 교육이 아니라 자사 상품에 가입해야 한다는 결론으로 이어지는 마케팅에 불과했다.

나도 언젠가는 한 건물의 주인이 되고 싶다는 생각으로 돈을 모으기 시작했다. 왜 이런 생각을 하게 되었을까? 월급쟁이의 삶, 열심히 스펙을 쌓아서 취직을 하고 과장이 되고 부장이 되고, 그러다 은퇴한 후에는 퇴직금을 가지고 치킨집을 차려야 하는 삶. 나는 그런 삶을 원하지 않았다. 직장은 내가 독립하기 위한 하나의 과정일 뿐이며 장기 아르바이트에 불과하다고 생각했다. 대학 생활 동안 또래 친구들이 스펙을 쌓고 있을 때 투자와 재테크 관련 책들을 읽었고, 주식과 부동산 투자에 대해 공부했다. 어떤 선택이 옳은지는 모른다. 다만 선택한 뒤에 그것을 옳은 선택으로 만들 뿐이다.

어떤 지역에 상권이 형성되고 나면 정작 상권을 활성화시킨 개인 가게들은 사라져버리고, 그 자리를 프랜차이즈 업체들이 차지했다. 대학 시절 나는 많은 곳을 다니면서 그런 식으로 아기자기한 단골 가게들이 사라지는 것을 종종 보곤 했다. 열심히 일한 죄밖에 없어 보이는데, 왜 그들은 쫓겨나야만 했을까? 장사를 아무리 잘 해봤자 남의 건물에 세 들어 있는 이상 결국 최종 수익은 고스란히 건물주에게 돌아갔던 것이다. 내가 아는 건물주는 장사가 잘되면 보증금과 월세를 지속적으로 올려 건물의 가치를 올린 다음 비싼 가격으로 건물을 매도했다. 그 돈은 일반 직장인이 평생 직장을 다니며 모으는 돈보다 많았다.

나는 그와 같이 현금 흐름을 만들어주는 파이프라인 시스템을 갖추고 싶었다. 직장을 다니면서도 시간과 장소에 구애받지 않는 사업을 추가로 병행하면 된다고 생각했다. 우선 지출을 적절히 통제하며 1년 단위로 저축하여 종잣돈을 모은 다음, 경매 등을 통해 수익형 부동산을 매수하겠다는 계획을 세웠다. 그러면 회사를 다니면서 부동산으로 제 2의 월급을 받는 시스템을 만들 수 있기 때문이다.

부동산 물건이 많아질수록 투자금을 모으는 기간이나 부동산을 매입하는 데 투입되는 시간이 단축될 것이고, 그러면 자연스럽게 파이프라인 시스템이 만들어질 것이라고 생각했다. 그렇게 시스템을 구축해놓고 훗날 빌딩 등의 우량 물건에 투자하고 싶었다. 그러자면 근로 소득을 최대한 빨리 자본 소득으로 만드는 게 무엇보다 중요하다고 생각했다.

버틸 수 있을 만큼의 여유 자금은 필수

많은 사람들이 알고 있듯이 부동산 투자에는 상대적으로 큰돈이 들어간다. 물론 부동산 경매 투자의 경우에는 경락잔금대출과 세입자의 보증금 등을 레버리지로 이용해 적은 자금으로도 부동산을 매입할 수 있다. 하지만 이 경우에도 임차인의 보증금을 받기 전까지 버틸 여유 자금은 필요하다. 또 부동산 경매 투자를 하면 부동산을 싼 가격에 매입해서 높은 수익을 올릴 수도 있지만, 반대로 그 이상의 손해를 볼 수도 있다.

부동산 투자를 하다 보니 투자란 '싸게 사서', 일정 시간 묵묵히 '월세를 받으며 버티다가', '비싸게 매도하는' 타이밍의 예술이란 생각이 들었다. 부동산을 싸게 살 수 있는 방법으로는 급매 물건을 잡거나 경매를 통해 싸게 낙찰 받는 방법이 있다. 또 부동산 투자의 경우에는 설사 잘못된 투자로 인해 가격이 떨어져도 월세라는 현금 흐름이 있기 때문에 다른 투자에 비해 버틸 여유가 있다.

부동산 경매 투자가 대중화되면서 요즈음에는 시간과 돈이 예전보다 더 많이 들어가는 경향을 보인다. 시간 투입은 더 많아졌고 수익을 올리기는 더 힘들어졌다. 권리 분석도 제대로 못하는 초보자가 무조건 큰돈을 벌 수 있다는 유혹에 빠져 그동안 모아놓은 종잣돈을 날리는 경우도 종종 보았다. 그렇기에 나는 여윳돈 없이 부동산 경매 투자를 하는 것은 매우 위험한 일이라고 본다. 무조건 돈을 벌 수 있다는 착각에 사로잡혀 자본금도 없이 경매에 뛰어들게 되면 리스크에 그대로 노출되는 것이다.

부동산 경매 투자에서는 리스크 헤지 능력이 매우 중요하다. 전문 컨설팅 업체에 의뢰하지 않는 한 명도부터 잔금 납부까지의 모든 과정에서 발생 가능한 변수가 많기 때문이다. 따라서 입찰을 하기 전에 가능한 모든 리스크를 염두에 두고 대비책을 마련해두어야 한다.

내가 생각하는 부동산 경매 투자의 장점은 크게 2가지다. 하나는 저렴하게 살 수 있다는 것이고, 또 하나는 대출을 통해 레버리지 효과를 극대화시킬 수 있다는 점이다. 미래의 시세 차익을 노리고 감정가보다 비싸게 낙찰을 받는 것은 위험하다. 미래를 예측한다는 것은 불가능하다. 호재만 믿고 비싸게 낙찰을 받는다면 그만큼의 리스크를 스스로 감당해야 한다.

초보자라면 더더욱 싸게 낙찰을 받아야 한다. 낙찰이 아니라 수익을 목표로 삼아야 한다. 큰돈이 왔다 갔다 하는 만큼 신중을 기해야 함은 물론이다. 부동산 투자를 통해 수익을 실현하는 방법에는 매도를 통한 시세 차익을 내는 것과 임대 수익을 통한 현금 흐름을 만드는 것 2가지가 있다. 둘을 동시에 추구하면 물론 좋겠지만 우선은 현금 흐름이 있어야만 버틸 힘이 생긴다.

어떻게 하면 싸게 살 수 있을지, 어떻게 하면 부가가치(임대 수익)를 높일 수 있을지, 비싸게 팔 수 있는 최적의 타이밍은 언제일지, 최고의 절세 루트는 무엇일지 등을 고민해봐야 한다. 무조건 싸다고 해서 덥석 물었다가 환금이 되지 않아 돈이 장기간 묶여버리는 일도 많다. 돈이 묶이는 리스크를 감내하려면 현금 흐름이 좋아야 한다. 수익률이 높은 물건보다는 안정적인 수익률을 올리면서 공실이 없고 환금성이 좋은 물건이 장기적으로 더 좋을 수 있다.

부동산 투자를 책으로 공부하는 데는 한계가 있다. 결국 발품인데 이것을 귀찮아해서는 부동산 투자로 성공하기 어렵다. 직장인이라면 주말마다 가족과 부동산 여행을 떠날 수도 있을 것이다. 전국을 돌아다니며 그 지역 맛집도 탐방하면서, 가족들과 즐거운 시간도 보내고 부동산 답사도 할 수 있다. 그래서 나는 부동산은 여행이라고 생각한다. 여행을 좋아한다면 부동산 투자도 분명 잘할 수 있을 것이다. 부동산 투자는 주식처럼 책상에 앉아 키보드만 두드려서는 결코 성공할 수 없는 분야다.

물건 검색 전에 재무 계획 세우기

내가 처음 부동산 경매에서 낙찰 받아 수익을 실현한 물건은 마포구 합정동 다세대 빌라였다. 대학 시절 홍대 주변을 자주 다녀서 그 지역이 가장 익숙했다. 그래서 홍대 주변을 주로 검색했다. 그 지역의 발전하는 모습을 눈으로 직접 보며 자랐기 때문에 자신 있었다. 종잣돈이 부족했던 나는 마포구 근방의 빌라 물건부터 검색하기 시작했다. 처음에는 가격이 저렴한 인천 지역의 물건을 알아볼까도 생각했지만, 인천은 내가 전혀 알지 못하는 지역인 데다 내가 알아본 인천 지역의 물건들은 대부분 오래되고 낙후된 지역에 있어 관심이 가지 않았다. 반면에 더블 역세권인 합정역 근방의 물건이라면 비록 돈이 묶이더라도 괜찮을 것 같았다.

꾸준히 검색하던 중 가격대와 지리적 요건이 좋은 물건이 눈에 띄었다. 배운 대로 차근차근 권리 분석을 했고 안전한 물건임을 확인했다. 환금성을 생각할 때 방 2개짜리 물건이 아니라 원룸이라는 사실이 마음에 걸렸지만, 1억 원 초반대의 가격으로 더블 역세권 투자할 수 있다는 메리트를 쉽게 포기할 수 없었다.

물건 검색을 할 때는 자신이 경매에 쓸 수 있는 금액이 얼마인지, 만약의 상황에 대비할 비상금을 확보할 수 있는지 등의 재무 계획을 먼저 세우는 것이 중요하다. 내 투자금은 3,000만 원 정도여서 레버리지를 고려할 때 1억 원대 안팎의 물건을 찾고 있었는데 그에 적합한 물건이라고 생각했다.

리스크에 대처할 수 있는지 점검하라

동료들과 함께 현장 답사를 했다. 직접 가서 보니 유료 경매 사이트에서 본 사진과 비슷했다. 물건은 주변의 오래된 건물들과는 달리 신축 건물이었다. 내부를 보고 싶었지만 1층 현관문이 비밀번호로 되어 있어서 들어가 보지는 못했다. 일단 시세를 확인하러 근처 부동산으로 갔다. 빌라는 시세 확인이 제일 중요하기 때문이다.

부동산에 가서 어떻게 말을 꺼내야 할지 몰라 다짜고짜 시세를 물었다. 그런데 부동산 사장님들이 얘기하는 시세가 제각각이라 신뢰가 가지 않았다. 사실 다짜고짜 시세를 알려달라는 사람에게 그런 귀한 정보를 그냥 알려줄 리 없었다. 아무래도 접근 방식에 문제가 있는 것 같았다.

다음 날 혼자서 그곳을 다시 방문했다. 천천히 이것저것 생각하며 여유롭게 현장 답사를 했다. 합정역에서 물건지까지 정확히 얼마나 걸리는지도 체크했다. 복잡한 홍대 주변과 달리 해당 물건 인근은 조용했다. 그러면서도 어지간한 편의시설들은 다 있었다. 조용한 곳에 살면서도 홍대 주변의 상권을 걸어서 즐길 수 있는 곳이었다. 가까운 거리에 대학교들이 많아 대학생들의 수요도 있을 것이라 생각했다.

다시 용기를 내어 부동산을 찾았다. 이번에는 월세를 구하는 대학생 입장으로 접근했다. 운좋게도 경매로 나온 물건과 구조가 같은 다른 층의 방을 볼 수 있었다. 보증금과 월세를 묻고 조심스럽게 시세가 어느 정도인지 물었다. 대학생이 시세 묻는 게 이상해 보일까 싶어 신중하게 물었는데, 부동산 사장님은 분양가와 함께 현재 시세는 그보다 낮지만 주변의 신축 오피스텔 물량이 나가면 분양가를 회복할 것이라는 이야기까지 해주었다.

두어 군데 부동산을 더 들러본 뒤 집으로 돌아와 입찰가를 산정해봤다. 빌라의 경우 시세 파악이 가장 중요하다고 생각했다. 시세 파악만 잘 되면 절반은 성공한 것이나 다름없다. 이 물건은 감정가와 분양가가 정확히 일치했다. 현 시세는 감정가의 90% 정도로 보였다. 첫 물건이기도 해서 욕심 부리지 않고 감정가의 80% 정도를 쓰기로 했다. 부동산에서 들은 보증금과 월세를 바탕으로 수익률을 책정해보니 놀랍게도 무피 투자가 가능한 물건이었다. 몇 가지 발생 가능한 리스크와 대비책을 검토해보았다.

• 화재나 지진, 태풍 등의 재해에 따른 자산 가치 손실
세입자가 나의 부동산에 손상을 입힐 경우까지 대비해 보험에 가입해

둔다. 보험료는 비용으로 처리한다.

• 금리 변동에 따른 투자 수익률 저하

대출 금리는 3.5% 이하로 받는다. 향후 단기적으로 금리가 한 번 더 내려갈 가능성이 높으니 변동 금리로 대출을 받자. 만약 금리가 터무니없이 올라간다면 경제 상황이 호전된 것일 테니 월세를 올리는 등의 대비를 하면 된다. 또한 투자 수익률이 20%이니 금리가 상승하더라도 대출 금리가 10% 이상 올라가지만 않으면 최소 수익률은 확보할 수 있다.

• 공실 발생 시 투자 수익률 저하

경매를 통해 시세보다 저렴하게 구입했기 때문에 일단 어느 정도 수익률은 끌어올릴 수 있다. 또 서울의 더블 역세권 지역에 있으므로 주변의 평균 임대 시세보다 조금 저렴하게 놓으면 수요에는 문제가 없을 것이다. 낙찰 후 공실 기간을 넉넉하게 잡아 2~3개월 정도로 가정하고 수익률을 잡는다.

• 자산 가치 하락에 따른 리스크

다세대 빌라 물건이다 보니 건물 매입 가격 대비 대지 가격에 대한 비율이 현저하게 떨어진다. 감가상각에 따른 자산 가치 하락에 대한 부분은 좀 더 고민해보자.

• 수요 변동에 따른 리스크

합정동 지역의 유동 인구는 계속 늘고 있다. 홍대 상권이 확장하면서 인근 주변의 시세까지 덩달아 올라가고 있다. 또 향후 마포 한강 푸르지오와 메세나폴리스 등의 영향으로 주변 환경이 더 좋아지고 유동 인구도 늘어날 것이다. 수요가 급격하게 줄어들 가능성은 희박하다.

• 공급 과잉에 따른 리스크

최근 마포 한강 푸르지오가 입주를 시작했다. 내년에도 추가로 입주할 예정이다. 공급 과잉 여파로 주변 주택 시세가 많이 떨어졌다. 하지만 그곳은 임대료가 워낙 비싸기 때문에 임대료를 낮추면 리스크 헤지가 가능하다.

이렇게 모든 경우의 수를 나열해보고 내가 대처할 수 있는지 확인해본 다음 마침내 입찰을 결심했다.

마지막까지 긴장을 늦추지 말라

입찰 당일 동료와 함께 법원으로 향했다. 일찍 도착해 이런저런 이야기를 주고받다가 도장을 안 가지고 왔다는 것을 깨달았다. 덜렁대는 습관이 중요한 순간에 발목을 잡은 것이다. 법원 관계자에게 물어보니 도장은 꼭 필요하다는 말만 되풀이했다(나중에 알게 된 사실이지만 근처에서 막도장을 만들어 찍어도 된다). 순간 머리가 하얘졌다. 남은 시간은 1시간. 집까지 왕복하는 데 걸리는 시간은 약 50분. 입찰을 못할 수도 있다는 생각에 차분히 생각할 겨를도 없이 서둘러 집으로 향했다.

그날따라 막히는 도로를 왕복해 도장을 가지고 법원에 도착하니 주차 공간이 없었다. 유료 주차장을 찾아 주차를 하고 요금을 내려는데, 이번엔 지갑이 없다. 돈 1,000원이 없어서 입찰이 좌절될 상황에 처한 것이다. 주차장 관리인에게 입찰 후 와서 주겠다고 사정을 하고 법원까지 달렸다. 결국 입찰표 제출 마감을 3분 남겨놓고 간신히 입찰표를 제출했다.

나의 첫 입찰은 그렇게 정신이 없이 이뤄졌다. 본격적인 경매가 시작된 후에도 마음이 진정이 되지 않아 경매가 진행되는 과정을 편히 볼 수가 없었다. 급하게 제출하느라 제대로 입찰표를 확인하지 못한 것이 내내 마음에 걸렸다. 0을 하나 더 쓴 것은 아닐까 불안했다. 그 0의 엄청난 차이에 대해 여러 번 들었던 터라 더욱 걱정이 됐다. 드디어 입찰했던 물건이 나와 여전히 진정되지 않은 마음으로 나갔다. 멍하니 듣고 있는데 내 이름이 호명되었다. 2등과 딱 100만 원 차이로 낙찰되었다고 했다. 얼떨떨한 상태로 나가서 사인을 하고 영수증을 받아왔다. 그렇게 첫 낙찰은 정신없이 지나갔다. 법원을 나가면서 대출 중개인들이 주는 명함을 받아서 집으로 왔다.

좋은 이율로 대출 받으려면 신용등급을 관리하라

부동산 경매 투자를 할 때는 입찰 전에도 많은 준비가 필요하지만 최종 잔금 납부까지도 반드시 꼼꼼하게 준비를 해야 한다. 나는 납부 기일이 코앞에 다가와서야 준비하는 실수를 범했다. 대출상담사도 여러 곳을 알아본 뒤 결정했어야 했는데, 처음 연결된 대출상담사만 믿고 일을 맡겼다가 잔금 납부 기일이 얼마 남지 않았을 때 갑자기 상담했던 대출 이율로는 대출이 안 된다는 통보를 받았다. 문제는 신용등급이었다. 당시 대학생 신분이었기에 신용등급이 불리하게 적용됐던 것이다. 부동산 담보대출이므로 신용등급은 크게 문제되지 않을 것이란 생각은 착각이었다. 잔금 납부 기일에 맞추어 대출 날짜를 잡은 것이라 마감일까지는 겨우 3일 남은 상태였다.

결국 주거래 은행을 찾아갔다. 다행히 대출 이율은 적당히 조절이 되었는데 이번에는 시간이 문제가 되었다. 은행 자체적으로 시세를 알아보고 담보비율을 조정하기까지는 일주일 이상 걸린다는 것이었다. 게다가 잔금 납부 직후 해외 여행을 가려고 예전부터 계획을 잡아두었던 터라 대출 실행 기간은 더 길어질 수도 있었다. 주변에 조언을 얻어, 여행 떠나기 전에 경매계로 전화를 걸어 납부일이 지나더라도 반드시 잔금을 납부하겠다는 강한 의지를 전달했다. 간혹 잔금 납부일이 지나도록 낙찰자가 잔금을 납부하지 않으면 바로 재경매에 오르는 경우가 있기 때문이다.

며칠 후 은행에서 연락이 왔다. 예상은 했지만 담보비율이 적게 나왔다. 부동산 경매 투자의 장점 중 하나가 바로 대출을 많이 받을 수 있다는 것인데, 내 자본이 훨씬 많이 들어가게 된 것이다. 초보인 나는 전혀 예상치 못했던 일이었다. 대출 비율이 10% 줄면서 1,000만 원 이상의 추가 투자금이 필요했다. 다행히 비상금이 있었기에 해결할 수 있었지만, 하마터면 10%의 계약금을 날리고 크게 후회할 뻔했다. 만약 그랬다면 땅을 치고 후회하며 부동산 경매 시장을 떠났을지도 모를 일이다.

아직 감이 부족한 초보자들은 대출이나 명도, 화장(수리) 등의 단계에서 생각지 못한 비용 폭탄을 맞을 수도 있다. 나는 잔금 납부일을 넘겨 연체 이자까지 물어가며 간신히 잔금 납부를 마무리했다. 낙찰을 받고 나면 긴장이 풀리는 사람들이 있는데 내가 그랬다. 잔금 납부는 부동산 경매 투자의 중요한 과정 중 하나라는 사실을 쓰라린 경험을 통해 배울 수 있었다.

잔금 납부는 최대한 여유를 가지고 준비하는 편이 좋다. 다시 한번 강조하지만 낙찰이 전부가 아니다. 등기를 마치고 소유권이 넘어오기 전까지는 절대로 방심하면 안 된다. 잔금 납부 기한 중에 손놓고 있다가 기한이 닥쳐서 일을 진행하려고 하면 예상치 못한 변수로 인해 일처리가 늦어져 납부 기한을 못 맞출 수도 있다. 낙찰을 받은 후 대출 중개인들이 주는 명함을 일단 다 받아와서 일일이 연락을 돌린 다음, 나에게 맞는 2~3곳을 선발해 동시에 일을 진행해야 한다. 그래야 한쪽에서 일이 잘 진행되지 않을 시 최대한 빠른 시일 안에 다른 곳과 일을 마무리 지을 수 있다.

부동산은 큰돈이 오가는 재테크이다. 때문에 수익률을 높이기 위해서라도 대부분은 어느 정도 대출을 끼고 일을 진행하게 된다. 그를 위해 평소에 미리미리 신용 관리를 해두는 것도 필요하다. 또한 자신이 점찍은 물건을 낙찰 받으면 사전에 대출이 어느 정도 나올지 파악해두는 것이 좋다. 요새는 유료 경매 사이트에서 그러한 서비스를 잘 해주니 이를 이용하는 것도 좋다.

아끼려다 더 손해 볼 수도 있다

낙찰을 받은 후부터 세입자와 문자로 연락을 주고받았다. 전화 통화를 하면 아무리 노트에 적으면서 통화한다 해도 내 의도와 달리 일이 이상한 방향으로 흐를 수도 있고, 전달 사항이 왜곡될 수도 있기 때문이다. 보다 중요한 이유는 내가 젊은 사람이라는 것을 목소리를 통해 알리고 싶지 않기 때문이었다. 문자로 주고받다 보면 기록이 남고 상대방의 문자에 대응할 시간을 번다는 장점이 생긴다. 그렇기 때문에 나는 상대방과 문자를 주고받으며 명도를 진행했다.

그러던 중 우연히 페이스북 친구 추천에 세입자의 이름이 오른 것을 보게 되었다. 전화번호가 저장되어 있었기 때문에 친구 추천으로 뜬 것이다. 궁금한 마음에 세입자의 페이스북 페이지에 들어가 봤더니 나와 같은 대학의 선배였다. 이런 인연으로 세입자와의 대화가 매우 긍정적으로 풀려 명도 진행에 속도가 붙었다. 세입자는 이사 날짜를 정해서 바로 이사를 갔다. 서로의 신뢰를 바탕으로 일이 잘 진행되었다. 처음에는 배당금을 받아가는 세입자여서 이사 비용을 주지 않으려고 했지만, 이사비도 조금 챙겨주고 밀린 관리비도 언급하지 않았다. 첫 명도라 긴장도 많이 했지만 운이 따라주어 생각보다 일이 잘 풀렸다.

수리하지 않으면 임대 계약이 늦어질 수도 있다

보통 부동산 경매에 나온 물건은 내부 상태가 좋지 않은데 내가 받은 물건의 상태는 양호한 편이었다. 일반 매매였다면 팔기 위해서라도 내부에 신경을 많이 쓰겠지만 경매로 넘어간 물건의 경우는 다르다. 전 세입자나 전 소유자가 악의를 품은 경우에는 이사 갈 때 엉망으로 해놓고 가기도 한다. 그러므로 기본적인 수리비는 책정하고 입찰에 들어가야 한다. 나는 보통 300만 원 정도를 잡아둔다.

하지만 이때에는 수리하지 않고 부동산에 임대를 놓았다. 담보대출을 적게 받으면서 실투자금이 예상보다 많이 들어가서 수리할 돈이 없었던 것이다. 어쩔 수 없이 기본 청소만 하고 임대를 놓았다. 보러 오는 사람은 많았지만, 좀처럼 계약이 이뤄지지 않았다.

그렇게 한 달 정도가 지나 대출 이자를 지불했다. 내 주머니에서 대출 이자가 나가니 부동산은 자산이 아니라 부채가 되었다. 한 달 뒤 임대 계약을 했는데, 며칠 후 이 작은 원룸에 대출이 왜 이렇게 많냐면서 계약 취소를 요청해왔다. 보증금 1,000만 원은 소액임차보증금에 해당되기 때문에 부동산이 다시 경매에 넘어가도 법적으로 충분히 보장받는다고 아무리 설명해도 들으려 하지 않았다. 오히려 대출을 더 받지 못해 아쉬워하고 있던 나는 이해할 수 없었다. 그러고도 한 달이 더 지난 후에야 나는 드디어 꿈에 그리던 첫 임대 계약을 맺을 수 있었다.

대출이 줄어 실투자금이 많이 들어가긴 했지만 그 덕분에 현금흐름은 좋아졌다. 세입자가 지금까지 밀리지 않고 월세를 주고 있는 것이 감사하다. 나의 첫 제2의 월급 통장을 개설하게 해준 소중한 물건이다.

합정동 다세대 빌라 투자 내역

(단위 : 만 원)

낙찰가 (1)	11,770	보증금 (4)	1,000
매입 경비 (2)	271	월세	55
총 매입액 (1) + (2)	12,041	월 이자	20
대출금	8,000	월 순익	35
투자금 (3)	4,139	연 순수익	420
실투자금 (3) − (4)	**3,139**	**연 수익률**	**13.4%**

투자를 복기하고 복기하라

바둑 기사들은 승패가 결정된 후에도 자리를 뜨지 않는다고 한다. 바둑돌을 모두 치운 뒤 다시 하나씩 돌을 놓기 시작하는데, 이를 '복기'라고 한다. 이 과정을 통해 그들은 자신이 두었던 수를 다시 확인하며 패배의 원인을 분석

한다. 실패의 경험을 되살려보는 것이다. 바둑 기사들은 이 시간을 '패자를 위한 시간'이라고 부른다. 부동산 경매를 오래 하기로 마음을 먹었다면 이 복기의 시간이 정말 중요하다. 모든 투자에서 승리를 거둘 수는 없다. 아홉 번 이기다가도 한 번 져서 마이너스 수

익률을 기록할 수도 있는 것이 바로 투자의 세계다.

복기는 승자와 패자가 동시에 진행한다. 승자 또한 복기를 통해 중간에 내가 놓친 부분은 없었는지 다시 상기해볼 수 있다. 부동산 경매를 포함해 투자에 임하는 사람들이 이 복기의 과정을 거쳤으면 좋겠다. 꾸준히 공부해야 하고 수정을 반복하면서 자신만의 원칙을 만들어가야 한다. 그 과정이 쉽진 않겠지만 스스로 그 과정을 즐기는 법을 찾으면 분명 좋은 결과가 있을 것이다.

또한 경매 물건을 낙찰 받지 못했다고 많이 아쉬워하지는 말자. 낙찰을 받고 등기부등본에 이름을 올릴 때까지 그 물건에 마음을 다 주어선 안 된다. 기회는 또 다시 찾아온다. 중요한 것은 그 기회가 좋은 기회인지 나쁜 기회인지 판단할 안목을 갖추는 것이다. 지금 무엇을 선택할 것인지부터 생각해보면 좋겠다. 돈을 모을 것인가, 소비할 것인가? 모은 돈을 어디에 쓸 것인가? 그 돈이 나를 대신해 돈을 불려주는가? 이 모든 질문에 자신만의 답을 채워간다면 스스로가 원하는 수익을 실현할 수 있을 것이다.

입찰 당일 긴장을 늦추지 말라

처음 경매에 입찰하는 날에는 마냥 떨리고, 모든 것이 어설프기 마련이다. 처음이란 늘 그렇다. 아무리 책이나 강의를 통해 간접 경험을 해도 실제 내 돈을 넣고 입찰하는 것은 너무도 떨리는 일이다. 그 과정을 멘토나 동료 없이 혼자서 진행한다면 몇 배나 더 무겁게 느껴질 것이다. 처음 입찰하는 초보자를 위하여 경매 입찰 당일 해야 할 일을 몇 가지 추천한다.

대법원 경매 사이트에 접속하라
입찰 당일 아침 대법원 경매 사이트(www.courtauction.co.go.kr)에 접속해서 내가 입찰하고자 하는 경매 사건을 조회하자. 가끔 해당 사건이 취하되거나 날짜가 변경되는 일이 발생할 수 있다. 반드시 미리 확인하고 가자.

입찰보증금은 자기앞수표 한 장으로
입찰보증금(최저매각금액의 10%)은 자기앞수표 한 장으로 사전에 미리 뽑아두자. 현금이나 여러 장의 수표로 납부할 경우 분실하거나 금액을 잘못 넣는 사태가 발생할수도 있다. 보증금이 100원이라도 부족하면 비록 낙찰되더라도 무효가 된다. 또한 대부분의 법원에는 신한은행이 있으므로 경매 입찰을 위해서라도 신한은행 통장을 만들어놓는 것이 좋다.

법원에는 가급적 1시간 일찍 도착하라
법원마다 다르지만 대개의 경우 경매 입찰은 오전 10시부터 시작되며, 마감 시간은 11시즈음이다. 그래서 몇 번 입찰을 해본 투자자들은 11시에 맞춰서 법원에 도착하는 계획을 세우곤 한다. 하지만 초보투자자나 아직 익숙하지 않은 투자자들은 반드시 오전 10시까지 맞춰서 가기를 추천한다. 그래야 변수에 대처할 수 있다.

잘 생긴 수탉보다
알을 낳는 암탉을 찾아라

· 드마코 ·

인연이란 참으로 알 수 없는 것에서 시작하는 묘한 매력을 갖고 있다. 때로 인연은 인간의 생각으로는 감히 표현하기 어려운 기회를 제공하고는 한다. 흔히 인생의 전환점이라 하는 그런 인연은 대개 지극히 평범한 일상 중에서 아무렇지도 않게 시작된다. 그러나 준비가 되어 있지 않든가 절실함이 없다면, 절호의 기회일지도 모를 인연도 언제나처럼 스쳐 지나가버릴 것이다. 하지만 나는 절실했다. 지난 몇 년간 평범한 노동자로 살아온 나와 이미 투자 분야에서 이름을 날리고 있는 이와는 아무 교차점이 없었지만, 그 절실함 때문에 만날 수 있었다.

당시 나는 6년간 다닌 직장을 그만두고 서울의 한 패션전문학교에 입학하여 패션 디자이너가 될 꿈을 꾸고 있었다. 늦은 시작이었지만 20대를 열심히 살아온 만큼 원하는 삶을 살면서 돈도 많이 벌수 있을 것이라 믿었기에 큰 문제로 여기지 않았다. 그때 내겐 전세보증금을 제외하고도 3,000만 원 정도 여윳돈이 있었다. 이 정도면 학교를 졸업하기까지 2년간 학비와 생활비로 충분할 것이고, 졸업 후 취업하면 모든 것이 잘될 것이라는 낙관적인 계획을 갖고 있었다.

　　하지만 곧 여기에 심각한 오류가 있다는 것을 깨달았다. 그렇게 2년간 돈을 쓰며 보낸 후 취직을 하면 '0원'인 상태에서 다시 시작해야 하기 때문이다. 게다가 혹 중간에 사고라도 나서 큰돈이 필요하게 되면 학업을 그만두거나 아르바이트로 어렵게 학업을 이어나가야 하는 상황이 빚어진다. 또 그렇게 하여 졸업을 한다 해도, 패션 디자이너라는 직업은 나이 많은 초보자가 좋은 조건으로 취직하기 쉬운 분야가 아니므로 곧바로 여유롭게 생활할 수는 없을 것이다. 직장을 그만두기 전에도 예상했던 일이긴 했지만, 막상 일을 저지르고 보니 고민이 많아졌다.

　　그러던 중 평소 가깝게 지내던 친구에게 책 한 권을 소개받았다. 큰 기대 없이 읽었는데 읽고 나니 뒤통수를 맞은 기분이 들었다. 그동안 돈을 버는 수단은 노동뿐이고, 주식이나 부동산 투자는 도박 같은 것이라고 생각해왔기 때문이었다.

　　그것을 계기로 경제에 대해 공부해보면서 돈에 대해 조금은 이해할 수 있었다. 가장 큰 교훈은 노동만으로 수익을 내서는 평생 가도 부자가 될 수 없다는 것이었다. 특히 임금 상승보다 물가가 더 빨리 올라가는 오늘날 같은 상황에서는 더욱 그렇다. 그것을 깨닫는 순간, 패션 공부가 나의 전부일 수 없다는 것을 알았다.

그래서 나는 저자가 운영하는 카페에 가입해 경매 공부를 하고 실전반에도 참가해 현장 답사 노하우도 배웠다. 동료들과 함께 경매 물건에 입찰도 해보았고, 운이 좋아 현장 교육 2주차에 낙찰도 받았다. 초보인지라 우여곡절을 겪긴 했지만 결국 무사히 명도를 하고 세입자로부터 월세도 받게 되었다.

짧은 시간이었지만 경험과 여유를 쌓을 수 있었다. 현재까지 경매와 매입을 병행하여 몇 채의 부동산 자산을 취득했다. 정산해보니 투자금 대부분은 보증금을 통해 회수되었고, 추가로 월세가 들어오고 있다. 이 말은 기존에 갖고 있던 자산 규모를 그대로 유지하면서 추가로 현금이 들어오는 시스템을 갖게 되었다는 뜻이다.

궁금증이 남았다면 다시 문을 두드려라

나에게 첫 낙찰을 가져다 준 물건은 실전반에 참여하여 현장 답사를 다니며 현장 교육을 받을 때 추천받은 물건이었다. 인천 남동구의 작은 빌라 단지에 있는 반지하 물건이었다. 반지하였지만 인근에 빌라 단지도 있고 사람들이 많이 사는 곳이라 월세 수요가 많을 것이라 판단되었다. 아울러 소액 투자금을 가진 초보자가 접근하기 좋은 물건이었다. 여기까지 판단한 후 현장 답사를 가보기로 하고 장·단점을 추려보았다.

먼저 장점은 반지하라 가격이 싸다는 것이었다. 가격이 싸기 때문에 나 같은 초보자가 접근하기 쉬운 물건이었다. 그 밖에도 임차인이 보증금을 100% 받아가기 때문에 명도에 유리하다는 점, 권리관계 파악이 쉬운 물건이라는 점 등이 있었다. 시세에 맞추어 보증금 500만 원에 27만 원 정도 월세를 받는다면 수익률도 높은 물건이었다. 반면 단점을 정리해보니 반지하 물건이라는 점, 물건이 매우 낡아 보수할 곳이 많을 것이라는 점, 그리고 이 때문에 임대료가 낮거나 임차인을 구하기 어려울 수도 있겠다는 점 등이었다. 그럼에도 소액을 투자해서 높은 수익률을 낼 수 있다는 점에서 상당히 매력적인 물건이었다.

실전반에서는 여러 개의 물건을 선정해 현장 답사를 다녔는데, 나는 한 가지 물건에 집중하여 현장 답사를 다녔다. 여러 물건을 다 보려고 하면 체력적으로 지쳐서 집중력이 흐트러지기 때문이다. 이때 주로 보았던 것은 가격이 저렴하면서도 조사할 것이 많아 초보자에게는 학습 대상이자 투자 대상으로 적절한 빌라였다.

빌라는 아파트와 달리 관리가 부실하기 때문에 건물 내부와 외부의 관리 상태를 유의해 보아야 한다. 건물 외관에 실금이 많이 있거나 옥상에 방수 처리 및 배수구 정비가 제대로 되어 있지 않으면 수시로 고장이 날 것이고, 이는 곧 수리비로 직결되기 때문이다. 특히 반지하 물건의 경우에는 더욱 면밀히 살펴야 한다. 해당 물건의

소홀한 현장 답사가 불러오는 리스크

예전에 서울의 한 물건에 관심을 갖고 현장 답사를 간 적이 있었다. 외관도 양호하고 수익성도 갖춘 물건이었다. 다만 집주인이 살고 있어 내부를 확인하기가 부담스러웠다. 때문에 생략하고 입찰해야겠다 싶었는데, 왠지 그냥 갈 수 없는 찜찜함이 발목을 잡았다. 그래서 해당 물건을 방문했지만 아무도 없었다. 인근 부동산에 가서 사정을 얘기하고 물건에 대한 감정을 의뢰했다. 이야기를 들어보니 현재 80세 할아버지와 6세 손자만 거주하고 있다고 했다. 할아버지의 아들이 유일한 재산인 집을 몰래 담보 잡아 사업을 하다 실패해서 종적을 감췄다는 것이었다. 얘기를 듣고 나니 도저히 명도할 자신이 생기지 않아 그대로 입찰을 포기했다. 만약 그때 그냥 입찰을 했다 낙찰 받았다면 어떻게 되었을까 생각만 해도 아찔하다.

현장 답사를 가면 환영보다는 불청객 대접을 받는 경우가 다반사라, 때로는 대충 하고 싶다는 생각이 들기도 한다. 하지만 이런 경우가 가장 위험한 상황이다. 부동산 경매 사이트를 보다 보면 적게는 몇백만 원에서 많게는 몇억 원에 이르는 입찰보증금을 미납으로 날리는 경우를 종종 볼 수 있다. 이 모든 일은 사전 조사와 현장 답사 과정에서 필요한 모든 정보를 확보하지 못하고 낙찰을 받았다가 감당하기 어려운 상황에 빠지기 때문에 일어나는 것이다. 큰 금액이 쉽게 오가는 부동산 투자 시장에서 한 번 더 조사하고 꼼꼼하게 따지는 것은 결코 과한 일이 아니다. 더구나 한 번의 실수만으로도 큰 타격을 입게 되는 소액 투자자라면 더더욱 조심해야 한다.

내부를 볼 수 없다면 위 아래층 세대의 내부 관리 상태라도 살펴야 한다.

내가 입찰한 물건에 도착했을 때에도 먼저 도착한 동료들은 외관부터 보기 시작했다. 1980년대에 지어진 것 치고는 옥상의 방수 처리 상태가 좋았고 벽에도 실금이 거의 없었다. 어느 정도 건물 상태에 대해 조사를 마친 후 세입자를 만나 내부를 보러 가려는데, 세입자의 고성이 들려왔다. 먼저 접근한 회원들이 조사를 시도하던 과정에서 세입자가 불쾌감을 느꼈던 것이다. 물건이 경매에 오르면 많은 사람들이 현장을 들락거리며 조사하기 때문에 보증금을 모두 받아가는 임차인이라도 신경이 곤두설 수밖에 없다.

하지만 그렇게 문을 열고 호통을 치는 와중에도 동료들은 집의 내부를 보았고, 나 또한 그 정보를 얻을 수 있었다. 방은 3개이고 내부 관리 상태는 깔끔하며 곰팡이 흔적은 없다고 했다. 안심이 됐지만 부족했다. 직접 내부를 샅샅이 살펴보고 싶었다. 그래서 다음날 혼자서 다시 방문하여 처음부터 다시 조사를 했다. 전날의 사건 때문에 망설여졌지만 내부를 보기 위해 용기를 내어 문을 두드렸다. 최대한 공손한 자세로 소개를 하고 내부를 보여주십사 하니, 의외로 세입자는 순순히 집을 보여주었다. 그렇게 하여 세입자에게 좋은 인상을 남기고 그들의 사연까지 들으며 현장 답사를 마칠 수 있었다.

분위기에 휘둘려 입찰가를 올리지 마라

입찰을 하러 가기 전날까지도 입찰가에 대해 이리저리 고민하며 여기저기 물어보기도 했는데, 결국 '내 생각에 가장 수익률 좋은 가격'으로 결론이 났다. 처음에 생각한 가격은 3,000만 원이었다. 그런데 입찰 시간이 가까워질수록 점차 희망 가격에 대한 불신이 생겨났다. 쳐다보는 모든 사람들이 경쟁자로 보이기 시작했다. 그렇게 입찰 봉투를 넣는 순간까지 불안해 하다가 결국에는 300만 원을 올려 3,333만 9,900원을 적어냈다.

입찰 결과 낙찰자로 이름이 불리자 뛸 듯이 기뻤다. 하지만 그것도 잠시, 경매 진행관 입에서 2등 입찰가가 발표되자 김이 빠지고 말았다. 2등의 입찰가는 500만 원이나 적은 2,800만 원이었던 것이다. '입찰장의 분위기에 휘둘리지 말라'던 한 선배의 조언이 생각났지만, 낙찰 가격은 이미 정해졌다. 비싼 수업료 냈다고 스스로 위로할 수밖에 없었다.

현재까지 내가 낙찰 받은 물건의 낙찰가와 2등과의 낙찰 가격을 비교해보면 이 말은 정말 중요하다는 생각을 하게 된다.

내 경우 두 번째 낙찰의 경우에도 첫 낙찰의 경우와 크게 차이 나지 않았다. 본래 6,700만 원으로 입찰할 예정이었는데, 현장에서

구분	입찰기일	최저매각가격	결과
1차	2015-04-07	50,000,000원	유찰
2차	2015-05-13	35,000,000원	유찰
3차	2015-06-17	24,500,000원	
낙찰 : 33,339,900원 (66.68%)			
(입찰5명,낙찰:인천 / 2등입찰가 28,000,000원)			

첫 번째 낙찰 영수증

구분	입찰기일	최저매각가격	결과
1차	2015-01-26	78,000,000원	유찰
2차	2015-03-02	54,600,000원	
낙찰 79,800,000원(102.31%) / 13명 / 불허가 (2등입찰가:76,770,000원)			
3차	2015-05-11	54,600,000원	
낙찰 : 67,990,000원 (87.17%)			
(입찰7명,낙찰: / 2등입찰가 64,659,000원)			

두 번째 낙찰 영수증

불안감이 커져 99만 원을 더 올려 썼던 것이다. 그럴 필요가 없었다는 것은 마찬가지로 낙찰 받은 뒤에 알았다. 이런 겪고 나서야 가격에 있어 자신을 통제할 수 있게 되었다. 사실 가격만 올리면 낙찰받기는 쉽다. 하지만 시세보다 낮으면서도 가장 경쟁력 있는 가격으로 매입하는 것이 경매의 궁극적 목적이다. 그러므로 입찰 전 충분히 고민하여 경쟁력 있는 가격을 정했다면 불안감에 휘둘려 바꿀 필요가 없다.

소액 물건은 대출이 어렵다

낙찰이 시작이라는 말대로 낙찰 후에도 쉬운 것이 없었다. 대출도 그렇고 명도도 마찬가지였다.

사실 경락잔금대출만 믿고 있었는데 대출에서부터 어려움이 시작되었다. 낙찰을 받고 나면 대출 중개인들이 명함을 준다. 초보 낙찰자인 나는 모든 곳에 문자를 보내보았는데, 한두 곳에서만 답장이 왔다. 그래서 일일이 전화하여 알아봤지만 역시 반응이 별로 좋지 않았다. 이유를 알고 보니 낙찰 물건의 가격이 5,000만 원 미만인 경우에는 수익이 별로 없어 금융기관들이 관심을 보이지 않는다는 것이었다. 때문에 사정사정하고 여러 부수 거래까지 추가하고 나서야 간신히 한 은행에서 자서를 할 수 있었다.

여기서 초보 투자자가 반드시 짚고 넘어가야 하는 것이 바로 대출 조건부 부수 거래이다. 은행에서 요구하는 부수 거래란 정기 적금 가입이나 신용카드 개설 및 매월 얼마의 의무적인 사용이다. 부수 거래를 많이 할수록 이자율을 조금씩 깎아주는데, 몇천 원의 이자를 깎기 위해 월 10만 원의 정기 적금을 들거나, 매월 30만 원 이상의 신용카드 소비를 요구하는 부수 거래는 하지 않는 편이 좋다고 생각한다. 나는 대개의 경우 차라리 이자율을 조금 높이는 편이다. 물론 이는 개인의 선택이고 필요한 경우라면 수용해도 괜찮다. 아무튼 내가 낙찰 받은 물건의 경우에는 대출 자체가 어려워서 모든 조건을 받아들이고서라도 대출을 받을 수 밖에 없었다. 이 또한 사전에 대출 중개인을 통해 대출이 나오는지 충분히 따져보지 못한 탓이기도 했다. 그런 이유로 이 물건은 내가 가지고 있는 부동산 중 가장 싸고 대출이 적은 물건임에도 가장 부수 거래가 많고 대출 요구 사항이 까다로운 물건이 되었다.

점유자의 이사 시기는 배당기일을 고려하라

명도를 하기 위해선 먼저 배당기일이 정해져야 한다. 세입자는 배당기일에 이사를 하며 법원에 배당금을 신청하게 된다. 이때 낙찰자인 내가 집이 비었다는 사실을 확인하고 명도확인서를 써주어야 한다. 그리하여 배당금이 현금화되어야 명도가 끝난다. 그런데 이 사실을 제대로 인지하지 못한 나는 무작정 세입자들에게 날짜를 정해주면서 이사해달라고 했다. 그 여유 기간이 한 달 남짓이어서 세입자는 급하게 집을 구해 계약을 했는데, 그런 다음에야 배당금을 받아야 이사할 수 있다는 것을 알고 어떻게 되는 것인지 물어왔다.

그제서야 나는 큰 실수를 했다는 것을 알았다. 배당기일이 되어야 배당금을 받아 새 집으로 이사를 할 터인데, 나는 무작정 이사 시기만 앞당겼던 것이다. 결국 세입자들에게 용서를 빌며 복비는 부담할 테니 사정을 이야기해서 계약을 무효화해줄 것을 청했다. 다행히 사정을 들은 계약자가 계약금을 받지 않고 계약을 파기해주었다.

마침내 어렵게 잔금을 치르고 배당기일이 다가왔다. 그런데 결국 이사할 곳을 찾지 못한 세입자는 1년 동안 계약을 연장해 더 살고 싶다고 했다. 내 입장에서도 명도와 수리에 들어갈 비용을 아낄 수 있기 때문에 재계약을 하여 지금까지 세입자로 지내고 있다. 내 실수 때문에 어려움도 있었지만 세입자와 원만한 관계를 유지한 덕분에 결국 서로 좋은 결과를 남긴 것이라고 생각하고 있다. 덕분에 수익률도 더 좋아졌다.

본래 반지하 물건이나 오래된 빌라, 단독주택의 경우 수리비가 많이 든다. 기본적인 도배, 장판 외에 싱크대 교체나 화장실 리모델링, 2중 섀시 교체 등이 추가되기 때문이다. 거기다 물이 새거나 곰팡이라도 있는 경우에는 수리비가 훨씬 더 많이 들어간다. 이런 데들어가는 비용을 아끼려면 현장 답사 시 반드시 내부를 꼼꼼히 확인해야 한다. 문제가 많이 생길 집은 사전에 피하는 게 상책이라는 뜻이다.

반면 세입자가 계약을 연장하여 그냥 거주하겠다고 하면 문제가 간단해진다. 하자 없는 집에 세입자가 그대로 거주한다면, 굳이 내보낼 이유가 없다. 이사비나 수리비도 아끼고 공실 위험도 사라지기 때문이다. 물론 경우에 따라 싱크대 배수구나 전등 등 일부 하자에 대한 보수 수리비가 들기도 하지만 전체적인 화장에 비하면 훨씬 비용이 적게 든다.

아무튼 모든 과정이 마무리되고 이 물건의 수익률을 다시 계산해보니 비용이 예상보다 더 들었음에도 수익률이 2% 이상 상승했다. 명도나 수리 없이 세입자와 재계약을 했기 때문이었다.

인천 남동구 빌라 투자 내역

(단위 : 만 원)

낙찰가 (1)	3,334	보증금 (4)	500
매입 경비 (2)	89	월세	27
총 매입액 (1) + (2)	3,423	월 이자	8
대출금	2,600	월 순익	19
투자금	823	연 순수익	228
실투자금 (3) - (4)	323	연 수익률	70.4%

투자를 더 오래 유지하기 위해 다시 직장인 되다

처음 강의를 듣고, 현장 지도를 받으며 나 자신과의 사투를 벌였다.

아무것도 모르는 상태에서 상황에 부닥치며 시작한 현장 답사와 개별적인 공부를 통해 기초를 탄탄히 다지기 위한 노력을 많이 했다. '부동산 경매는 잘생긴 수탉이 아니라 볼품 없어도 지속적으로 알을 낳는 암탉을 찾는 일이다'라는 말이 있다. 나의 첫 낙찰 물건인 반지하 물건이 딱 이에 해당한다. 외양은 볼품없지만 투자금 대비 가장 큰 수익을 가져다주고 있기 때문이다. 물론 실제로 손에 쥐는 금액은 15만 원이지만, 별다른 수고를 들이지 않아도 연 180만 원의 보조 수입을 올려주는 기특한 물건이다.

한 번 투자의 맛을 본 나는 투자의 세계에 오래 살아 남기 위해 다시 직장을 구해 가장 큰 현금 흐름을 창출했다. 아울러 부동산 매입도 작은 규모로 계속 시도하고 있다. 노력의 결과로 현재 부동산을 통한 현금 수입은 월 30~40만 원 정도로 늘어났다. 1년에 500만 원에 달하는 규모의 수입을 스스로 창출하는 훌륭한 보조 동력이 된 것이다.

이 돈은 월급을 쪼개어 모으는 돈이 아니어서 종잣돈은 보다 여유롭게 늘려갈 수 있다. 이렇게 모아진 종잣돈이 어느 정도 규모가 되면 더 좋은 곳에 투자하여 현금을 회수할 것이고, 이런 방식으로 평생 규모를 늘려갈 것이다.

유비의 부동산 재테크
talk talk

위치 좋은 반지하를 공략하라!

반지하 빌라를 선호하는 사람이 있을까? 열이면 열 명 모두 싫다고 할 것이다. 하지만 성공적인 부동산 투자자가 되고자 하는 당신은 '집'이란 것을 단순히 '내가 살고 싶은 곳'으로 바라보는 관점을 버려야 한다. 해당 부동산에 거주하게 되는 수요자의 소득 수준에 대비하여 얼마나 훌륭한 사용·수익의 조건을 갖추었나를 감각적으로 판단할 수 있는 눈을 키워야 한다.

· 입지 조건과 임대 수요가 높은 곳인가?
반지하 빌라 투자는 매력적인 부동산 투자 대상이 될 수 있다. 물론 이때 가장 중요한 것은 '입지'다. '임대 수요'가 풍부한 곳이어야 한다. 이러한 전제 조건이 성립한 후, 투자자가 약간의 내부 수리(화장하기) 감각 및 능력을 갖춘다면 고수익으로 연결될 수 있다. 소위 말해 무피 투자의 가능성이 펼쳐지는 케이스도 이때가 제일 많다.

· 판단 기준은 '역세권'
입지 조건과 임대 수요를 판단할 때 가장 핵심적인 키워드는 '역세권'이다. 교통이 불편하고 언덕배기에 있는 반지하는 무조건 피해야 한다. 무조건 역에서 가까워야 한다. 특히나 서울 및 수도권이라면 말할 것도 없다.

· 물건의 개별 특성을 직접 확인하라
그런 다음 물건 자체의 개별적 특성에 주목해야 한다. 반지하라고 해서 다 똑같은 반지하가 아니다. 절반 이상이 지상으로 노출되어 거의 1층에 가까운 반지하, 절반 정도만 노출된 반지하, 아예 땅에 파묻힌 반지하 등 형태는 다양하다. 때문에 반지하 물건일수록 더욱 꼼꼼한 현장 답사가 필요하다.

직장은
투자의 걸림돌이 아니다

· 환상호철 ·

어렸을 때부터 나는 꾸준히 저축하고 절약하여 노후는 편안하게 지내야겠다고 생각했다. 그래서 취직 후 바로 저축이나 보험, 펀드 등의 재테크 수단에 대해 공부하여 나름의 재무 설계를 세웠다. 동시에 연봉을 올리기 위해 프로그래밍이며 영어 공부를 하면서 이직 및 승진 준비도 병행해갔다. 그러던 어느 날 서점에서 시선을 사로잡는 책을 발견했다. 빌딩 부자에 관한 책이었는데 '이 책을 읽고 나면 나도 빌딩 부자가 될 수 있을까?' 하는 의문에서 집어든 책을 통해 부동산 경매의 세상을 처음 알았다. 부동산 경매에 대한 자세한 내용이 궁금해서 이후에도 한두 권의 책을 읽은 후 첫 경매에 도전했다.

당시 살고 있던 대전에서 가장 인기 있는 지역의 아파트를 선택하고 나름 현장 답사를 한 후, 법원에 가서 입찰에 응했다. 결과는 입찰자는 나 포함 2명, 200만 원 차이 패찰. 낙찰자는 당시 살고 있는 세입자였다. 하지만 사실 이때, 패찰하고 나오면서 안도의 한숨을 쉬었다. 경매 첫 입찰자들 대부분이 그 같은 마음일 거라 생각한다.

그 후 매달 입찰을 시도했지만 번번이 패찰하면서 부동산 경매에 대한 열정이 식어갔다. 그러다가 포기할 때 포기하더라도 제대로 한 번은 밀어붙여보자는 생각이 들어, 다양한 재테크 서적을 찾아 읽으며 공부를 시작했다. 이후 스터디와 실전반 등에도 참여하면서 조언도 많이 듣고, 투자에 반드시 필요한 심리적인 안정감을 얻을 수 있었다.

수익률을 보고 공격적으로 투자하자

내가 처음 낙찰 받은 물건은 공주에 있는 전용면적 42.98제곱미터(13평)의 아파트였다. 같은 아파트의 물건 2개에 동시 입찰을 시도하면서 한 건은 좀 보수적으로, 다른 한 건은 20%의 수익률을 마지노선으로 잡고 좀 공격적으로 입찰하기로 했다. 그런데 법원의 물건들을 둘러보니 모인 사람들은 많은데 그다지 좋은 물건은 없다는 생각이 들었다. 그래서 수익률을 2% 정도 손해 보더라도 200만 원을 더 올리기로 했다. 결과는 200만 원 차이 낙찰. 처음에 생각한 입찰가로 했다면 10만 원 정도의 근소한 차이로 패찰했을 것이었다.

10번의 시도 만에 받은 첫 낙찰이었지만, 낙찰 받고 나니 생각보다 허무했다. 법원에서 보증금 영수증을 받는 것이 남은 절차의 전부였기 때문이었다. 문득 명도에 대한 걱정이 밀려왔다. 하지만 1주일 후 법원에 가서 세입자의 연락처를 알아보고 통화를 하니 세입자는 바로 이사를 나간다고 했다. 생각보다 순조롭게 진행되었다. 세입자와는 명도합의서를 쓰는 날과 이사 가는 날, 단 두 차례 만난 뒤 명도를 완료했다.

집수리를 맡기며 이제 수익 실현 단계만 남았다고 생각하고 있었는데 뜻밖의 악재가 생겼다. 물건과 인접해 있는 세종시에서 아파트 입주가 시작되더니 입주가 끝날 무렵이 되자 이사철도 지나가버린 것이다. 결국 처음보다 가격을 내려 인터넷을 통해 직접 세입자를 구한 다음에야 수익을 실현할 수 있었다. 결과적으로 수익률은 13%. 처음 입찰할 때 잡았던 20%보다는 훨씬 낮아졌지만 은행 이자보다는 훨씬 높다는 것으로 위로를 했다.

공주 소형 아파트 투자 내역

(단위 : 만 원)

낙찰가 (1)	6,100	보증금 (4)	1,000
매입 경비 (2)	342	월세	20
총 매입액 (1) + (2)	6,442	월 이자	13
대출금	4,800	월 순익	7
투자금	1,642	연 순수익	84
실투자금 (3) − (4)	642	연 수익률	13%

물건 검색에서 입찰까지 자신의 기준을 따르자

부동산에 대한 개념이 바뀐 나는 다니던 회사를 그만두고 본격적으로 꿈을 찾아 나섰다. 처음 낙찰 받은 물건의 수익 실현을 끝낸 후 곧바로 서울 강서구 화곡동에서 신규 분양을 1건 받았고, 그 다음날에는 경매를 통해 또 1건을 낙찰 받았다.

두 번째 낙찰 물건은 서울 금천구 시흥동에 있는 반지하 물건이었는데, 투자금 800만 원과 현금 흐름 10만 원을 안겨주었다. 사실 지방에서 처음 부동산 경매 투자를 시작했을 때는 지방의 소형 아파트에만 도전했다. 그러다 서울로 거처를 옮기고 경매 스터디를 하면서 서울 다세대 빌라 쪽으로 관심 물건이 바뀌었다.

첫째 이유는 지방에 있는 물건에 입찰하자면 이동 경비며 시간 소비 등의 비용이 너무 많이 들기 때문이었다. 우선 입찰을 결정하기까지 여러 번의 현장 답사가 필요하고, 입찰을 하자면 관할지 법원에도 가야 한다. 낙찰 받기까지는 여러 변수가 생길 수도 있고, 낙찰 받은 후에도 여러 번 지방을 오가야 한다.

둘째는 자금 문제 때문이었다. 지방에서는 1억 원 이하로도 소형 아파트 구매가 가능했지만, 서울에서는 불가능했다. 또 서울의 다세대 빌라는 월세를 통한 수익률이 소형 아파트보다 더 높고, 경쟁률 또한 아파트에 비해 낮았다.

이렇게 관심을 서울의 다세대 빌라로 옮긴 뒤에는 인천이나 강서구 화곡동 지역에서 2000년대 후반 이후 건축된 비교적 새 건물을 골랐다. 대출과 보증금을 합해 내 돈이 안 들어가는 입찰가를 산정한 후 과거 낙찰 내역과 비교를 해봤다. 역시 이러한 물건들은 경쟁률과 낙찰률이 높았다. 그래서 기준을 다시 정하기로 했다. 그러자 동료들과 현장 답사를 했던 몇몇 빌라가 떠올랐다. 그 빌라들은 반지하 물건이어서 무피 투자가 가능했고, 입찰하려는 사람들이 없는 물건이었다. 이러한 특징들을 염두에 두고 다시 물건을 검색해보았다. 나는 서울 안에서 무피 투자가 가능하리라 예상되는 7,000만 원을 감정가 상한선에 맞추고 검색했다.

그런 다음 각 물건을 하나하나 클릭하면서 권리 분석을 실행했다. 세입자가 살고 있으며, 배당금을 거의 전액 받아가는 물건만 찾았다. 또한 서울에서 현장 답사를 한 경험이 없었던 때라 시세를 잘 알지 못하므로, 현장 답사할 때 현황서 내용의 사실만 확인하면 되는, 즉 '현황서가 확실한' 물건에 초점을 맞췄다.

시흥동의 반지하 물건은 이 조건에 잘 들어맞았다. 물건의 감정가는 5,570만 원, 1회 유찰되어 4,456만 원이었다. 현황서상 임차인이 있었고, 배당 신청도 배당 종기일 이전에 되어 있었다. 권리 분석을 해봐도 말소기준권리 이전에 아무 내용이 없는 깔끔한 물건이었다. 현황서를 보니 보증금 2,000만 원에 월세 20만 원이었다. 입찰가를 4,500만 원으로 놓고 수익률을 계산해봤다. 취등록세와 수리비를 500만 원으로 잡았을 때, 보증금을 받으면 600만 원이 더 생기며, 대출 이자를 4%로 잡아도 8만 원의 현금 흐름이 나오는 구조였다. 여기까지 계산을 끝내고 현장 답사에 나서기로 했다.

확실한 현황서가 있어도 현장에서 살펴야 할 것은 다르다

입찰일에 임박하여 물건을 발견했기 때문에 서둘러야 했다. 상당히 거리가 먼 데다가 더운 날이었지만, 현장 답사를 할 때는 대중교통을 이용해보라던 조언이 떠올라 대중교통을 이용했다. 지하철역에서 버스를 갈아타고 10분 가량 이동하는 거리에 위치해 있었다.

빨간 벽돌의 오래된 빌라들이 길 양 옆에 늘어서 있는 가운데 신규 분양 물건이 보였다. 내가 입찰한 물건은 2002년에 지어진 건물인데 주변 건물들에 비해 새것처럼 느껴졌다. 그리고 주변의 빌라들이 갖추지 못한 주차장을 갖고 있었다. 이것은 로드뷰를 이용해 미리 확인했던 것이었다.

사람들의 이동이 많은 쪽으로 7~8분 정도 걸어 시장으로 가면서 주변에 부동산중개소가 있는지 찾아보았다. 주변에 부동산중개소는 많지 않았다. 한 부동산중개소에 들어가 월세 세입자라고 하며 부동산 사장님께 입찰할 물건과 같은 1.5룸에 23.1제곱미터(7평) 정도, 그리고 2000년 이후에 건축된 방의 시세를 물었다. 그러자 그 지역 대부분의 건물은 20~30년 이상 된 물건이라고 했다. 내가 본

물건과 비슷한 연식의 방으로는 2층에 있는 것이 하나 나와 있다고 했다. 다른 부동산에 들어가서는 물건 가격을 알기 위해 경매인 것을 밝히고 물어봤으나 부동

산 사장님이 그다지 친절하지 않아 별다른 정보를 얻을 수 없었다.

이렇게 현장 답사를 끝내기에는 아쉬워서 다시 한 번 해당 물건지로 가서 밖을 꼼꼼히 살피면서 건물 외벽 누수가 없는지 확인해보았다. 외벽은 깔끔했다. 혹시나 하는 마음에 해당 물건의 초인종을 눌러봤지만 역시나 사람이 없었다. 옆집에는 사람이 있는 것 같아서 옆집의 초인종을 눌러보았다. 부동산에서 나왔는데 옆집이 경매로 나와 확인해보려 한다고 말했다. 혹시나 싶어 물어본 것인데, 한 아주머니가 문을 열고 나왔다. 재빨리 집 안의 마감재 등을 확인하면서 집 안에 누수 같은 것은 없는지, 딱히 사는 데 불편한 것은 없는지 물어보았다. 그런 것은 전혀 없다는 대답에 마음이 매우 가벼워졌다.

다세대 빌라 경매에서 가장 유의하는 부분은 누수이다. 누수가 있다면 수익률이 아무리 높게 나와도 들어가지 않는다. 가장 먼저 누수를 잡기 위한 수리 비용이 청구되기 때문이다. 그리고 누수의 경우 100% 보수는 불가능해서 한 번 누수가 있는 집은 보수를 하더라도 몇 년 후 같은 문제가 발생할 가능성이 높다.

최종적으로 경매에 입찰하면서 물건을 열람한 사람이 얼마나 되는지 확인했다. 나를 포함해 5명인 것을 보고 단독 입찰일 것이라 예상했다. 때문에 다른 입찰 때와는 달리 뒷자리를 깔끔하게 버리고 4,500만 원에 입찰을 시도했다. 최저가에서 불과 몇 십만 원만 올려 쓴 금액이었다. 다른 사람들은 한 번 더 유찰을 노릴 것이라 생각하고 바로 입찰을 했던 것인데 예상이 적중했다. 단독 입찰이었다. 속으로 만세를 부르며 보증금 영수증을 받아 집으로 돌아왔다.

대출 실행 전에는 절대 명도가 끝났다고 말하지 말라

어차피 매각허가결정까지는 1주일 정도 걸릴 터여서, 낙찰을 받은 뒤 내용증명을 점유자에게 발송하고 제주도 여행을 다녀왔다. 그런 데 여행에서 돌아와보니 내용증명이 반송되어 있었다. 나는 현 점 유자와 재계약을 하고 싶었기 때문에 재계약과 관련된 내용이 들어 있는 내용증명을 봐주었으면 했다. 그래서 법원에 전화해 서류 열 람 가능 여부를 확인하고, 점유자 연락처를 알아냈다. 점유자와 연 락하여 이메일로 내용증명을 보내자 며칠 후 재계약을 하자고 문자 를 보내왔다. 속으로 쾌재를 부르며 등기 이전 후 보기로 했다. 곧 바로 재계약을 결정한 덕분에 이사 비용과 수리비 등이 들지 않게 되었다. 이렇게 명도가 순조롭게 해결된 덕분에 모든 게 잘 마무리 될 줄 알았다.

하지만 대출에서 문제가 생겼다. 처음에는 낙찰가의 80%인 3,600 만 원 정도 가능하리라 생각했는데, 3% 초반의 금리로 3,900만 원 까지 대출이 가능하다고 했다. 그래서 자서를 하고 대출 심사를 기 다리고 있는데, 뜻밖에도 내 신용등급이 6등급이라 3,600만 원까 지밖에 대출이 안 된다고 연락이 왔다. 직장을 그만두었던 탓에 대 출 한도는 줄어들었고 금리는 조금 높아져 있었던 것이다. 다른 은행을 알아볼까도 했지만 이미 자서까지 끝난 상황이라 그냥 진행하기로 했다.

그런데 바뀐 대출 금액에 맞춰 서류를 재작성하려 하니 낙찰 금액이 적어서 대출 가능 금액이 120만 원 더 줄어든다고 했다. 보증 금액이 감정가의 50%를 넘어야 전액 대출이 실행되는데, 감정가는 5,500만 원, 최우선변제금은 3,200만 원이어서 전체 보증이 되지 않아 120만 원이 더 빠져야 한다는 것이었다. 결국 3,480만 원을 대출 받으면서 잔금 납부가 완료되었다.

그 사이에 또 하나의 해프닝이 또 있었다. 대출을 실행하기 위한 서류 작성을 마치자 은행 직원이 대출을 실행하는 사이에 현재 살고 있는 세입자에게 잠시 다른 곳으로 전입신고를 했다가 대출 실행 후 다시 옮기도록 해달라고 했다. 은행의 경우 세입자가 있는 상태에서 대출이 실행되면 자신들보다 권리 행사를 먼저 할 수 있는 대상자가 생기니 안전하게 하고자 말한 것이었다.

이 말을 듣고 점유자는 불이익이 생길까 염려했고 나 또한 일이 꼬이는 건 아닌가 걱정했다. 그래서 여기저기 알아보니 어차피 점유자가 있는 상태에서 소유권 이전이 일어나고, 그 상태에서 대출이 실현된다면 점유자의 보증금은 대출에 의한 근저당 다음 순위로 밀려나는 것이니 그대로 대출을 실행해도 된다고 했다. 그래서 은행 직원과 조율하여 강제집행 서류를 접수하는 것으로 결론을 냈고, 점유자에게는 강제집행 절차를 통해 마무리되었으니 법원에서 강제집행 관련 문서가 오더라도 그냥 무시하라고 전하며 해프닝은 종료되었다. 돌이켜보니 이 해프닝은 내가 자서를 할 때 명도가 완료되었고 재계약에도 합의했다는 말을 했기 때문에 비롯된 것이었다. 그 때문에 은행에서는 전입을 뺐다가 다시 넣으라고 했던 것이었다.

전 소유주의 월세 요구 등 돌발 상황에 대처하기

이런 우여곡절 끝에 소유권 등기 이전이 완료되길 기다리고 있는데 이번에는 법원에서 세입자에게 보정명령이라는 문서를 보내왔다. 이전에 낙찰 받았을 때는 없던 일이었는데, 현재 세입자로 되어 있는 사람이 실제 점유자인지 확인하는 것이었다. 그래서 세입자에게 전기세나 가스비, 관리비 등의 공과금 납부 내역을 제출하여 자신의 실 거주를 증명하도록 안내했다. 그 일이 있은 지 며칠이 지나자 이번에는 전 집주인에게서 계약 기간이 끝난 후 거주한 3개월에 대한 월세를 달라는 요구가 있었다는 연락이 왔다. 나는 계약 기간이 지난 후부터 내가 잔금을 납부하기 전까지의 기간에 대한 월세를 지불하는 것이 맞을 것이라고 내가 아는 선에서 알려주었다.

잔금 납부 후 1주일 정도 지나 소유권 이전이 완료된 등기를 받은 후 점유자에게 연락해 재계약을 했다. 이때 비로소 그 물건의 내부를 처음 볼 수 있었다. 현장 답사 때 봤던 옆집과 거의 동일했다. 점유자의 딸이 배당금을 받기 위한 서류들을 보여주며 낙찰 이후 과정과 배당금 관련 사항들을 물어왔다. 아는 만큼 최대한 설명해

전 소유주의 월세 요구

전 소유주(채무자)가 경매에 넘어간 이후의 월세를 점유자에게 요구하는 경우가 있다. 임차인들이 물건이 경매에 넘어간 후부터는 월세를 안 내는 경우가 많기 때문이다. 법적으로는 소유권이 낙찰자에게 넘어오기 전까지의 월세를 전 소유주에게 지불하는 것이 맞다. 월세를 내지 않았을 경우 배당금에서 월세를 제하는 경우도 실제로 있다.

세입자의 경우, 월세는 가급적 계좌 이체를 통해 지불하는 것이 좋다. 현금으로 냈을 경우에는 항상 영수증을 챙겨두어야 한다. 그래야 배당금 받을 때, 증빙 자료를 만들기 쉽기 때문이다. 이런 자료는 실제 임차인임을 증명하는 자료로 쓰이기도 한다.

주었고, 배당금 받을 때도 꼭 참석해야 하는지 묻기에 나중에 법원에 가서 찾아도 되지만 그럴 경우 배당금이 실제 금액과 다를 경우 이의신청을 못하게 된다는 조언도 했다. 관련 내용을 숙지하고 있어 조금이나마 도움이 되니 왠지 더 뿌듯했다.

그렇게 재계약을 하면서 경매 한 건을 종료했다. 초기 투자금은

시흥동 다세대주택 투자 내역

(단위 : 만 원)

낙찰가 (1)	4,500	보증금 (4)	2,000
매입 경비 (2)	146	월세	20
총 매입액 (1) + (2)	4,646	월 이자	9.5
대출금	3,480	월 순익	10.5
투자금	1,166	연 순수익	126
실투자금 (3) − (4)	−834 (플러스피 투자)	연 수익률	해당 사항 없음

배당일에 모두 회수되었다. 월세는 20만 원으로, 이자를 제하면 매달 10만 원의 현금 수익을 안겨준다. 적은 금액 같아 보여도 이 물건 덕분에 종잣돈이 830만 원 정도 늘었으니 그야말로 사랑스러운 물건이다.

한치 앞 이익보다 다방면으로 시야를 넓히자

부동산이 생긴 이후 나에게는 많은 변화가 있었다. 월급쟁이이던 내가 지금은 스스로에게 월급을 주기 위해 노력하고 있다. 부동산 투자에도 변화가 있었다. 부동산 경매 시장이 과열되면서 내가 원하는 집을 원하는 가격에 낙찰 받기가 어려워졌다. 그러자 같이 투자를 하던 동료들도 급매로 투자 방향을 바꾸어 물건을 늘려가고 있다. 나 또한 투자 방향을 선회하여, 평소 관심을 두고 있던 화곡동 물건을 검색하고 마음이 잘 맞는 부동산중개소를 만나 무피 투자가 가능한 여러 건의 부동산 계약을 진행했다.

지금까지 경매 2건, 급매 1건, 신규 분양 5건의 투자를 하여 총 8채의 집을 보유하고 있다. 처음 낙찰 받은 물건만 아파트이고 나머지는 모두 빌라이다. 5건은 월세 임대, 3건은 전세 임대이다. 8채의 부동산을 소유하는 데 들어간 투자금은 전부 회수했고, 오히려 830만 원 가량이 늘어났다. 월세 및 전세 보증금을 받았기 때문에 가능한 금액이었다. 그와 함께 매달 약 90만 원의 현금 흐름이 만들어졌

부동산 투자하려고 퇴사하지 마라

이제 막 부동산 경매를 접하고 공부를 시작하는 직장인들 중에는 회사를 그만두고 경매 투자에 올인할까 고민하는 사람이 있을 것이다. 부동산 경매 관련 도서들을 보면 2년 만에 집을 30채 이상 갖게 되면 현재 받는 월급을 받을 수 있다는 계산이 나온다.

하지만 부동산 경매 투자만을 위해 사표를 낸다면 말리고 싶다. 부동산 경매 투자는 직장인에게 더 어울리는 재테크 수단이다. 회사를 퇴사하고 부동산 투자를 하면서 가장 크게 체감했던 문제는 건강보험료이다. 나는 건강보험료를 약 30만 원가량 냈다. 그나마 경매로 구매한 2건이 비교적 저렴한 주택이기에 이 정도다. 이것만 계산해도 월수입은 90만 원이 아닌 60만 원으로 줄어든다. 거기서 재산세며 종합부동산세까지 빼고 나면 1년에 얼마의 수익을 올릴 수 있을까? 하지만 직장인이라면 건강보험료를 많이 절약할 수 있다.

장기 보유할 물건에 대해서는 주택임대사업자로 등록하면 종합부동산세와 재산세는 해결할 수 있다. 그런데 직장에 소속되지 않은 상태에서 주택임대사업자로 등록하면 임대사업으로 버는 수익에 대한 건강보험료가 재산과 함께 추가되고 국민연금도 납부해야 한다. 이런 부대 비용까지 생각한다면 일정 궤도에 오르기 전에 퇴사하는 것은 현명하지 않은 일이다. 직장을 다니면서도 부지런히 움직인다면 충분히 투자를 계속해갈 수 있다.

다. 첫 부동산을 소유한 때로부터 딱 6개월, 본격적인 투자를 시작한 지 4개월 만에 이룬 성과이다. 그리고 아직 투자는 시작 단계에 있다. 지금까지의 투자를 돌아보면 눈앞의 수익률만 보지 말고 다방면으로 시야를 넓혀야 한다는 생각이 든다.

나는 부동산 경매 투자에 집중하기 위해서가 아니라, 노력하는 만큼 벌고 직장 생활로 인한 스트레스를 받고 싶지 않아서 퇴사를 결심했었다. 하지만 일정 정도 수준에 이르기 전에 직장을 그만두는 게 오히려 손해인 듯하다. 현재는 더 큰 그림을 그리기 위해 다른 분야에서 다시 직장인의 삶을 살고 있지만, 꿈을 실현시킬 계획을 차분히 준비해가고 있다. 직장인으로 살면서도 충분히 가능하다. 자신의 열정만 있다면 투자에는 아무런 걸림돌이 되지 않는다. 이렇게 나는 생활하는 데 부족함이 없는 삶을 사는 진정한 경제적 자유를 얻기 위한 과정에 있다.

전업투자에 관하여

직장을 다니면서 부동산 투자를 병행하는 것이 만만치 않기 때문에 많은 이들이 전업 투자를 심각하게 고민한다. 회사를 그만두면 투자에 좀 더 몰두할 수 있을 거라 생각하기 때문이다. 그런데 이게 과연 효율적일까?

직장을 다니는 것의 가장 큰 장점은 '월급'을 받는다는 것이다. 즉 매달 고정적인 수입이 있다는 것이다. 이는 생활비로도 사용되고 종잣돈을 모으는 데도 사용된다. 반면 투자 수익은 투자 수익으로 돌아가게 만들어야 한다. 다시 말해 투자 수익을 생활비로 끌어와서는 안 된다는 얘기다. 다음 달 생활비를 마련하기 위해 이번 달에 내 부동산을 팔아야 한다면 이는 잘못된 것이다. 기본적으로 생활비는 나의 근로소득으로 충당해야 한다. 거기서 일정 부분을 떼어내어 종잣돈을 만들고, 그 종잣돈으로 부동산 씨앗을 심어야 한다.

전업투자는 임대 수익으로 생활이 가능할 때 시작하라

부동산이란 모름지기 시간을 먹고 자라는 법이다. 나무를 키우듯 씨앗을 하나씩 심고 그 씨앗이 잘 자라도록 기다려주는 시간이 필요하다. (그걸 잘 심기 위해 공부가 필요한 것이다.) 전업투자자란 이미 이뤄놓은 사람이 보여주는 결과론적인 모습이다. 내 부동산에서 발생하는 임대 수익으로 충분히 생활이 가능해졌다면 그때는 전업투자를 해도 좋다. 하지만 '경제적 자유'로 가기 위한 과정을 전업투자로 달려가선 안 된다.

부동산 투자 위험하지 않나요

· 메이져 ·

나는 비교적 빠른 시기에 은행원으로 취업하면서 순조롭게 사회 생활을 시작했다. 하지만 1~2년 직장 생활을 하면서 내 월급을 가지고 3년, 5년, 10년 예산을 짜보려 하니 도무지 답이 나오지 않았다. 한정된 월급으로는 원하는 삶을 살 자신이 없었다. 그런데도 그런 답답함을 풀어놓을 곳이 없어 주말이면 대형 서점에 가서 각종 자기계발서들을 찾아 읽었다. 특히 성공담이 담겨 있는 책을 많이 찾아 읽고, 마음에 꼭 드는 책이 있으면 저자 강연회도 찾아 다녔다. 나 같은 직장인이었다가 사업으로든 투자로든 크게 성공한 사람들을 보며 '나도 할 수 있어'라는 희망을 키우는 것으로 우울함을 달

래곤 했다. 하지만 쳇바퀴 돌 듯 우울과 희망, 그리고 다시 일상에 젖어드는 생활이 반복되자 변화 없는 삶에 점점 염증을 느끼기 시작했다. 그러다 나와 비슷한 또래의 청년이 대학생 때부터 부에 관해 고민하고, 남들이 가지 않는 길을 택하여 부를 얻었다는 스토리를 보고 관심이 생겼다. 지금도 그가 경제적 자유를 향한 여정을 진행해가고 있다는 것, 그리고 그 도구가 부동산 경매 투자라는 것이 나에게 큰 울림을 주었다.

'부동산 경매라면 나도 당장 시작해볼 수 있지 않을까?' 내 집 마련을 위해 부동산 경매 서적을 읽어본 적이 있어 왠지 자신감이 있었다. 그리고 은행원으로서의 업무 중 대부분이 부동산 담보대출과 관련돼 있어 남들보다 출발선이 앞선다는 자만심도 있었다. 그가 운영한다는 인터넷 카페에 가입했고, 다른 이들과 마찬가지로 스터디도 시작했다.

전략에 맞추되 꿈은 원대하게

경매 스터디를 통해 나는 부동산 경매 투자에 대한 지식의 뼈대를 구축할 수 있었다. 그중 가장 기억에 남는 것은 '경매 테크트리'다. '경매 테크트리'란 부동산 경매 투자 단계를 설명하는 용어이다. '테크트리'란 원래 스타크래프트 게임 용어인데 게임상에서 내가 원하는 전략에 맞춘 병력을 생산하기에 가장 효율적이며 최적화된 프로세스를 의미한다.

부동산 경매 투자에도 이런 테크트리가 존재한다. 우선 초반에는 다세대 빌라나 소형 아파트, 오피스텔 등에 차곡차곡 투자하여 규모의 경제를 일군다. 그런 다음 물량 키우기와 리밸런싱을 적절히 조율하면서 중반에는 상가나 특수 물건 등에 투자한다. 그리고 최종적으로 빌딩 소유까지 목표로 하는 단계적 투자법이다.

내 경우에는 첫 번째인 다세대 소형 원룸 등에 집중 투자해서 자신감과 경험, 규모의 경제를 키우는 게 급선무였다. 그래서 최대한 소액 다건의 투자를 해서 한 해 동안 월세 100만 원의 수익을 실현시키고, 추후 매도를 통해 30%의 시세 차익을 거두겠다는 다소 원대한 목표를 세웠다. 매달 월세 수입 100만 원이 통장에 들어온다니, 상상만 해도 기분이 들떴다. 확실히 목표가 생기니 가슴이 뜨거워졌다.

부동산 투자, 첫술에 배부를 수 없다

스터디를 하면서 부동산 경매 투자 7단계를 배웠다. 실제 부동산 경매 투자를 해나가는 과정을 가장 효과적이고 체계적으로 검토하며 실행해갈 수 있도록 구분해놓은 것이다. 하지만 이는 결코 쉬운 과제가 아니었다. 직장인이 30일을 일해야 월급을 받을 수 있듯이, 부동산 경매 투자자들도 30번 이상 현장 답사를 가고 실패를 경험해야 낙찰의 기쁨을 누릴 수 있다는 말의 의미를 나중에야 온몸으로 느낄 수 있었다.

스터디를 통해 부동산 경매 투자에 대한 기초적인 지식을 습득한 뒤, 설레는 마음으로 경매 사이트에 접속했다. 내가 가진 종잣돈에 맞추어 물건을 검색하니 엉뚱한 지방에 있는 물건이 나오거나, 누가 봐도 살기 싫은 집들만 보였다. 이렇게 해서는 답이 나오지 않을 것 같았다.

결국 내게 주어진 첫 번째 과제는 관심 지역 선정이었다. 관심 지역을 선정해 그 지역을 마스터해야 지역 내 물건의 시세를 파악하고 현장의 분위기를 어느 정도 가늠할 수 있고, 또 그래야만 시간 절약이나 높은 투자 효과를 기대할 수 있기 때문이었다. 사회 초년생이기에 자본의 한계가 있다는 점을 감안해서 인천 지역으로 가닥을 잡았다. 인천을 관심 지역으로 정하고부터 부지런히 부동산 물건을 검색하고 현장 답사를 다녔다. 평일에는 경매 사이트를 휘젓고 다니면서 가격에 맞는 물건을 순서대로 나열하고, 위성 지도로 역과의 거리를 재고, 주변 시세나 교육 환경 등의 전반적인 사항을 메모하고, 주변 부동산중개소의 위치를 파악했다. 평일에 현장 답사할 곳을 몇 군데 정해놓으면 주말이 기다려졌다. 곧 부자가 될 것 같은 기분 좋은 느낌이 떠나지 않았다.

그런데 문제가 하나 있었다. 인천은 나처럼 생각하는 투자자들이 대거 몰리는 곳이어서 경쟁이 치열하다는 점이었다. 조금 괜찮다 싶은 물건에는 입찰자가 10명을 넘기 일쑤였고, 그런 만큼 입찰가에도 인플레이션이 생겼다. 주중에 자는 시간까지 쪼개 물건을 검색하고, 황금 같은 주말에 현장 답사를 간 다음 고심 끝에 입찰가를 선정해 입찰을 했다. 그런데 어이없는 가격에 낙찰자가 정해지는 상황이 반복되자 열정은 급격히 식어갔다. 육체적으로나 심적으로 지칠 수밖에 없는 상황이 계속 연출되자, 경매에 대한 부정적인 생각이 머릿속에 맴돌며 힘든 시간을 보내게 되었다.

급한 마음에 서둘러 가면 문제가 생긴다

그러던 중에 카페에서 실전반 모집이 있어 이번이 마지막이라는 심정으로 지원했다. 실전반은 운영자가 직접 물건을 검색하여 목록을 만들고 사전 답사까지 마친 뒤 참가자들이 짧은 시간 내에 여러 건의 물건을 현장 답사하는 실전 훈련이었다. 게다가 마음에 드는 물건은 입찰 가격까지 상담해주는 그야말로 떠먹여주는 맞춤형 프로젝트였다. 그렇게 하여 동료들과 함께 소풍가듯 현장 답사를 하고 물건을 공부하니, 식었던 가슴이 다시 뜨겁게 타올랐다. 프로젝트는 생각보다 파워풀했다. 2주차에 접어들자 즉각적인 성과가 나타나기 시작했다. 동료들의 낙찰 소식이 하나 둘 들려오기 시작한 것이다. 직장 생활하면서 어렵게 현장 답사를 가고 입찰가에 대한 고뇌에 고뇌를 거듭하여 거둔 1승인 것을 알기에, 동료들의 성공은 적잖이 자극이 되었다. 나 역시 처음 한 건만 낙찰 받으면 그 후부터는 봇물 터지듯 낙찰 소식을 들려줄 수 있을 것 같았다.

그래서 현장 답사를 가면 누구보다도 적극적으로 임했다. 물건지에 도착하면 과감하게 문을 두드렸고, 해소되지 않은 궁금점이 있으면 아래층 위층뿐 아니라 동네 꼬마라도 붙잡고 묻곤 했다. 가장 기억에 남는 물건은 안산 소재의 다세대주택이었다. 한 개 동에서 여러 세대가 부동산 경매에 올랐는데, 아마도 소유자가 우리 같은 투자자였는데 투자가 잘못되어 부실이 발생한 것 같았다. 반월 공단과 거리상으로도 가까웠고, 출퇴근 버스가 정류하는 곳이기도 했다.

감정가가 1억 4,600만 원인데, 1회 유찰되어 1억 220만 원이 되어 있었다. 66.11제곱미터(20평) 가량의 넓이에 방 3개 욕실 2개가 있는 집으로, 임대 시세는 보증금 2,000만 원에 월세 45~50만 원으로 형성되어 있었다. 최저 매각 가격에 가까운, 소위 바닥 가격에 낙찰을 받는다면 큰 수익을 가져다줄 물건이라고 생각되었다.

나는 301호에 관심이 있어 조심스럽게 문을 두드렸다. 젊은 부부와 아기가 살고 있었다. 실례가 될 줄 알면서도 이것저것 상세히 물어보았는데, 예상 외로 답을 잘해주었다. 하루 빨리 낙찰자가 결정돼 집을 나가고 싶어 하는 것 같았다. 집에 대해 조금 더 알아보고자 주중에 바로 아래층 세대인 201호를 방문해보았다. 리모델링을 해서 내부가 깔끔했는데, 언뜻 보기에도 천장 주변에 곰팡이가 슬어 있고, 베란다 천장에는 누수가 심해 보였다. 아래층 누수 문제는 위층 집 주인이 수리해주는 게 상식이다. 201호에 거주하고 있는 아저씨의 상태를 보니 위층을 낙찰 받았다가는 한동안 누수 수리 요청에 시달려야 할 것 같았다. 301호 세입자의 협조도 그 때문이었을 것 같았다. 주변 부동산중개소에 탐문해보니, 해당 주택이

업자들 사이에서는 누수의 대명사로 불릴 정도로 심각하다고 했다. 순간 소름이 돋았다. 정말 잘 알아보지 않으면 큰 낭패를 볼 수도 있겠다는 생각을 했다.

빌라 투자, 건축물대장상 주택인지 확인하라

어느덧 실전반 일정이 마무리 되어가면서 동료들의 낙찰 소식이 이어졌다. 마음이 조급해졌다. 이제는 가격이 얼마가 됐든 1건이라도 낙찰을 받아야겠다는 극단적인 생각마저 들었다. 절박한 심정에 따로 검색해놓았던 인천 부평 소재의 다세대주택으로 달려갔다. 물건에 대한 문의를 하러 인근 부동산에 들렀는데, 좋은 물건이 있으니 한번 보라고 권유를 해왔다. 부동산 사장님 입장에서야 돈 안 되는 경매 물건 문의보다는 본인의 물건 매매가 이익이 될 테니 으레 하는 말일 줄 알면서도 한번 보기로 했다. 그런데 이게 웬걸, 정말로 좋아 보였다. 다세대주택의 33.05제곱미터(10평) 남짓한 원룸이 있었는데 상당히 깔끔했다. 부평역과는 도보로 15분 거리로 준역세권이라 할 수 있었다. 무엇보다 매력적인 요소는 가격이었다. 높은 분양가에 샀던 소유주가 싸게 내놓기 아까워서 팔지 못하다가 최근 급전이 필요해 시세의 30% 가량 낮춰 내놓은 것이었다.

보면 볼수록 확신이 들었다. 매입 후 주변 오피스텔보다 약간 싼 가격에 월세를 놓으면 분명히 수익을 올릴 수 있을 것 같았다. 관리비도 청소비 2만 원 정도밖에 들지 않는데, 역과의 거리나 내부 상태는 오피스텔 못지않았기 때문이었다. 시세보다 30% 싼 급매물을 사는 것이어서 부동산 경매 물건에 투자하는 것과 크게 다르지 않았다. 그 자리에서 뚝딱 계약을 해버렸다. 이렇게 나의 첫 부동산이 생겼다.

여기서 완성되었다면 아름다운 스토리가 되었을 텐데, 사실 나는 가장 전형적인 초보자의 실수를 범했다. 외관에는 'OO빌라'라고 쓰여 있었지만 부동산 등기부등본과 건축물대장에는 오피스텔로 분류되어 있었던 것이다. 오피스텔과 주택은 취득세에서 차이가 나고 향후 매매할 때에도 차이가 나는데, 첫 매입의 기쁨에 도취되어 이런 부분을 확인하지 못했던 것이었다. 사실을 알고는 나중에 다시 집주인을 만나 사정을 하여 100만 원을 더 깎았다. 그럼에도 400만 원을 투자하여 매달 대출 이자 비용을 제한 20만 원이 꼬박 꼬박 월세 통장에 입금되고 있다. 지금까지도 이 오피스텔은 나의 평생 용돈 통장이 되어 아주 훌륭한 수익률을 실현하고 있다.

인천 부평 오피스텔 투자 내역

(단위 : 만 원)

낙찰가 (1)	2,650	보증금 (4)	300
매입 경비 (2)	190	월세	27
총 매입액 (1) + (2)	2,840	월 이자	7
대출금	2,100	월 순익	20
투자금 (3)	740	연 순수익	240
실투자금 (3) - (4)	**440**	**연 수익률**	**48.4%**

건축물대장을 반드시 확인할 것

원룸이나 오피스텔, 도시형 생활주택은 수익형 부동산으로 일반 매매 시에 투자자들의 관심도가 높은 매물이다. 이때 주의해야 할 점은 등기부등본뿐 아니라 건축물대장까지 확인해봐야 한다는 것이다.

다세대주택이나 원룸을 고시원으로 등록한 경우도 있다. 그렇게 하면 주차장이나 소방시설 등 필수 구비 시설의 건축 기준 자체가 낮아 건축 비용을 줄일 수 있기 때문이다. 반면 임차인 입장에서는 주택임대차보호법이 적용되지 않고, 세액공제도 제외되기 때문에 손실을 빚을 수 있다.

특히 오피스텔인지 도시형 생활주택인지 반드시 확인해야 한다. 이를 위해서는 건축물대장을 꼭 살펴봐야 한다.

오피스텔과 도시형 생활주택은 세금이 다르다

오피스텔과 도시형 생활주택은 근본적으로 다르다. 오피스텔은 건축법의 적용을 받는 업무 시설이며, 도시형 생활주택은 주택법의 적용을 받는 공동주택이다. 따라서 세금에서 차이가 발생한다. 도시형 생활주택은 40제곱미터 이하는 면세, 85제곱미터 미만은 1%의 취등록세를 낸다.

하지만 오피스텔은 재산세 과세 대상이고 취등록세도 4.6%로 상대적으로 비싸다. 이 둘은 겉모습으로는 구분이 불가능하기 때문에 건축물대장을 통해 명확하게 확인해야 한다. 대개 공인중개업자들이 이에 대한 안내를 해주지만, 간혹 자세한 비교 설명 없이 얼렁뚱땅 넘어가서 투자자들의 수익률 계산에 오류를 주는 난감한 상황이 발생하기도 하니 반드시 직접 확인해야 한다.

건축물대장은 정부민원포털 민원24(www.minwon.go.kr)에서 손쉽게 열람 가능하다.

경매는 투자자 간 경쟁이다

급매물을 매입한 후에도 관심 지역인 인천에서 꾸준히 현장 답사를 계속했지만, 부동산 경매 시장은 만만치 않았다. 그러다 주변 동네의 물건을 한번 검색해보기로 했다. 서울의 경매 물건을 매입하는 것은 내 종잣돈으로는 어림없을 거란 생각에 아예 검색해보지도 않았는데, 내가 거주 중인 영등포구 당산동 주변에는 어떤 경매 물건이 있을까 검색해보았다. 그러던 중 영등포시장역에서 도보 3분 거리에 있는 빌라가 눈에 들어왔다. 영등포시장역은 여의도로 출퇴근하는 직장인에게 매력적인 지역이다. 게다가 초등학교도 바로 앞에 있고 주변에 2개의 백화점이 있는 등 입지 조건이 매우 좋았다. 전체 건물의 소유주는 한 사람인데 5개 층 중 4개 층이 경매에 올라 있었다. 그중 집주인이 거주 중인 401호는 감정가 1억 7,100만 원인데 1회 유찰되어 최저입찰가는 1억 3,680만 원에 올라 있었다. 일단 입지와 가격은 합격. 그래서 동네 마실 가는 기분으로 자전거를 타고 현장 답사에 나섰다.

인터넷에서 본 것과 현장의 상황은 천지 차이였다. 현장의 상황을 본 나는 아연실색할 수밖에 없었다. 5층짜리 빌라에는 사람이 겨우 지나갈 수 있는 통로를 제외한 모든 곳에 재활용품, 폐지, 오래된 책 등의 온갖 쓰레기가 사람 키 높이만큼 쌓여 있었다. 게다가 빌라 입구에는 옆 건물에 있는 식품 유통회사에서 물류들을 쌓아놓아 진입이 매우 불편한 상태였다. 외관은 멀쩡한데 대체 왜 이렇게

까지 되었을까?

먼저 해당 층에 찾아가 문을 두드렸다. 아무 반응이 없었다. 위층도 마찬가지였다. 아래층으로 가보았다. 인기척이 느껴져 노크를 하니 중년의 남자가 조심스레 문을 열었다. 하지만 경매 때문에 왔다고 하니 다짜고짜 쾅 하고 문을 닫아버렸다. 한동안 서성이다 내려왔는데, 청년 한 명이 검정 비닐봉지를 들고 빌라 입구로 들어오고 있었다. 이때다 싶어 경매 회사 직원이라 하고 이런저런 정보를 주면서 청년에게 접근해보았다.

"안녕하세요? 경매 회사에서 나온 직원인데, 혹시 지금 계신 301호가 경매 진행 중인 것은 알고 계시죠? 배당 신고는 하셨나요?"

"네? 무슨 배당 신고요? 저희 아버지가 임대차보호법으로 보호되니까 따로 뭘 하지 않아도 된다고 해서 그냥 있는데요. 뭐 제가 해야 될 게 있나요?"

"그러시군요, 그런데 여기 있는 쓰레기들은 다 뭐예요? 무슨 사연이 있는 건가요?"

"아, 이것들은 주인 할아버지가 폐품 파시려고 모으시는 것 같더라고요. 이걸로 용돈벌이 하시나 봐요. 그런데 저희 집은 문제없는 거죠? 전세금 떼일 일 없는 거죠?"

"네, 전입신고 잘 하시고 계약서에 확정일자 받으셨다면 보증금이 선순위니까 걱정 안하셔도 됩니다. 그런데 여기 살기는 좋아요? 집 안을 한번 볼 수 있을까요?"

처음에는 다소 긴장했던 청년이 전세금 떼일 일 없다고 하니 흔쾌히 본인 집을 보여주겠다고 했다. 301호의 문이 다시 열렸다. 쓰레기 더미가 쌓여 있는 복도와 달리 내부는 깨끗했다. 방 2개에 화장실 1개, 생각보다 넓은 거실. 이 정도면 신혼부부나 직장인이 살기에는 더할 나위 없이 좋을 것 같았다. 301호 청년과의 우연한 만남 덕분에 많은 정보를 파악하게 되었다.

집주인은 부업으로 폐품을 주워 파는 노인이었는데 자기 건물을 창고처럼 활용하고 있었던 것이다. 그렇다면 문제는 쉽게 풀릴 수도 있었다. 집주인이 살고 있는 401호를 낙찰 받아 명도한 뒤, 다른 층도 낙찰 받아 명도 처리하면 되는 것이다. 폐품은 집주인이 자발적으로 치울 수도 있고, 낙찰자들이 합심하여 치울 수도 있을 것이다. 가장 큰 문제가 쉽게 해결될 듯 하니 가슴이 뻥 뚫리는 것 같았다.

현장 답사를 온 투자자는 많았겠지만 세세하게 조사하지는 않았을 것이고, 그렇다면 단독 낙찰도 가능하겠다는 생각이 들었다. 현장 답사했던 내용과 내 생각을 정리해 지인들과 상의한 끝에 최저 입찰가에 맞춰 써보기로 했다. 그런데 막상 입찰장에 가자 불안한 생각이 들어 30만 원을 더 썼고, 그 결과 단독 낙찰을 받았다.

이 과정에서 내가 깨달은 것은 경매는 결국 입찰자 간의 경쟁이라는 점이었다. 스포츠에 1부 리그와 2부 리그가 있듯, 특수 물건(선순위 채권자, 유치권 등)은 초보자가 쉽게 도전할 수 없는 분야이다. 고수들만의 리그인 셈이다. 따라서 권리 관계가 깨끗하여 권리 분석 자체가 무의미한 일반 물건들에 대부분 투자자들의 쏠림 현상이 나타난다. 그러나 일반 물건 중에서도 약간의 하자가 있는 물건은 이야기가 달라진다.

이 물건처럼 쓰레기가 출입에 제한을 줄 만큼 쌓여 있는 경우도 있고, 점유자가 건달이거나 무당집이어서 명도가 극히 어려워 보이는 사례도 있다. 중요한 점은 이런 경우 대부분의 투자자들은 현장 답사 후 곧 입찰을 포기한다는 점이다. 이때 포기하지 않고 문제를 해결할 방안을 찾다 보면 경쟁하지 않고도 좋은 가격에 물건을 매입할 수 있다. 다른 사람보다 한걸음 더 나아가 나만의 해결법을 찾아낸다면 어려운 부동산 경매 시장에서도 좋은 성과를 낼 수 있다.

은행원도 여러 대출 상품을 검색한다

낙찰이 돼도 그 다음이 걱정이라는 이야기는 승자의 배부른 소리가 아니었다. 잔금을 치르기 위해 대출을 알아보고 집주인과 조율하여 명도하기까지의 과정이 막막하게 느껴졌다. 다행히 내 직업이 남의 집 담보 잡고 대출해주는 은행원인지라 대출에 대한 두려움은 없었다. 다만 경락잔금대출인지라 어떤 금융기관에서 어떤 조건으로 대출을 받을지 꼼꼼한 비교가 필요했다.

나는 주택의 실수요자가 아닌 투자자이기 때문에, 금리가 저렴한 즉시 원금 분할 상환 방식보다는 금리가 조금 높더라도 거치 기간을 두어 이자만 내는 방식이 더 적합했다. 그리고 소액임차보증금 공제가 제외되는 MCG를 활용하여 최대한 대출 한도를 높이기로 했다. 이자만 납부하고 대출 한도가 최대한 많이 나오는 구조에 맞추어 대출 상품을 비교 분석하여 가장 유리한 조건을 찾으려 했다.

일반적으로 주택 담보대출을 할 때 아파트는 일반 시세(KB시세, 부동산테크 등을 참고)를 적용하여 담보의 기준가를 책정한다. 하지만 다세대주택의 경우에는 일반 시세가 정확히 형성되지 않기 때문에 따로 감정기관에 의뢰하여 감정가를 책정한다. 이때 금액이 좀 보수적으로 책정되면 대출 한도가 줄어드는 상황이 빚어진다.

그런데 일부 금융기관에서는 경락잔금대출 한도를 책정할 때 경매 법사가(경매시 법원에서 감정하여 정한 감정가)를 담보 기준가로 잡는다. 그리고 금융기관에 따라 법사가의 80%를 대출해주는 곳도 있고, 70%만 대출해주는 곳도 있으며, 최저 금리를 적용받는 데 필요한 부수 거래들도 적금이나 카드 가입, 급여 이체 등 다양하다. 그렇게 발품, 손품, 귀품 팔아서 저렴한 금리와 높은 대출 한도로 나의 수익률을 높여줄 좋은 상품을 찾았다. 그러던 중 법원에서 보내온 매각허가결정 통지문을 받게 되었다.

보통 매각허가결정문에는 30일 내에 잔금을 납부하라고 되어 있는데, 대부분은 잔금 납부에 대한 이자를 아끼기 위해 마감일에 맞춰 잔금을 치른다. 하지만 나는 첫 낙찰이라 빨리 잔금을 치르고 부동산 등기권리증을 받아야 안심이 될 것 같았다. 그래서 일정 보수를 지급하고 법무사에 대리하여 잔금 날짜를 보름 앞당겨 치렀다.

대출 중개인과 은행 담당자는 다르다

대출은 수익률에 가장 큰 영향을 미치는 요소 중 하나이다. 그러나 초보자들에게 대출은 생소한 분야이기도 하다. 부동산 경매 입찰을 하는 법원에 가면 명함을 교부하는 대출 중개인들을 쉽게 볼 수 있다. 초보자들은 대부분 아웃바운드 영업을 하는 대출 중개인에게 대출 업무를 맡기게 된다. 대출 중개인은 근무 시간과 장소가 탄력적이기 때문에 평일에 은행에 가기 어려운 투자자들에게 많은 도움이 된다.

그러나 한 가지 중요한 사실은 대출 중개인과 은행 직원은 엄연히 다른 직군이라는 것이다. 대출 중개인은 대출 실적을 통해 영업 이익을 발생시키는 영업사원이고 은행 직원은 월급을 받는 직원이라는 것이다. 쉽게 얘기하면 대출 중개인은 고객 유치에 치중하는데, 은행 직원은 대출의 부실 가능성 여부, 차주의 신용도, 기타 거래(적금, 신용카드, 급여 이체 등) 유치 가능 여부에 더 무게를 둔다. 이 때문에 대출 중개인이 말하는 조건과 실제 은행 직원과 상담할 때의 금리 및 한도 조건이 다른 상황이 종종 발생한다. 따라서 대출 중개인에게 기본적인 조건을 상담 받은 후에는 본인의 대출을 담당할 은행 직원과 반드시 통화해서 실질적으로 대출 중개인과 협의한 조건과 동일한지 확인해야 한다.

강제집행, 피할 수만 있다면 어떻게든 피해라

막상 명도를 눈앞에 두자 과연 어디서부터 어떻게 시작해야 할지 막막했다. 일단 사람이 하는 일이니 만나서 얘기하면 무엇이든 답이 나오지 않을까 생각하고, 낙찰자의 대리인 입장으로 집주인을 만나 협상을 시작하기로 했다. 문을 두드렸지만 집주인을 만날 수 없었다. 어쩔 수 없이 이 집을 낙찰 받은 사람인데 만나서 상의드릴 부분이 있으니 연락 주십사 하는 문구와 연락처를 적은 메모지를 문 앞에 남기고 돌아왔다.

예상 외로 빨리 연락이 왔다. 그런데 집주인이 아니라 집주인의 대리인이라고 했다. 박 사장이라는 그 사람은 일방적으로 몇 시에 어디로 나오라고 통보를 하더니, 만난 자리에서는 대뜸 남의 집에 그런 걸 붙이고 가는 게 어딨냐며 으름장을 놓았다. 맞받아치고 싶었지만 성공적인 명도를 위해, 만나러 갔는데 부재중이어서 메모를 남겼다며 정중히 사과했다. 그런데 박 사장은 그 집을 다시 인수받으려 한다면서 보상을 해줄 테니 합의하고 경매 낙찰을 취하해달라고 했다. 이미 잔금도 치러서 법적으로 엄연한 내 집인데, 무슨 합의를 하며 무얼 취하하라는 것인지, 또 합의를 하자면서 금액 제시도 없고 그저 무조건 본인들이 다시 인수하겠다 하니 어이가 없었다. 그러나 나는 투자자이니 투자금을 회수하고 이익을 남길 수 있다면 합의할 용의도 있었다.

문제는 집주인이 합의금을 지불할 의사가 있느냐 하는 것이었다. 그런데 우연히 만난 집주인은 자신은 아무것도 모르니 박 사장과 얘기하라며 집은 다시 인수할 것이라고만 했다. 그래서 박 사장을 다시 만나 투자했던 원금과 대출 비용 및 수익률을 계산한 이익을 포함해 4,000만 원을 합의금으로 제시했다. 박 사장은 흔쾌히 합의금을 준비하겠다고 했지만, 차일피일 지불을 미뤘다. 한 달 반이 지난 후에야 이 합의는 절대 이루어질 수 없다는 것을 깨달았다.

이렇게 시간만 흘려보낼 수는 없었다. 첫 낙찰이라 원만하게 해결하고 싶었지만, 결국 강제집행을 진행하기로 마음먹었다.

우여곡절 끝에 강제집행으로 마무리된 명도

강제집행 신청은 가족관계증명서를 지참하면 가족이 대리 신청을 할 수 있다. 직장인이라 월차 내기가 쉽지 않아 부동산 경매 입찰이나 강제집행 신청을 할 때는 가족의 도움을 받았다.

강제집행의 절차는 의외로 간단했다. 해당 경매계에 필요 서류를 제출하고 법원 민사예납금을 지정은행에 납부하면 정식 접수가 된다. 접수가 완료되면 1차 계고를 하고, 계고 후에도 점유자의 자진 명도가 이루어지지 않으면 본 집행을 한다. 여기서 계고란 일종의 경고 조치인데, 한마디로 며칠 내에 이사를 가지 않으면 강제로 집을 비우게 될 테니 자진해서 나가라는 경고를 하는 것이다. 1차 계고와 2차 본 집행시에는 모두 점유자 부재에 대비하여 신청자 본인을 제외한 성인 2명이 동행하여야 한다. 개인적으로 평일에 동행해줄 2명의 성인을 구하는 일이 참 고역이었다. 여의치 않을 때에는 심부름센터 등을 통해 사람을 고용하는 것도 방법이다.

1차 계고를 한 지 약 2주 후에 집행관에게서 연락이 왔다. 본 집행을 내일모레 할 예정이니 증인 2명과 함께 참석하라는 통보였다. 본 집행은 때로는 1차 계고 후 일주일 내에 이루어지기도 하고, 2주가 훌쩍 넘어서 집행되는 경우도 있다. 아마 해당 경매계의 강제집행 물량에 따라 달라지는 것 같았다.

강제집행은 집행관, 열쇠공, 이사업체, 노무원들의 동행하에 이루어졌다. 1차 계고 때와 달리 집 안에 점유자 아들이 있어 문을 열어주었다. 집행관의 집행 통보 명령에 맞춰 노무원들이 일사분란하게 움직여 별다른 저항 없이 401호 명도가 완료되었다. 명도 후 며칠 동안 박 사장에게서 연락이 왔지만 답하지 않았다.

강제집행으로 내가 지불한 비용은 190만 9,250원으로, 법원 예납금 79만 9,250원 외에 열쇠 탈부착 비용 25만 원, 이사비 86만 원 등이었다. 첫 낙찰의 수업료로 생각하기에는 조금 비싸다는 생각이 들었지만, 강제집행을 하면서 지불된 금전적 손실과 감정 소모를 생각해볼 때 강제집행만은 피하는 게 상책이라는 교훈을 뼈저리게 느낀 것만큼은 큰 수확이었다.

이제는 완벽한 내 집이 된 401호의 벽지와 장판을 새로 바꾸고 깔끔하게 청소를 했더니, 같은 집이 맞나 싶을 정도로 환골탈태했다. 내가 명도와 화장에 공들이는 동안 다른 층의 낙찰자들도 결정이 되어 그들과 협의 하에 쓰레기 문제도 원만하게 해결했다. 최근 근처 부동산중개소에 의뢰하니 전세로는 보증금 1억 7,000만 원, 월세로 하면 보증금 2,000만 원에 월세 60만 원으로 거래가 가능할 거라고 했다.

3개월 전만 해도 집 한 채 없는 20대 직장인이었는데, 이제는 서울과 인천에 부동산 2채를 소유한 임대인이 되었다니 감개무량한 순간이었다.

부동산 투자가 주식 투자보다 안전하다

내 또래에 지인들에게 요즘 재테크는 어떻게 하냐고 물어보면 대부분 적금과 주식, 펀드 투자를 얘기한다. 내가 부동산 투자를 하고 있다고 말하면 대부분 사람들은 이렇게 묻는다. "돈 많이 모았나 보네. 부동산 투자를 다하고. 그런데 부동산 투자는 너무 리스크가 크지 않니?"

나 역시 부동산 투자는 종잣돈이 많아야 하며 관련 지식이 많지 않으면 위험하다는 선입견을 갖고 있었다. 그러나 몸으로 부딪히며 얻은 교훈은 생각보다 많은 지식이나 큰돈이 필요한 것은 아니라는 것이다. 그리고 재테크 초보자에게는 오히려 주식 투자보다 안전할 수도 있다는 것이다.

부동산 경매를 통해 시세보다 싼 가격에 부동산을 매입할 수 있었고 경매 물건을 조사하는 중에 부동산 중개업자들을 통해 자연스럽게 많은 정보도 얻고 좋은 물건을 소개받는 행운을 누리기도 했다. 그리고 경락잔금대출을 통해 대출 레버리지를 활용하고 임대차 보증금을 더하여 자기 자본을 최소화하는 전형적이고 단순한 방법으로 자기 자본 투입을 최소화했다. 경제 위기 등 최악의 상황이 온다면 손해를 입을 수도 있겠지만, 내 앞으로 소유권 이전 등기된 부동산은 사라지지 않을테니 손실을 최소화할 수 있다.

이런 나의 경험을 지인들에게 얘기하고 부동산 경매를 추천해도 실질적으로 움직이는 사람은 극히 드물었다. 시중에 경매 관련 책들이 쏟아지고 있고, 인터넷 카페 등에서도 다양한 정보를 접할 수 있지만 실제로 자신의 부동산을 소유하고 수익을 실현해내는 사람들은 드문 것과 같은 이치인 것 같다. 어쩌면 부동산 경매 투자만의 불편함 때문일 수도 있다.

부동산 경매 투자에는 관련 지식을 공부해야 하고, 발품 팔아가면서 현장에 나가야 하고, 평일에 시간을 내서 수차례의 입찰을 해야 하고, 낙찰을 받고도 점유자와 담판을 벌여야 하는 불편함이라는 장벽이 있다. 초보자이며 직장인인 나 또한 이런 불편함이 아직도 싫다. 그러나 소액이지만 매월 입금되는 월세 통장을 보면서 더 큰 꿈을 꾸며 나아갈 힘을 얻고 있다. 부동산 경매 투자에 관심 있는 모든 초보자들이 꼭 이 불편함을 넘었을 때 누릴 수 있는 편안함을 만끽하게 되길 바란다.

강제집행 절차

강제집행은 쉽게 말해 강제로 짐을 끌어낸다는 것이다. 경매 투자자가 강제집행까지 갔다는 것은 일단 본인의 협상력이 그만큼 좋지 못하다는 반증이기도 하다. 하지만 소유주(채무자) 물건의 경우, 아예 대화조차 되지 않는 경우도 있어 강제집행 신청까지는 이어지는 경우도 많다. 쓸 일 없기를 바라지만, 모르고 있다 당황하지 말고 강제집행 절차에 관하여 익혀두도록 하자.

인도명령 결정문 송달 → 송달증명원 발급 및 집행문 부여 → 강제집행 신청 → 강제집행 계고 → 강제집행 실시 → 유체동산 경매

1. **인도명령 결정문 송달** : 가장 첫 단계인 인도명령 결정이 나야 강제집행을 할 수가 있다. 대법원 사이트를 통해 인도명령 결정문이 점유자에게 도달된 것을 확인하였다면 바로 경매계로 출발한다.

2. **송달증명원 발급 및 집행문 부여** : 송달증명원 신청서를 작성하여 송달증명원을 발급받는다. 가져간 인도명령 결정문을 토대로 집행문을 부여받는다.

3. **강제집행 신청** : 집행관실로 가서 강제집행 신청서를 제출한다.

4. **강제집행 계고** : 사전에 해당 물건지를 찾아 집행이 될 것을 예고해주는 것이다. 이때 증인 2명과 함께 동행하여야 한다. 인도명령이 결정된 후 계고까지는 약 한 달여의 시간이 걸린다. 실제 계고장을 붙이고 오면 그제서야 점유자가 현실을 직시하며 이사비를 받고 명도를 마무리하는 쪽으로 결론이 나는 경우가 많다.

5. **강제집행 실시** : 계고 후에도 점유자가 나가지 않으면, 예정대로 집행이 실시된다.

6. **유체동산 경매** : 집행 후 점유자가 남기고 간 각종 집기 등은 낙찰자가 함부로 처리할 수 없다. 따로 유체동산 경매를 진행하여 해당 물건들을 법적 절차하에 깔끔히 처분해야 한다.

나는 연금보다 부동산 투자가 더 좋다

· 리얼타이거 ·

//

어느날 문득 인생이란 무엇일까 궁금해졌다. 사람은 누구나 자신의 인생과 삶에 대해 끊임없이 궁금해 한다. "성공하고 싶은데 어떻게 해야 할까?", "내가 진정으로 하고 싶은 일은 무엇일까?", "나는 왜 부자가 아닐까?" 불만족스러운 현실이나 미래에 대한 두려움 때문에 끊임없이 의문을 던지고 그 해결점을 찾으려 노력한다. 나 역시 마찬가지였다. 미래에 대한 두려움 때문에 인생에 대해 고민했다.

나는 부자가 되고 싶었다. 지금의 현실에서는 답이 안 보였기 때문이다. 부자가 되고 싶어 연구하기 시작했고, 책에서 그 답을 찾으려 했다. 닥치는 대로 책을 읽었다. 그들은 어떻게 부자가 되었을까, 그 이유와 방법을 알고자 했다. 다양한 책을 읽으며 정말 많은 것을 깨달았다. 그렇게 읽은 여러 권의 책 중에서 충격을 안겨준 책이 있었다. 그 책은 내게 가장 큰 동기 부여를 해줬고, 같은 땅을 밟고 사는데 나와는 전혀 다른 세계를 사는 사람이 있다는 것을 알려주었다. 부자들의 책을 읽었으니 나도 변화해야 했다. 부자들의 생각을 배우고 생활을 바꿔보고자 노력했다.

무섭고 어려운 경매에서 누구나 할 수 있는 경매로

그렇게 카페에 가입하고는 바로 활동에 들어갔다. 경매의 기본적인 지식을 쌓을 수 있는 스터디와 실전에 투입되어 경매의 모든 단계를 경험할 수 있는 실전반이 있었다. 경매 기초를 공부하고 다음 실전을 듣고 싶기도 했지만 빨리 배우고 싶다는 마음이 더 컸기에 곧바로 실전 수업에 등록했다. 그래도 수업을 듣기 전에 기초 지식은 알고 가야겠다 싶어 알기 쉽게 그림으로 된 책을 읽으며 부동산 경매의 기본을 익혔다.

드디어 수업에 참여했지만 물건 검색 경험도 없고 그럴 능력도 없던 나는, 어떤 방향으로 나아가야 할지 갈피를 잡지 못했다. 그래서 주변의 도움을 받기로 했다. 우선 실전반에서는 직접 경매를 할 수 있는 물건을 두고 스터디를 했기 때문에 그중에서 괜찮은 물건이 있다면 입찰을 해보기로 했다. 기준은 소액일 것, 그리고 일반 다세대주택보다는 조금이라도 경쟁력이 있는 물건일 것, 이 2가지였다. 그러던 중 양천구 다세대 빌라가 눈에 띄었다. 일반 다세대주택이 몰려 있는 지역을 보면 우후죽순으로 다세대 밀집 지역을 이룬 것을 볼 수 있다. 하지만 해당 물건은 주위에 대단지 아파트가 3군데나 있어 일반적인 다세대주택과 달리 많은 편의시설 및 교통편을 이용할 수 있었다. 게다가 바로 집 앞의 아파트 공원도 이용할 수 있고, 옆으로는 작은 언덕을 친구 삼아 산책을 즐길 수 있는 등산로도 확보되어 있었다. 보통의 다세대주택보다 경쟁력 있어 보여 입찰을 하기로 결심했다. 실제 낙찰이 된 후 작은 언덕으로 산책을 해보았는데 어르신들이 사신다면 정말 좋을 것 같다고 생각했다.

등기부등본과 입지를 확인한 다음, 본격적으로 빌라 물건을 살펴보기로 했다. 유료 경매 사이트에서 본 것만으로는 부족하기 때문에 반드시 현장 답사를 해봐야 한다. 사진으로는 좋아 보여도 실제 현장에 가보면 여러 가지 변수가 있기 마련이다. 내가 찾은 이 물건은 지은 지 30년이 된 건물이라 서울에 있다 해도 감정 가격이 낮았다. 때문에 다른 어떤 물건보다 더 꼼꼼하게 답사할 필요가 있었다. 물건지로 가서 주위를 살펴보니 유명 브랜드 아파트가 대단지로 3곳이나 들어선 덕분인지 학군도 잘 형성되어 있었다. 등산로 초입에는 물건이 속한 빌라 5개 동과 인접한 다른 빌라 몇 개 동을 포함해 소규모 단지가 형성되어 있었다. 입지는 생각했던 대로 좋았다. 물건 내부를 보고 싶었지만 전입 세대가 없는 상태여서 문이 잠겨 있었다. 다행히 위층으로 올라가 양해를 구하고 내부를 볼 수 있었다. 위층은 1,000만 원 정도를 들여 내부 인테리어를 했다고 했다. 주인에게 매매 가격이 얼마나 되는지 물어보니 입주 시 약 1억 2,000만 원이었는데 현재는 8,000만 원에서 9,000만 원 정도인 것 같다고 했다. 오래된 물건이라서 낙찰가를 최대한 낮추고 인테리어 비용에 투자를 하면 승산이 있어 보였다. 하지만 인근 부동산에서는 수리 전 상태에서는 시세가 감정가를 훨씬 밑돈다고 했다. 오래된 건물이라 매매도 잘 되지 않을 거라고 다소 부정적인 말만 내놓았다.

대출 중개인만 믿고 있지 말라

금천구 다세대 물건과 양천구 다세대 물건 입찰 당일이었다. 경험이 많지는 않았지만 첫 입찰은 아니었다. 그래도 여전히 초보는 초보였다. 자칫 낙찰가를 한 자리수 만 더 써도 엄청난 낭패를 볼 수 있으니 신중히 작성해야 한다더니 정말 내가 그랬다. 낙찰가와 보증금을 바꿔 써서 입찰표를 다시 작성해야 했다. 이런 경우는 흔하다고 했다. 떨리는 마음으로 기다리니 결과는 한 건 낙찰, 한 건 패찰. 금천구 물건은 1등과 130만 원 차이로 밀렸고, 양천구 물건은 낙찰 받았다. 2등과 230만 원 차이였다. 내 인생 첫 낙찰이었다. 당연히 기뻐야 할 텐데 기분이 이상했다. 순간 잘한 건지 잘못한 건지 생각이 많아졌고, 큰일을 저지른 것만 같았다. 몇 년을 직장만 다니다가 부동산 투자라는 걸 처음 배우고 시작했는데, 실제로 낙찰이 되니 기분이 참 묘했다.

그렇게 생애 첫 낙찰을 받고 나오니 대출 중개인의 명함 세례가 이어졌다. 나도 대출 중개인들에게 연락처를 줬는데, 그 후 귀찮을 정도로 전화와 문자가 쇄도했다. 잔금을 납부한 후에도 며칠간은 계속 연락이 왔다. 그중 한 대출 중개인은 내가 낙찰 받은 물건 2층에 산다면서 임차인을 구한다면 자신이 들어오고 싶다고 했다. 이 후에도 줄곧 대출에 대한 말없이 수시로 연락을 해와서 임대 조건까지 어느 정도 조율을 마쳤다. 당시 속으로 '잔금 납부도 하기 전에 임차인을 구하게 되다니, 일이 잘 풀리려나 보다' 생각했다. 그래서 대금 지급 기간이 한참 남았는데도 자서를 하고 바로 잔금을 치르고 인도명령 신청도 했다. 그런 다음 그에게 연락을 하니 말을 흐리며 끊어버렸다. 역시 그의 목적은 대출이었던 것이다. 결국 나는 확실하지 않은 상황에서 미리 대출을 받는 바람에 한 달 이자를 더 내야 했다.

이는 물론 아주 특이한 경험일 거라 생각한다. 그만큼 대출상담사들은 여러 가지 방법으로 접근해온다. 그들의 말을 모두 믿을 수는 없다. 실제로 대출 금리, 경락잔금대출, 법무사비, 은행 부수 거래 등 여러 조건들이 맞아 멀리까지 찾아갔다가도 막상 가보면 말이 달라 헛걸음을 하게 되는 경우도 많았다. 하지만 여러 대출 중개인들에게 조건을 받아볼 수 있으니 적극적으로 받아보고 비교하여 보는 게 좋다. 물론 명도를 하게 되거나 계약할 임차인이 있거나 원

래 있던 임차인이 재계약을 원한다면 굳이 대출 기간까지 대출을
늦출 필요 없다. 바로 대출을 받고 명도를 하고 임대차계약을 해 일
을 일사천리로 진행하면 금상첨화일 것이다.

처음부터 끝까지 절차를 따르자

낙찰 후 명도를 위해 점유자와 연락을 취하려 했지만 쉽지 않았다.
연락처를 남기고 돌아왔지만 연락이 되지 않았다. 전입 세대를 확
인해보니 사람이 없었다. 그리고 위층과 아래층에 살고 있는 사람
에게 점유자가 없다는 것을 확인했다. 무식하면 용감하다고, 점유
자가 없는 걸 확인한 나는 열쇠업자를 불러 강제로 문을 개방하고
집 안으로 들어갔다. 다행히 빈집이고 물건도 없었지만, 만에 하나
소유주나 점유자가 찾아와 없어진 물건이 있다며 신고한다면 무슨
일이 벌어졌을지 생각만 해도 끔찍하다. 조용히 넘어갔으니 다행이
긴 했지만 사실 문제가 생길 수도 있으므로 이런 경우에는 법적 절
차를 밟아 가야 한다.

점유자가 있을 경우에는 내용증명을 보내고 점유자와 원만하게
합의를 해내야 한다. 그렇게 해보고 인도명령 후에도 명도가 되지
않으면 법적 절차대로 강제집행을 해야 한다.

수익을 위해선 대대적인 인테리어도 필요하다

빈집 명도 후 대대적인 보수 작업이 필요했다. 업자들에게 견적을 의뢰하니 1,400만 원에서 1,700만 원까지 다양하게 나왔다. 생각보다 많이 나와서 고민을 많이 했지만, 30년이나 된 건물이다 보니 기본적인 것만 수리하고 넘어갈 수가 없었다. 집 골격만 남기고 상하수도와 보일러는 물론, 섀시까지 모두 공사해야 집이 팔리거나 임차인이 들어올 것 같았다. 나는 처음이 중요하다고 생각했다. 모든 것이 버겁긴 했지만 부동산 투자를 시작하기로 한 이상 제대로 된 과정을 배워보기로 했다.

분야별 업자들을 불러 공사를 진행하면 좋겠지만, 나는 직장인인데다 경험도 부족하고 집과 거리도 멀어서 견적을 받아본 업체 중한 곳에 총괄로 맡기기로 했다. 공사를 할 때는 집주인이 바로 옆에서 관리 감독을 하며 모든 진행 과정을 지켜보는 게 좋다. 그렇게하지 못할 경우 부실 공사를 하거나 저가 품목을 써서 품질을 낮출우려가 있다. 물론 모든 인테리어 업체가 그런 것은 아니지만 불안한 것이 사실이고, 또 사람이 하는 일인데 집주인이 없으면 당연히부족한 부분이 생길 수밖에 없다. 그러니 자신이 현장에 없을 때에도 일을 제대로 해줄 믿을 만한 업체를 선정해야 한다.

자재 또한 어떤 것을 사용하면 좋을지 하나하나 세세하게 지정해주면 좋겠지만, 그러다 보면 가격이 계속 올라간다. 그러므로 가격을 고정한 뒤 어떤 자재를 사용할지 조율하는 게 좋다. 가격대와 전

인테리어 공사 시 유의할 것들

· 견적 받기

 업체마다 견적 가격이 천차만별이므로 최소 3군데 이상은 의뢰를 해야 한다. 견적을 내는 중에 실제로 방문하여 꼼꼼히 치수를 재고, 다양한 가격대와 여러 가지 대안을 내놓는 업체에 맡기는 것이 좋다.

· 세부 품목 조율

 보수공사에 들어가는 물품을 하나하나 선정해서 업체에게 알려주는 식으로 하면 가격이 계속 올라간다. 그러니 가격을 설정한 뒤 조율하는 게 좋다.

· 계약서 작성

 자재 조율을 마치고 나면 계약서에 명시하라. 계약할 때와 다른 자재의 사용할 가능성 자체를 줄여준다. 공사 기간 등도 명확하게 적어야 한다.

· 기타

 부동산을 양도할 때 필요 경비로 처리되는 부분(섀시, 상하수도 공사, 보일러 교체 등)으로 인정받기 위해 리모델링 계약서, 견적서, 간이영수증(세금계산서)을 보관해야 한다. 세금계산서를 떼면 비용이 증가할 수도 있다.

체적인 분위기 등에 관한 조율이 완료되면 계약서를 작성하면 된다. 계약서에는 확정된 자재를 명시하는 게 좋다. 그렇게 해야 분란의 소지를 막을 수 있기 때문이다. 내 경우에는 전반적인 색상과 분위기만 이야기하고 업체에 맡겼다. 공사 기간은 한 달로 잡았다. 전면적인 수리를 하는 것이라 너무 단시간에 하면 부실 공사가 되지 않을까 걱정했기 때문이었다. 일주일 정도 간격을 두고 현장을 확인하고 잘못된 부분은 수정을 요청하고, 부분 공사가 끝나면 알려 달라고 해서 수시로 확인하는 식으로 공사를 마무리 지었다.

얼마 안 되어 월세 계약을 맺었고, 첫 월세 수익을 얻었다. 매달 45만 원씩 통장에 찍히는 수익을 보면서 뿌듯하다.

양천구 다세대주택 투자 내역

(단위 : 만 원)

낙찰가 (1)	7,020	보증금 (4)	1,000
매입 경비 (2)	1,497	월세	45
총 매입액 (1) + (2)	8,517	월 이자	14
대출금	5,600	월 순익	31
투자금 (3)	2,137	연 순수익	372
실투자금 (3) − (4)	1,137	연 수익률	32.7%

노후가 더욱 기대되는 이유

나는 9급 공무원이다. 누군가에게는 꿈의 직장일지 몰라도 나는 공무원 생활을 하며 늘 뭔가 부족하다는 느낌을 지우지 못했다. 경제적인 문제인지, 정신적인 문제인지, 혹은 다른 어떤 부분의 결핍인지 알 수 없었지만 내 마음은 항상 공허했다. 사실 정년이 보장되었을 뿐 공무원도 특별한 혜택은 별로 없는 월급쟁이에 불과하다. 어떤 혜택을 보고 공무원을 택한 것은 아니었지만, 이 공허함을 어떻게든 채우고 싶었다. 어느 날 문득 앞으로 30년 동안 같은 업무를 하게 될 것이라는 데 생각이 미치니 삶의 성장이 멈춘 듯한 느낌이 들면서 불안해졌다.

나는 성격이 활발하고 이런저런 분야에 관심이 많은 사람이다. 그래서 직업을 택할 때도 활동량이 많은 직업을 택했다. 일 외에도 여러 방면에서 좋은 성과를 내고 싶어 한다. 부동산 투자에 관심을 갖게 된 것도 그 때문일 것이다. 내 잠재의식 속에 평생을 따분한 월급쟁이로 살아가고 싶지 않다는 생각이 있었던 것 같다.

그저 연금을 받는 것이 노후 생활의 전부인 삶을 계획하고 싶지는 않았다. 연금 이상의 현금 흐름, 자본을 만들고 건물을 소유하고 싶었고, 새로운 목표가 생겼다.

목표를 이루려면 부족한 면이 무엇인지 생각하고, 이상적인 돌파구와 방법을 찾아야 한다고 생각한다. 원하고, 이루고자 노력한다면 이루어질 것이다. 나는 지금 시작 단계지만 꾸준히 노력하면 내가 원하는 그림을 보게 될 것이라고 믿고 있다.

화장하기(수리) 기술로 수익을 극대화 시켜라

개인적으로 내부 수리(화장)를 적극적으로 말리는 편이다. 부동산(경매) 투자를 하는 데 있어 투자자가 늘 기억해야 할 것이 있는데, 바로 전문가가 괜히 있는 게 아니라는 것이다. 또한 오랫동안 투자를 롱런하려면 모든 것을 혼자서 처리하려고 하기보다는 유능한 사람들을 잘 활용하고, 그런 사람들을 주변에 둘 수 있도록 노력하여야 한다. 하지만 꼭 알아둘 필요가 있는 것은 숙지해둬야 한다.

수리 이후를 상상하는 눈을 가져라
초보자의 경우 사전에 현장 답사할 때 집의 현재의 상태에 너무 좌지우지되는 실수를 범하기 쉽다. 어렵게 경매 물건 내부를 겨우 확인하였는데, 막상 조명이 어두컴컴하고 관리 상태가 지저분하면 입찰하기 꺼리는 것이다. 하지만 투자자는 현재가 아닌 화장한 후의 상태를 늘 상상할 수 있어야 한다. 내부를 싹 비우고 새로 화장한다면 놀랍게 탈바꿈된다.

누수는 해결 불가하다
모든 걸 고칠 수 있지만 딱 하나 누수는 해결이 불가능하다. 한 번 시작된 누수는 사실 100% 수리할 방법이 없다. 일시적으로 잡거나 육안으로 안 보이게 가리는 방법만이 있을 뿐이다. 구옥 빌라의 경우는 반드시 내부를 보고 누수나 곰팡이 여부를 꼭 확인하여야 한다.

돈 먹는 주범, 섀시와 방범창
큰돈이 들어가는 것 중 하나가 섀시나 방범창이다. 평수에 따라 차이는 있겠지만, 수백만 원의 돈이 지출되는 건 순식간이다. 섀시나 방범창만 잘 되어 있어도 큰 지출을 막을 수 있으니 이에 대해서 사전에 반드시 확인해야 한다.

화장실과 싱크대를 깔끔하게

매매나 임대의 결정에 상당한 영향을 미치는 것은 결국 화장실과 주방(싱크대)이다. 그러므로 이 부분의 리모델링은 필수다.

상태가 심각하다면 투자라 생각하고 아예 싹 갈아엎는 것도 나쁘지 않다. 그만큼 매매나 임대에 있어서 절대적으로 중요한 부분이기 때문이다. 괜히 어설프게 찔끔찔끔 건드려서는 돈만 나갈 뿐 티도 안 난다. 비교적 상태가 괜찮다면 변기, 세면대, 거울, 샤워기, 욕조 등을 부분적으로 교체하자. 깨끗하지만 포인트가 있는 타일을 쓰거나 묵은 때와 곰팡이를 제거하는 것 또한 필수라 할 수 있겠다.

기본 베이스! 도배와 장판, 전등과 콘센트

도배와 장판은 기본 중 기본이다. 하지만 절대 만만하게 볼 일이 아니다. 가볍게 보고 혼자 해보려고 시도했다가 다음날 바로 끙끙 앓아 눕는 수가 있으니 무조건 전문가에게 도움을 받자. 도배지는 합지와 실크지가 있는데, 직접 거주할 것이 아닌 이상 합지로 하는 것이 낫다. 거의 절반 이상 가격을 줄일 수 있기 때문이다.

장판의 경우 조금 좋은 것으로 하기를 추천한다. 실제 제대로 된 걸로 세팅놓으면 재계약 때에도 교체 없이 갈 수 있기 때문이다. 고급스런 재질의 장판은 집 자체의 수준을 높여주는 효과도 있다.

깔끔한 콘센트 뒤처리, 밝고 센스 있는 조명 또한 필수이다. 관건은 설치인데, 여성이나 손재주가 없는 남성들에게는 직접 설치하는 것이 만만치 않다. 날 잡고 한번 제대로 배워두든지 주변에 재주 있고 감각 있는 사람들을 두도록 하자.

잊지 말자. 화장(수리)하기는 절대 자기 만족을 위한 것이 아니다. 만족스러운 집수리는 내 집 마련한 후에 원 없이 하면 된다. 투자 과정에서의 화장(수리)하기는 결국 수익 실현에 절대적인 영향을 미치는 지출이라는 것을 명심하고 최소한의 비용으로 최대한의 효과를 거둘 수 있도록 늘 신경 써야 한다.

많이 투자하기보다
오래 살아남기

· 모카 ·

"이런 말씀드리기 뭐하지만 지금은 오히려 저축할 시기가 아닐까
요?"

어렴풋이 잡을 수 있을 것 같지만, 상당히 멀리 지나가버린 비참
한 기억 한 조각. 신입사원 월급으로 빠듯하게 생활하던 사회 초년
병 시절, 매년 지출은 늘어나는데 어렵게 사업을 꾸려가시는 부모
님께 손 내밀기는 어려워 신용대출을 받기로 했다. 그때 찾아간 은
행에서 대출을 담당하던 내 또래 은행원이 내게 한 말이었다. 말단
사원의 낮은 신용 때문에 높은 금리와 낮은 한도의 대출을 받아 발
등의 불은 껐지만, 그가 남긴 한마디는 계속 가슴을 쿡쿡 쑤셨다.

회사원으로서의 내 생활은 취업 준비생 시절 그렸던 밝은 미래와는 달리 무료하게 흘러가고 있었다. 나름대로 계획을 세우고 시간과 노력을 기울이기도 했지만, 내 꿈과는 다른 방향으로 가고 있었다. 결론은 내가 원하는 것은 하고 싶은 일을 찾아 하는 것이지만, 경제적 뒷받침이 없으면 아무것도 할 수 없다는 것이었다.

그때부터 각종 재테크 서적들을 뒤져 봉급을 쪼개서 투자할 수 있는 방법들에 대해 알아보기 시작했다. 자산관리사를 만나보기도 하고 적은 금액으로 저축보험에 가입하기도 하고, 이자율 높은 적금을 찾아 가입하고, 신용카드를 잘라버리고 현금카드를 쓰기도 했으며 가계부 앱을 활용하기도 했다. 하지만 티끌은 몇 년을 모은다 해도 티끌일 뿐 태산이 될 기미는 보이지 않았다. 물론 오랜 시간 동안 성실히 근무한다면 정년쯤 내 집에서 살 수는 있을 것 같았다. 하지만 꿈을 펼치면서 살고 싶다는 희망은 너무나 요원해 보였다. 이 상태로 나의 소중한 30대를 허비하고 싶지는 않았다.

막연함이 자신감을 만나다

2014년 8월의 어느 날, 여전히 해답을 얻기 위해 서점을 기웃거리고 있던 나는 어린 나이에 이미 부자로 가는 문턱에 서 있는 한 청년의 메시지를 접하고 엄청난 충격에 빠졌다. 그의 책을 순식간에 읽어버린 나는 거기에 어떤 구체적인 방법이나 수단에 대한 자세한 설명이 없었음에도, 그가 말한 경제적 자유를 쟁취할 수 있으리라는 자신감의 마법에 걸려버렸다.

평소 서점에서 부동산 경매 투자에 관한 책들을 많이 보아왔지만 실제로 구매해서 읽은 적은 없었다. 하지만 이번에는 바로 시작해야 한다는 알람이 머릿속을 헤집고 다녀 즉시 실행으로 옮겼다. 우선 저자가 운영하는 카페에 가입해 강연회 시간을 확인한 후, 부동산 경매 관련 기초 서적들을 읽었다. 이후에도 카페에 상주하다시피 하면서 부동산 투자 공부를 했다. 몇 달 전만 해도 등기부등본조차 확인할 줄 몰랐던 내가 경매 물권 권리 분석을 알음알음 할 수 있을 정도가 되었다. 이어서 경매 스터디에도 등록하면서 초보 투자자로서 첫 발을 내디뎠다.

누가 살고 있는지에 따라 물건 상태를 가늠하라

퇴근 후에는 경매 물건을 검색하는 재미에 빠져 새벽까지 시간 가는 줄 모르다가 아침이면 허겁지겁 출근하는 것이 일상이 된 어느날, 우연히 발견한 인천 구월동의 빌라에 관심을 갖게 되었다. 1990년대 중반에 지어져 어느 정도 감가상각은 떨어져 있는 물건이었다. 하지만 2000년대 후반에 그 주변에 브랜드 아파트 단지들이 들어왔고, 남동구에서 제일 큰 재래시장도 자리잡고 있어 유동 인구가 많았다. 게다가 2년 후에는 인천 지하철 2호선이 지나가는 역사가 5분 거리에 지어진다고 했다.

권리 분석도 어려울 것이 없었다. 최우선변제를 받는 세입자여서 실거주하고 있다면 100% 배당을 받아가기 때문에 명도는 어려울 것이 없을 것으로 판단되었다. 실거래가 및 주변의 임대료를 보았을 때 보증금을 조금 올리고 월세를 낮추면 적어도 50%의 수익률은 보장될 것 같았다. 스터디를 하기 전이라 책을 통해 배운 지식만으로 정리했는데 왠지 끌리는 물건이었다. 2회 유찰되면서 입찰가가 감정가의 49%까지 떨어져 있어 부담도 덜했다. 결국 현장으로 나가보기로 결정했다.

비가 추적추적 내리는 어느 일요일 오후, 현장 답사를 갔다. 주민들이 가장 많이 타고 내리는 정류장이 주변에 있었고, 주말이다 보니 시장을 찾는 수요가 있어 동네가 많이 붐볐다. 막상 현장에 가보니 물건은 빌라들이 밀집해 있는 지역에 자리 잡고 있었는데, 다행히 안쪽에 있지는 않고 빌라촌 입구에 위치해 있었다. 왠지 달동네 분위기가 조금 풍겨, 소득이 적은 사람들이 많이 찾을 듯 했다.

해당 물건은 불이 꺼져 있었는데, 건물 내부는 주위 빌라들에 비해 상당히 깨끗해 보였다. 관리사무소가 없는 빌라의 경우 보통 총무가 관리하기 때문에 총무가 거주하는 집 문을 두드리고 들어가 살짝 봤는데 상당히 깨끗했다. 일요일인데도 주변 중개업소가 두어 군데 열려 있어서 월세 시세를 확인해보았다. 감정가는 7,000만 원으로 설정되어 있었는데, 2,000만 원 낮추어 입찰하기로 결정했다.

순간의 착각이 초래한 수익률 하락

사실 입찰하기로 결심하고서도 낙찰을 받으리라곤 생각지 못했는데, 2등과 500만 원 이상의 차이를 보이면서 덜컥 낙찰을 받아 당황했다. 나는 물건에 하자가 있는지 알아볼 생각도 못하고, 일주일을 꼬박 기다렸다가 매각허가결정이 난 후에야 움직이기 시작했다. 토요일 오후에 찾아갔다가 세입자가 없어 메모지에 '낙찰자 대리인이니 연락 부탁드립니다. 이후 과정에 대해 논의하고자 합니다'라고 적어 붙여놓고 나왔다. 곧바로 50대 여자분에게서 연락이 와서 본인이 돈을 돌려받을 수 있는지에 대해 다급하게 물었다. 이사 여부에 대해서는 명확히 답변하지 않고 돈을 받고 난 후에 더 거주하면 안 되는지 물었다. 무조건 배당기일에는 방을 빼야 한다고 말하고, 일단 거주하다가 배당기일에 이사를 내보내는 전략으로 접근했다. 조용히 경락잔금대출을 알아본 뒤 거의 기일 직전에 납부했다. 세입자는 불안해하며 계속 연락을 취해왔다. 나는 실거주에 대한 증빙이 있으므로 배당이 늦어질 수는 있어도 잃지는 않을 것이라 안심시켰다.

그때까지는 사실 큰 문제가 없을 줄 알았다. 하지만 배당기일 며칠 전 내부 수리를 위해 집 내부를 보러 찾아간 순간 실수했다는 걸 깨달았다. 집 내부가 너무 망가져 있었던 것이다. 이때 배운 것은 경매에 내몰리기 직전에 최우선변제금액으로 계약한 집은 내부 관리가 거의 안 돼 있으리라는 것을 감안해야 한다는 것이다.

나는 총무가 살고 있는 집에 현장 답사를 갔는데, 그곳은 세입자가 아닌 소유주가 거주하는 집이어서 당연히 잘 관리되어 있었다는 것을 생각지 못하고 경매 물건도 동일한 상태일 것이라고 착각했던 것이다. 세입자가 나간 후 영하의 날씨 속에서 외투까지 벗어던지고 세입자가 버리고 간 더러운 매트리스를 낑낑대며 버리면서 내가 왜 경매 투자를 시작해 이런 고생을 하나 하는 회의감도 들었다.

수리비의 비중이 생각보다 커지면서 수익률이 하락했다. 하지만 애초에 낙찰가를 낮춰 썼고 예상보다 보증금을 올려 받을 수 있을 테니 수익은 발생할 것이라고 생각했다. 어차피 손봐야 한다면 과감하게 수리에 투자하여 임차인을 빨리 받는 편이 나을 것 같았다. 온라인상에서 여러 업자들에게 견적을 받은 뒤 업체를 선정해 수리를 진행하면서 집수리에 대해 많은 점을 배우고 화장의 위력도 새삼 깨달았다.

겨울이라 임차인 구하기가 쉽지는 않았지만, 화장을 잘해놓은 덕에 3주 만에 임차인을 구해 드디어 월세를 받는 삶을 누리게 되었다. 불과 1년 전에는 생각지도 못한 일이었다.

인천 구월동 빌라 투자 내역

(단위 : 만 원)

낙찰가 (1)	5,016	보증금 (4)	1,000
매입 경비 (2)	544	월세	27
총 매입액 (1) + (2)	5,560	월 이자	14
대출금	4,200	월 순익	13
투자금 (3)	1,360	연 순수익	156
실투자금 (3) – (4)	360	연 수익률	43.3%

물건 내부를 보지 않고 상태를 파악하는 방법

지은 지 10년 이상 된 주택은 내부를 꼭 확인해야 한다. 하지만 내부 확인이 어렵다면 여러 정황으로 내부 상태를 가늠해볼 수 있다.

・ **최우선변제금액을 보증금으로 들어온 임차인일 경우**

보증금이 소액임차보증금에 해당하며 물건지의 일반적인 시세보다 과도하게 저렴한 금액으로 후순위에 임대차계약을 한 경우라면, 수리가 제대로 안 되어 있을 확률이 높다. 경매로 넘기기 위해 정황을 잘 모르는 임차인에게 중개인과 소유주가 짜고 임대했을 가능성이 있기 때문이다. 어차피 경매로 넘어갈 것이라 수리해주지도 않고, 저렴한 금액으로 계약을 했기에 임차인도 수리를 요구하지 않는다.

・ **소유주(채무자)가 장기간 폐문 부재일 경우**

근저당 설정을 비롯하여 캐피탈이나 대부업체의 (가)압류 등이 많은 경우나 빚 독촉에 시달린 나머지 집을 오랫동안 비운 경우에는 내부 상태가 엉망일 수 있다. 예를 들어 그 상태로 겨울을 지났다면, 보일러나 수도관이 동파되었을 수도 있다.

・ **임차인이 장기간 거주해온 집인 경우**

임차인이 입주할 때는 기본적으로 수리가 된 상황이었겠지만, 오랜 시간이 지났다면 수리가 필요하다. 그러나 임차인 입장에서 본인 소유가 아닌 물건에 수리를 할 이유는 없었을 것이다.

・ **외부 섀시가 오래된 것인 경우**

보통 내부 인테리어를 하면 우선 방한을 위한 섀시에 비용을 투자한다. 따라서 섀시 상태를 확인하면 내부 상태를 어느 정도 알 수 있다.

모두에게 주어진 정보 이면까지 알아내라

첫 낙찰 후 많은 사람들과 경험을 공유하면서 더 많이 공부하게 되었다. 직장 생활을 하면서도 시간을 쪼개 주말에는 거의 현장에서 살다시피 하고, 모임과 스터디에는 꼬박꼬박 참여했다. 한파가 몰아치던 날 시세 조사를 위해 방문한 부동산에서 몸을 녹이며 현장 답사를 하고, 이상한 사람으로 오인 받아 경찰에 신고당할 뻔하기도 하고, 채무자와 마주쳐 좋지 않은 소리를 듣기도 했다. 직장 업무상 외근을 다녀 사정을 잘 알던 인천 관내 방방곡곡을 투자처로 삼아 돌아다녔다. 연차를 쪼개 쓰면서 현장 답사를 다니다가 첫 낙찰 두 달 후에야 두 번째 낙찰을 받았다.

두 번째 낙찰 받은 물건 역시 인천지하철 2호선 역사 예정지에서 도보 10분 거리에 있는 검단 신도시의 빌라였다. 한 번 낙찰을 받아 수익까지 실현시킨 경험이 있어 이번에는 조금 더 자세하게 물건을 분석할 수 있었다.

최초 감정가는 9,500만 원, 2011년에 지어진 건물로, 겉보기에는 특이할 것 없는 38제곱미터(11평) 빌라였다. 건축물대장을 확인했는데, 엘리베이터가 없는 도시형 생활주택으로 등재되어 있는 건물의 5층이어서 과연 쉽게 임차를 놓을 수 있을까 고민되었다. 그러나 경매 정보 사이트의 이미지와 네이버 위성 지도를 통해 보니 여러 단지로 이루어져 있어 좋아 보였다.

세대가 많은 빌라여서 온라인상에서 해당 빌라 이름으로 검색해보니 과거 분양 정보와 내부 사진까지 볼 수 있었다. 알고 보니 베란다를 확장해 거실의 실면적이 전용면적보다 16.5제곱미터나 더 넓은 방 3개짜리 세대였다. 감정가는 이 실면적까지 책정하지 않은 것이었다. 해당 물건지 인근의 다른 낙찰 사례들을 보면 비슷한 물건의 감정가가 적어도 1,000만 원 이상 높았다.

그 외 빌라의 특성상 베란다가 좁다는 점, 서북향이라는 점도 단점이었다. 그러나 내부 인테리어는 상당히 고급이었다. 화장실에는 욕조가 딸려 있고 주부들이 좋아할 'ㄷ'자형의 주방은 넓은 공간을 갖추고 있었다. 일단 현장에 나가서 판단해보기로 마음을 먹었다.

현장에 가보니 3년 전 업무 차 방문했을 때와는 많이 바뀌어 있었다. 부동산에 관심이 없던 그 시절에는 대로변에 한창 유명 브랜드의 아파트들이 들어서고 있었고, 길가에는 신축 빌라 분양 현수막들이 도배하다시피 걸려 있었다. 지금은 그때에 비해 상가들도 많이 들어섰고, 오가는 버스들도 늘어났다. 무엇보다 지하철이 들어온다는 소문만 무성하던 자리에 지하철역 공사가 마무리되어가고 있었다. 해당 물건 주변에는 아파트 단지도 있어서 대형 마트와 병원을 비롯한 각종 편의시설들이 들어와 있었고, 더디기는 하지만 먹자골목도 형성되어가고 있었다. 뿐만 아니라 대규모 신축 빌라도 분양을 하고 있고, 다른 곳에서 이전해오는 초등학교도 공사가 마무리되면서 늦게나마 신도시의 모습을 갖춰가고 있었다.

물건의 입구가 보안 현관으로 되어 있어 들어가보지 못하고 외출하러 나오는 사람에게 해당 동의 총무를 만나려 한다며 묻자 총무

보이는 것이 전부는 아니다

• 전용면적과 실면적을 대조하라

아파트는 온라인상에 해당 물건에 대한 정보가 자세하게 나오지만 빌라와 같은 다세대주택은 그렇지 않다.

예를 들어 발코니 확장 면적과 같은 것은 전용면적에 포함되지 않기 때문에 실제 사용 공간은 더 넓을 수 있다. 감정가는 보통 전용면적을 기준으로 책정되므로, 저평가되어 있을 수 있다는 의미다. 복층 빌라의 경우에도 윗층 공간은 면적에 들어가지 않기 때문에 현장 조사를 통해 확인하면 좋은 기회를 잡을 수 있다.

• 시세를 반영하고 있는지 확인하라

주택 경기가 급속도로 좋아지기 전에 책정된 감정가인 경우에는 현재 시세를 반영하지 못하는 경향이 있다. 특히 사건번호가 좀 오래된 물건이라면 현 시세를 자세히 파악해보자. 특히 A급 입지에 위치한 빌라가 신건으로 부동산 경매 시장에 나왔다면 투자를 노려보는 것도 경쟁률이 낮아서 좋다.

• 건축법 위반 물건은 다시 한 번 확인하라

물건을 검색하다 보면 위반 건축물로 등재되어 있다는 문구를 보게 된다. 안전한 물건을 찾는 경매 초보자들은 위험한 물건으로 보고 그냥 넘기기 쉽다. 그러나 자세히 확인해보면 다세대주택인 경우 해당 물건이 아닌 다른 물건이 위반인 경우일 수도 있으니 주의 깊게 살펴보자.

가 아니라 반장이 산다며 정보를 주었다.

　반장은 부재중이었고, 해당 물건 세대 또한 벨을 눌러도 답이 없었다. 해당 물건에는 소유주가 거주한다고 되어 있는 것으로 보아 명도가 쉽지는 않을 것이므로, 굳이 만나서 얼굴 붉힐 필요는 없다고 생각되었다. 내부는 온라인상으로 충분히 확인했고, 4년밖에 안 된 집이라 상태는 무난하리라 여겼다. 수리된 집의 경우 보증금 2,000만 원에 월세 40만 원 정도가 시세라 월세로 진행하기로 했다.

입찰가는 조금 높게 산정하기로 했다. 감정가가 시세보다 낮게 평가되어 있어서 월세를 조금만 높게 잡으면 수익률 100%도 가능할 것 같았기 때문이다. 4년밖에 안 된 건물이라 경쟁자가 많을 것으로 예상하여 감정가보다 1,000만 원 낮춰 입찰하여 12명 중 낙찰받았다. 다른 입찰자들은 해당 물건의 객관적인 수치만 확인했지, 내부를 본 사람은 없었다. 이전에는 소 뒷걸음질치다 쥐 잡은 형국이었지만, 이번에는 내가 상대의 패를 알고 게임에 참가한 것 같은 기분이 들었다.

소유주가 점유자인 경우의 명도

직장이 바쁠 시기라 당분간 명도를 진행하지 않고 확정이 나올 때까지 차분히 기다렸는데, 문제는 뒤에 터졌다. 신용불량자인 소유주를 만날 수가 없었던 것이다. 최고가 매수 신고인의 권리로 해당 사건 관련 서류는 열람했지만, 5번이나 물건지에 방문하고도 소유주와 연락을 취할 수 없었다.

경락잔금대출은 낙찰 받을 때 명함 받은 곳들 중 몇 곳에 연락해 비교 견적을 내보았으나, 조건에 대한 말이 자꾸 바뀌어 진행하다가 취소하고 다시 알아보기를 반복했다. 잔금 납부일에 임박해서 처리할 것이 아니라 미리미리 준비해야 패를 골라 쓸 수 있다는 것을 배웠다.

결국 첫 번째 낙찰 때 도와주신 실장님을 통해 진행했는데, 이분역시 실수가 있어 나중에는 법무비를 깎아주었다. 사람이 하는 일인지라 시시각각 변하는 대출 조건과 상품 등을 중개인이 다 기억할 수는 없는 일이었다. 알고 보니 대출을 해준다는 은행에 찾아가서 확인한 조건이 중개인이 애초에 설명한 것과 달라 부랴부랴 여러 곳에 전화를 돌려서 조건을 맞춰준 것이었다. 경락잔금대출 상품을 정확하게 알아보기 위해서는 막연히 사건번호만 알려줄 것이 아니라, 매매 또는 임대 등의 투자 목적과 본인이 추가로 사용할 수있는 MCI, MCG의 수, 그리고 직장에 다니고 있는지까지 알려주는 것이 좋다. 또 자서를 한다고 대출이 바로 실행되는 것이 아니니, 여러 곳에 중복해 진행하는 것이 좋다. 그중 조건이 좋은 곳을 통해 1차적으로 진행하되 혹시 모를 대출 거절의 사태에 빠르게 대처하기 위해서다.

강제집행 직전에 이루어진 명도

잔금을 치르며 동시에 인도명령을 준비하느라 골머리를 썩는 동안에도 소유주와는 연락이 되지 않았다. 딱 한 번만 더 방문해보고 만나지 못하면 바로 공시 송달을 진행하여 강제집행으로 처리하려

했는데, 그때서야 소유주를 만날 수 있었다. 집 안은 악취가 심했고 쓰레기가 산더미같이 쌓여 있었다. 현장 답사를 나갔을 때 수도와 가스가 끊겨 있는 것을 확인하고 사람이 살지 않을 것으로만 예상했는데, 이후에도 주방을 사용했는지 곰팡이 냄새가 심했다.

낙찰자 대리인의 입장으로 방문했기에 냉정함을 유지하며 이사를 언제 갈 것인지 물었다. 소유주는 그동안 지방에 있었다면서 이사 나갈 돈이 없어 나갈 수 없다고 했다. 소유하던 집이 경매에 넘어간 본인이 거주하던 물건이라 명도가 어려울 것이라 예상했기 때문에, 거절당할 줄 알면서도 이사비를 언급하며 반응을 보았지만 쉽게 나갈 것 같지는 않았다. 정 안 되면 강제집행까지 경험해보리라는 하드코어 계획을 세우고 강제집행 계고를 위한 서류를 작성해 사진을 찍어 점유자에게 보냈다.

일주일 후 강제집행 날짜가 잡혔다. 동료들이 함께해주었다. 집행이 시작되자 점유자는 뒤로 물러나고 주변 아파트에 산다는 여동생이 나서서 협상을 진행했다. 결국 강제집행비에 해당하는 금액으로 이사비 협상이 이루어졌고, 밀려 있는 공과금 처리도 해주기로 했다.

힘겨운 명도가 끝난 후 집을 둘러보니 가관이었다. 빨리 수리를 하고 임대를 놓아야 했기에 내부 사진을 찍어서 처음 낙찰 받았을 때 작업을 의뢰했던 인테리어 업자에게 견적을 받아보았다. 담배 냄새로 찌든 실크 벽지를 뜯어내고 도배를 했고, 기존의 강화마루를 들어내고 새로 깔았다. 예상보다 3배가 넘는 수리비가 들었다.

수리를 진행하면서 동시에 근처 중개업소에 월세 임차를 의뢰해 2주 만에 임차인을 구했다. 입주 청소까지 말끔히 했다고 생각했는데, 임차인이 입주한 후 센서 등 여러 개와 보일러가 고장 났다며 수리를 요청해와 수리비가 추가로 들어갔다.

아름다운 미녀인 줄 알았는데 더러운 녀석이었던 이 물건은 낙찰 당시보다 시세가 2,000만 원 정도 올라, 2년 후에는 전세로 돌려 투자금을 만들거나 매매를 통해 차익을 실현할 계획에 있다. 수리비로 인해 늘어난 실투자금은 2년간의 월세 수익을 통해 상당히 회수할 수 있을 것으로 보인다.

인천 당하동 빌라 투자 내역

(단위 : 만 원)

낙찰가 (1)	8,556	보증금 (4)	2,000
매입 경비 (2)	606	월세	40
총 매입액 (1) + (2)	9,162	월 이자	21
대출금	6,650	월 순익	19
투자금 (3)	2,512	연 순수익	228
실투자금 (3) − (4)	512	연 수익률	44.5%

500만 원으로 빌라 구입하기

경매 법정을 오가며 부동산 투자 시장이 뜨겁게 달아오르기 시작했다는 것을 감지했다. 많은 전문가들이 경매 시장을 부동산 시장의 선행 지표로 본다고 주장한다. 금리가 떨어지면서 경매 물건은 많이 줄어들었는데, 투자자들의 자금은 부동산으로 몰리기 시작했다. 경매의 경쟁률도 치열해져 나처럼 안전한 물건에 입찰하는 사람들은 패찰을 경험하기 십상이었다.

그래서 그동안 텃밭으로 삼았던 인천을 넘어 서울과 수도권 외곽을 오가며 아파트나 빌라 급매물을 찾기 위해 부지런히 다녔다. 하지만 이미 많은 투자가들이 지나간 곳들인지라 실속 있는 투자 물건을 찾기가 쉽지 않았다. 결국 다시 인천으로 돌아와 검암동에서 전세 급매물 투자를 하게 되었다.

해당 지역은 경매 시장에서도 평균 낙찰가율이 95%를 상회하는 알찬 지역이었다. 그러나 경매에 나오는 물건은 B급인 경우가 많았다. 시세가 건물 내부의 상태에 따라 많이 차이 나는 지역이다 보니 해당 물건의 내부를 보기 어려운 경매 투자의 경우 리스크가 높은 편이었다. 그래서 급매물을 뒤지기 시작했다. 경매 물건의 경우보다 매입가가 높고 대출 또한 상대적으로 받기 어렵다는 단점이 있긴 하지만, 내부를 쉽게 볼 수 있고 공인중개사의 협조를 구하기도 쉬워 투자 가치 판단을 내리기 쉽기 때문이었다.

내가 관심을 갖고 있는 인천 검암동은 서울에서 밀려나 수도권으로 나오는 전세 세입자들의 수요가 많아진 곳이었다. 뿐만 아니라 더블 역세권인 데다 초등학교나 중학교가 가까워 유해시설이 제한된 지역이라는 환경 때문에 지방 투자자들이 투자 목적으로 구입할 물건을 찾기 위해 주말마다 올라오는 곳이었다.

부동산중개사에게 500만 원 내외의 투자금으로 소액 투자를 할

초보자를 위한 생생 투자 비법

월급쟁이가 투자금을 마련하는 방법

실제 투자금도 많이 들지 않았지만, 저금리라는 시기적 기회와 직장인이라는
메리트를 최대한 이용하며, 당장의 즐거움은 미뤄둔 채 투자금을 마련하였다.

• 틈틈이 예비 자금을 모아라
  진부한 답이 될지 모르지만 일정 기간 동안 확실한 효과를 보려면 일단
  지출을 가능한 한 통제해야 한다. 여행사에 입사할 만큼 여행을 좋아하는
  나였지만 올해는 투자를 위해 여행 계획을 접어두고 월급의 30%를 저금
  했다.

• 직장인 신용대출과 마이너스 통장을 활용하라
  경매 투자를 하다 보면 낙찰을 받으면서부터 실제 수익을 실현하기까지
  1,000~2,000만 원에서 4,000~5,000만 원의 여윳돈이 필요하다. 어차
  피 임대를 완료하면 바로 회수가 가능한 자금이므로 이런 대출은 최대한
  받아도 문제가 없다.

• 보험 약관 대출을 활용하라
  직장 초년병 시절에 가입한 보험이 꽤 오래 유지되던 터라 중간에 해약하
  면 손실이 큰 상황이었다. 그래서 신용도가 떨어지지 않는 보험 약관 대
  출을 통해 받은 자금으로 수익률이 더 좋은 물건에 투자를 해 일석이조의
  효과를 거두었다.

물건을 찾고 있다고 한 뒤, 바로 투자 물건을 검색하기 시작했다. 7
월 말쯤이라 하반기 이사철을 앞두고 전세를 찾는 사람들이 찾아올
때였다. 투자 물건을 찾을 때 나의 기준은 우선 내가 살고 싶은 동

네인가, 내가 살아도 좋은 입지에 있는가 하는 것이었다. 그리고 내부도 작더라도 어느 정도 공간 활용이 되어 있어 내가 살고 싶은 집이어야 했다.

일반 매매를 하게 되면 호의적으로 브리핑해주는 중개인의 의견을 참고할 수 있고, 여유를 갖고 집 내부를 확인할 수도 있다. 덕분에 하루에도 몇 건씩 물건을 보러다니는 일을 즐겁게 할 수 있었다. 그러던 중 작은 집임에도 적당히 넓은 주방과 활용도 높은 거실, 매도자가 직접 구비한 붙박이장이 설치되어 있는 빌라를 발견하고 구매를 결정했다.

매매가를 바짝 쫓아오는 전세가 덕분에 500만 원의 실투자금으로 매입이 가능했다. 매매 잔금은 신규 세입자가 이사 들어올 때 치르기로 했다. 능력 있는 중개인의 도움을 받아 경매에 비해 훨씬 편하고 빠르게 임차인을 받았다. 임대차계약을 한 신혼부부는 서울로 출퇴근하기 편한 깨끗한 집을 찾아 구하게 되었다고 했다.

이후로도 나는 같은 지역에서 2건의 전세 계약을 더 했다. 물론 건물의 내부와 외부를 모두 살피고 미래에 대한 전망을 긍정적으로 분석한 결과 결정한 투자였지만, 지금 생각해보면 안전하게 투자하는 대신 다른 투자의 경험을 더 만들었더라면 좋았을 것 같은 아쉬움은 남는다.

오래 가려면 함께 가라

불과 1년 전 나는 내 집 없이 세 들어 사는 직장인이었으나, 지금은 5억 원의 부동산을 소유한 집주인이 되었다. 하지만 실투자금은 5%에 불과하다. 나는 그간 보잘것없는 나의 가능성을 최대한 믿고 달렸다. 비록 아직 젊은 부자는 아니지만 경제적 자유의 문턱에 들어섰다고 확신한다. 젊은 예비 부자들과 함께 공부하고 경험을 공유하면서 나오는 시너지는 가히 폭발적이었다. 1년 정도 부동산 투자를 공부하고 경험해보니 투자를 많이 하는 것보다 꾸준히 관심을 갖고 살아 남는 것이 더 중요하다는 깨달음도 생겼다. 일상에 빠져들다 보면 투자에 앞서 갖춰야 할 마음가짐이 흐트러지기 쉬운데, 이럴 때는 여러 사람과 정보를 공유하고 의견을 나누며 투자하는 편이 낫다. 물론 나는 여전히 초보 투자자이지만 이전과 비교하면 스스로도 많이 성장하고 있다고 느낀다. 직장일에 치여 스트레스를 받는 일도 많이 줄어들었고, 앞으로 제 2의 인생을 차지할 사업도 준비하고 있다. 사업이 성공하지 못한다 해도 믿고 기댈 만한 구석이 생겼다는 것은 덤이다.

　아직까지 현재 진형형인 나의 투자는 앞으로 계속될 것이다. 언젠가 다가올 겨울을 미리 준비하면서 굳건한 투자 마인드와 인생관을 확립하기 위해 노력할 것이다.

부동산 경매 절차를 한 눈에 꿰고 있자!

부동산 경매 투자에는 크게 7단계가 있다고 정의 내렸다. (Part 1 참조)
1단계 물건검색 & 권리 분석
2단계 현장 답사
3단계 입찰
4단계 잔금 납부
5단계 명도
6단계 화장하기(수리)
7단계 수익 실현(실거주/임대/매매)

이는 투자자 입장에서 부동산 경매의 단계를 서술한 것이고, 이와는 별개로 부동산 경매라는 제도의 절차에 대한 이해 또한 반드시 필요하다. 다음은 법원에서 진행하는 경매의 절차를 나열한 것이다.

경매 사건 접수 → 경매개시결정 → 배당요구종기 결정 및 공고 → 감정평가 및 현황조사 → 매각기일 → 매각허가결정 → 매각대금 납부 → 배당기일

매각기일은 7단계 중 3단계인 입찰에 해당한다. 즉 투자자는 매각기일이 되어서야 실질적인 부동산 경매 과정에 진입하는 것이지만, 사실 경매 절차는 이미 한참 전부터 진행되고 있었던 것이다. 처음에는 용어 및 각각의 절차들이 조금 낯설게 느껴지기도 하겠지만 하나씩 이해하면서 넘어가면 그리 어렵지는 않다. 경매 절차를 한눈에 꿰고 있도록 하자.

반드시 경제적 자유를
쟁취하겠다는 각오로!

책을 다 읽고 어떤 기분이 드셨는지 모르겠습니다. 저로 인해 부동산과 경매 투자에 눈을 뜨고, 그래서 1년여간 같이 열심히 달려온 분들과 함께 한 권의 책을 만들었습니다. 아직은 모두가 '경제적 자유'를 이야기하기에는 부족한 수준이지만, 우리가 짧은 기간 보여준 성과와 가능성은 정말 놀라운 수준입니다. 한 분 한 분이 모두 얘기하십니다. 혼자서는 힘들었을 거라고. 어쩌면 어려울 수도 있는 길이었지만, 함께 정보 교류하고 긍정적 에너지를 발산하며, 건강한 경쟁을 하면서 비교적 수월하게 왔습니다. 앞으로 1년 후, 그리고 3년 후, 10년 후, 우리들이 더욱 성장해갈 모습을 생각하면 너무도 흥분됩니다. 그건 바로 또 다른 의미의 기적일 것입니다.

독자들을 뵐 때마다 책에 써드리는 문구가 있습니다.

"경제적 자유를 쟁취하세요!"

재벌이 되겠다는 것, 사업으로 큰 부를 일구겠다는 건 어쩌면 허황된 꿈일지도 모릅니다. 단순히 개인적인 노력을 떠나 정말 많은 것들이 같이 따라줘야만 가능한 것이니까요. 인생 출발점 또한 결코 무시할 수 없는 조건이고요. 시대의 흐름, 운 또한 따라줘야 할 것입니다.

하지만 '경제적 자유'라는 것, 내가 일하지 않고도 돈이 들어오는 시스템을 만드는 것, 그래서 내가 일하고 싶을 때 일하고 쉬고 싶을 때는 쉴 수 있는 삶, 당장이라도 어딘가로 떠나고 싶을 때 홀쩍 떠날 수 있는 자유, 이것들은 충분히 개인적 노력으로 달성할 수 있습니다. 부동산 및 경매 투자라는 수단을 현명히 잘 활용한다면 말입니다. 공부를 많이 해야 합니다. 관련 도서를 꾸준히 읽고 매일같이 경제신문도 챙겨 보아야 합니다. 투자를 잘한다는 사람의 강의도 들으며 열심히 내 것으로 만들어야 합니다. 하지만 그렇다고 해서 또 엄청나게 어려운 지식이 필요한 것도 아닙니다. 그저 조금만 더 부지런을 떨고, 부자가 되는 건강한 습관을 만들어가면 됩니다. 이 책이 그에 대한 조그마한 증거입니다. 분명 머지않아 진정한 '경제적 자유'를 쟁취한 분들이 하나 둘 나올 것입니다. 이제 그 싹이 자라나기 시작한 것에 불과합니다.

경제적 자유를 꿈꾸는 열정적인 이들이 모인 곳, 젊은부자마을!

더 많은 분들의 이야기를 담고 싶었지만 지면상의 한계로 다 싣지 못한 것이 아쉽습니다. 네이버 카페 '젊은부자마을'(http://cafe.naver.com/yubitown)에는 멋지고 열정적인 분들이 훨씬 더 많이 계시기 때문입니다. 못 다 한 깊은 이야기는 온라인에서 하는 것으로 하고 글을 마칩니다.

'혼자 가면 빨리 가고 함께 가면 멀리 간다'는 말이 있습니다. 단연코 이 말은 진리입니다. 내 주변을 열정적이고 멋진 사람들로 가득 채워야 합니다. 그렇게 긍정적인 기운을 나누며 같이 성장해나가야 합니다. 다들 혼자서만 빨리 올라가 정상에 있는 사람들을 만나려 합니다. 그러지 말고 많은 분들이 출발점에서부터 같이 걸어 올라가셨으면 좋겠습니다. 함께 씩씩하게 뚜벅뚜벅, 힘들 때는 서로 위로와 격려를 하면서 말입니다. 그래서 훗날 정상의 자리에 섰을 때, 그간의 여정을 함께 추억할 수 있는 이들이 주변에 많았으면 좋겠습니다.

경제적 자유를 쟁취하세요!

김수영(유비)

우리는 부동산으로 월급 받는다

1판 1쇄 발행 2016년 3월 21일
1판 3쇄 발행 2016년 5월 2일

지은이 김수영 외

발행인 양원석
본부장 김순미
편집장 최두은
해외저작권 황지현
제작 문태일
영업마케팅 이영인, 양근모, 이주형, 박민범, 김민수, 장현기

펴낸 곳 ㈜알에이치코리아
주소 서울시 금천구 가산디지털2로 53, 20층(가산동, 한라시그마밸리)
편집문의 02-6443-8844 **구입문의** 02-6443-8838
홈페이지 http://rhk.co.kr
등록 2004년 1월 15일 제2-3726호

ISBN 978-89-255-5872-1 03320